邹韬奋研究

邹家华

二〇〇三年十二月

第四辑

韬奋纪念馆 编

上海三联书店

董云虎、朱咏雷、宋超、徐炯等领导参观纪念韬奋诞辰 120 周年书法展(2015.11)

韬奋纪念馆向书法家颁发捐赠证书(2015.11)

清明节祭扫韬奋墓(2016.4)

上海党史学会会长张云在韬奋与抗战时期的新闻出版业学术研讨会上发言(2015.10)

第五届韬奋杯全国中小学生创意作文大赛小学组特等奖学生发言(2015.8)

余江师生夏令营在上海书展现场合影(2015.8)

韬奋纪念馆党支部参观南通韬奋小学(2015.4)

上海市新闻出版局、上海韬奋纪念馆在江西余江捐建韬奋书屋(2014.11)

纪念韬奋诞辰 120 周年书法展作品选登

永毛泽东一九四四年题词
纪念韬奋120周年诞辰

热爱人民真诚地
为人民服务鞠躬
尽瘁死而后已这
就是邹韬奋先生
的精神这就是
他之所以感动人的地方

二○一五年五月 邹家华

邹家华

濟濟多士中國而
莱可為也則吾不復
忍有所言中國而有
可為也則未來救世
俊傑非異人任

錄邹韬奋對於吾校二十周年紀念之感

乙未年 亞聖宗孫孟慶利書

孟庆利

苏士澍

邵华泽

鄒韜奮遺囑

一九四四年六月二日逝於上海

我自愧能力薄弱貢獻微少二十餘年來追隨諸先進努力於民族解放民主政治和進步文化事業竭盡愚忠全力以赴艱苦危難甘之如飴此次在敵後根據地視察研究目擊人民的偉大鬥爭使我更看到新中國光明的未來我正增加百倍的勇氣和信心繼續奮鬥但願至四五年來由於環境的壓迫我的行動不能自由我最近更不幸臥病經年呻吟床次至此但懷祖國懷念同胞願以最沉痛迫切的心情最後呼籲全國堅持團結抗戰祖國最後勝利竟可能帶往延安請中國共產黨中央嚴加審查如其合格請追認入黨以期死後入黨雖亦所願我一生貢獻於民主事業雖歷史次子可貢獻於偉大的革命事業士可參加社會工作可貢獻於機械工程研習醫學幼女嬰受好文學均望予以深造機會我妻沈粹縝女我大兒嘉驊事攻機械工程次子可貢獻於偉大的革命事業

二零一五年二月王久安敬書

王久安

鄒韜奮《危機》句

吾人隨時以服務，乃至善而能為社會全能分任一部分之重責義務，否則徒受社會之益而去，以為報，乃虛生人去，毫無之價值。

紀念鄒韜奮先生誕辰一百廿周年 周志高書

周志高

生不願當亡國奴，大義凜
然愧煞國賊，死亦必歸民
主地，儀型宛在，激勵主
人。

錄吳玉章賀詞 乙未之夏於于
春申江上九一翁烏牛 林曦明

林曦明

人生如有港
乙未莫月壽人雲武
選自郵轮春雷先生 榮門絅立場二丈

王云武

书名题签：邹家华

主　　编：上官消波
副主编：周桂发　桂　峰　高　明

编委会：陈　挥　高　明　桂　峰　黄　瑚
　　　　雷群明　李伟民　上官消波　张　霞
　　　　周桂发

目 录

二、韬奋与抗战时期的新闻出版业学术研讨会

三、序跋选读

四、弘扬韬奋精神

编辑前言

邹韬奋同志是我国现代史上卓越的文化战士、伟大的爱国者、杰出的出版家和新闻记者,韬奋同志光辉的一生,百折而无悔,为我们留下了丰厚的文化遗产和宝贵的精神财富。

2015年是邹韬奋同志诞辰120周年。11月3日,纪念邹韬奋同志诞辰120周年座谈会在北京举行。中共中央政治局委员、国务院副总理刘延东出席座谈会并讲话。邹韬奋同志长子、第九届全国人大常委会副委员长邹家华出席座谈会。中宣部副部长、国家新闻出版广电总局党组书记、局长蔡赴朝,全国人大教科文卫委员会主任委员、中国出版协会理事长柳斌杰,中国记协党组副书记高善罡、邹韬奋同志的孙女邹小桦、邹韬奋同志生前好友张仲实之子张复、生活・读书・新知三联书店总经理路英勇、韬奋出版奖获得者代表黄书元、长江韬奋新闻奖获得者代表夏林等在座谈会上发言。11月6日,上海举行纪念邹韬奋同志诞辰120周年座谈会。市委常委、宣传部长董云虎出席座谈会并讲话,上海人民出版社社长王兴康、韬奋出版奖获得者代表江曾培、文汇报副总编缪克构、邹韬奋同志女儿邹嘉骊在座谈会上发言。

为继承和发扬"热爱人民,真诚地为人民服务"的韬奋精神和韬奋倡导的"坚定、虚心、公正、负责、刻苦、耐劳、服务精神、同志爱"的生活精神,上海韬奋纪念馆在常规宣教工作的同时,先后组织承办了"纪念韬奋诞辰120周年书法展",并在上海、南京、南通、江西巡回展,举办了"韬奋与抗战时期的新闻出版业"学术研讨会等活动,同时参与编辑《韬奋全集》(增补本)、编辑出版《韬奋语录书法集》《书韵流长——老三联后人忆前辈》等。

2004 年、2005 年、2008 年在老馆长雷群明的组织下,《邹韬奋研究》第一辑、第二辑、第三辑相继出版,筚路蓝缕,为韬奋和生活书店研究、征集史料、总结本馆工作、弘扬韬奋精神做了大量工作。为了推动韬奋研究的进一步深入,总结在纪念韬奋同志诞辰 120 周年时的各项工作,我馆决定编辑《邹韬奋研究》第四辑。

在上海市新闻出版局领导的指导下,上海韬奋纪念馆宣教、研究等工作取得了一定的成绩,先后获得 2014 年度、2015 年度上海市宣传系统文明单位、平安单位;"韬奋书屋建设项目"获得上海市爱国主义教育基地 2014—2015 年度优秀宣教项目;纪念馆党支部"寻访韬奋足迹,感受红色教育——与南通韬奋小学党建联建活动"获得上海市宣传系统第六批优秀组织生活案例;"韬奋杯"全国中小学生创意作文大赛亦成功举办了五届。这些成绩的取得亦离不开韬奋基金会、复旦大学新闻学院、上海市中共党史学会、中共余江县委宣传部、上海三联书店、上海人民出版社、少年儿童出版社、黄浦区文化局等兄弟单位的大力支持,在此一并表示感谢。长风破浪会有时,直挂云帆济沧海。希望通过我们的点滴努力,为弘扬韬奋精神做出应有的贡献。

一

纪念韬奋诞辰 120 周年座谈会
（北京·上海）

发扬韬奋精神　建设出版强国
——在纪念邹韬奋同志诞辰120周年座谈会上的讲话

柳斌杰

今天，我们在这里隆重纪念进步出版先驱邹韬奋同志诞辰120周年，共同回顾邹韬奋先生为文化出版事业所做出的重要贡献，探讨在全面建成小康社会、媒体融合发展、传播技术革命的新形势下如何继承和弘扬韬奋精神，深入推进新闻出版事业的改革发展，为建设社会主义文化强国而努力奋斗。

邹韬奋先生是杰出的新闻出版工作者和伟大的爱国民主战士。1932年7月，他冲破反动政府的统治，创办了在我国现代出版史上有重要意义的生活书店，饮誉出版界的三联书店就此发端。韬奋先生倾其一生，奋斗不息，筚路蓝缕，九死不悔，和其他红色出版家一起开创了进步出版事业之先河，为动员革命力量和民族救亡运动作出了巨大贡献，留下了宝贵精神遗产。党和国家几代领导人都曾高度肯定邹韬奋先生与他创建的进步出版事业，特别是毛泽东、周恩来等老一辈无产阶级革命家作出过许多重要指示，对邹韬奋先生给予高度评价。毛泽东同志赞扬他光辉的一生："热爱人民，真诚地为人民服务，鞠躬尽瘁，死而后已，这就是邹韬奋先生的精神，这就是他之所以感动人的地方。"周恩来同志指出："邹韬奋同志经历的道路是中国知识分子走向进步走向革命的道路。"

新中国建立以来，在党的领导下，我国社会主义新闻出版事业在重建、改革、发展、创新中不断壮大，已经成为具有世界影响力的出版传播大国。我国面临的社会制度、文化环境、出版实力、技术条件与韬奋先生的时代完全不可同日而语。但是，社会文明进步的规律是不变的，"韬奋精神"仍有重大现实意义，应当继承、发扬、光大。我认为，学习"韬奋精神"，主要深入领会以下三个方面：

一是坚持真理、追求进步。韬奋先生一生始终追求进步，以天下兴亡为己任，始终坚持党的领导，紧跟历史前进步伐；始终坚持真理，把出版当作战场；出版发行了一大批宣传马克思主义和传播进步思想文化、进行革命动员和民族救亡运动的重要出版物，如《共产党宣言》《国家与革命》《论持久战》《论联合政府》等，旗帜鲜明地阐释了马克思主义基本原理和中国共产党的政治主张。韬奋先生一生为出版事业奉献牺牲、倾尽心血，为的是通过出版传播真理、伸张正义、推动社会进步。今天弘扬韬奋精神，就是要坚持传播马克思主义科学真理，传播人类先进文化，为我国社会主义建设和改革开放事业提供精神力量，为人类文明进步事业点亮前进的灯塔。

二是心系人民、服务社会。韬奋先生创立生活书店时明确提出建店宗旨："本店以促进文化、服务社会为主旨"，"努力为社会服务，竭诚谋读者便利"，服务人民大众。他推出一大批内容清新、水平一流、雅俗共赏的普及读物，像《小言论》《文学与生活》《青年的修养与训练》等一大批脍炙人口的大众精品读物，历久弥新，影响深远。韬奋先生主张办报要为大众利益服务，要"以读者的利益为中心"，主张报刊应以"疲而不倦、劳而不厌的傻子们的服务精神"，为读者服务，为大众服务。要求全店员工"竭诚为读者服务"，总结出以"服务精神"为核心的书店精神。

"竭诚为读者服务"、"为大众服务"与"全心全意为人民服务"党的宗旨有内在的相通之处。今天弘扬韬奋精神，就是要以竭诚为读者服务、为人民服务，努力为社会奉献精品为宗旨，以人民为导向谋划出版，想读者之所想，急读者之所急，精心为读者提供优质精神食粮和阅读服务。

三是献身事业、百折不挠。韬奋先生从1922年走出校门就投入到进步出版事业当中，在立下献身于进步出版事业的宏愿后，为了自己的出版理想一腔热血，九死未悔，不怕艰险，越挫越勇，一生中三次流亡，一次入狱，八方转战，无论条件何等残酷恶劣，仍是以笔为刀，与黑暗势力和反动势力战斗，死而方休。即便在逝世前夕，仍强忍着癌症的折磨奋笔疾书《患难余生记》，为后世留下最后的文化遗产，那是一种何等的气概啊！今天弘扬韬奋精神，就是要经得起名利的诱惑，顶得住歪风的冲击，献身出版大业，把出版理想"立在时代的最前线"、"置身于国家民族的大局之中"（韬奋语），以文化自信的立场和建设出版强国的战略眼光审视新闻出版事业；以职业尊严和发自内心的热爱，忠于职守、拼搏创新、百折不回、奉献一切的职业精神，为人民办出版。

党的十八届三中全会提出了全面深化文化体制改革的奋斗目标，强调要坚持社会主义先进文化前进方向，坚持中国特色社会主义文化发展道路，坚持以人民为中心的工作导向，建设社会主义文化强国，增强国家文化软实力，推动社会主义文化大发展大繁荣。作为历史记录者的出版人，肩负着文化基础建设的重大历史使命。我们要深刻把握新形势、新任务、新目标，解放思想，改革开放，抓住机遇，乘势而上，在坚持和发展中国特色社会主义的伟大实践中进行文化创造，在推动社会主义文化大发展大繁荣、建设社会主义文化强国的进程中建功立业。

在今天的新形势下，学习韬奋精神，继承韬奋传统，对我们做好新闻出版工作，仍有着无可替代的价值和现实意义。在此，我对全国新闻出版工作者提出几点希望：

第一，坚持正确出版导向，以民族复兴为主旋律引领社会进步。导向是做好思想文化传播工作的第一前提，新闻出版工作必须坚持正确的新闻出版导向。要认真贯彻党的宣传思想工作的方针政策，大力传播社会主义核心价值体系，坚持正面宣传，高扬主流舆论，弘扬社会正气，唱响当代中国的主旋律。要把体现党的主张与反映人民心声统一起来，用导向正确、思想积极、代表先进文化前进方向的出版物引导大众、化解矛盾、增加共识、凝聚力量、鼓舞士气、坚定信心。发展社会主义先进文化，必须高扬我们的文化理想，坚持以社会主义核心价值体系引领多元多样多变的社会意识。出版社要大力弘扬中国特色社会主义共同理想，大力弘扬以爱国主义为核心的民族精神和以改革创新为核心的时代精神，践行社会主义价值观，礼赞高尚道德情操，倡导进步社会风尚。推出更多讴歌时代精神、展现我国社会主义现代化建设伟大实践的精品力作，以其独特的文化魅力、先进的思想观念和崇高的社会理想感动读者、影响大众，推进社会主义价值体系为核心的先进文化建设。

第二，坚持以人民为中心的办出版，满足人民群众不断增长的精神文化需求。文化发展的根本目的是为了人民，推进社会主义文化建设必须坚持以人为本、面向群众的原则，贯彻贴近实际、贴近生活、贴近群众的方针，坚持文化发展为了人民、发展依靠人民、发展成果由人民共享的要求，最大限度地满足人民群众的精神文化需求。满足人民群众精神文化需求是社会主义文化建设的根本目的，也是文化出版工作的根本目的。广大出版工作者要站稳群众立场，以"韬奋精神"竭诚为读者服务，进一步增进与人民群众的感情，把人民满意作为最高标准，把服务群众作为基点和归宿，生产出版更多反映人民主体地位和现实生活、深受群众欢迎的出版物，实现好、维护好、发展好人民基本文化权益。牢固树立以普通大众为主要对象的出版导向，积极实施面向普通百姓的重大出版项目，多提供群众买得起、用得上、留得住的优秀文化产品和优质文化服务，把更好更多的精神食粮奉献给人民，不断满足人民群众多方面、多层次、多样性的精神文化需求，让广大人民群众共享文化发展成果。

第三，坚持守正出新、精益求精的出版理念，引领全民阅读、促进出版繁荣。优秀出版物是民族文化绵延不绝、代代相传的重要载体，出版事业肩负记录历史、传承文明、传播知识、资政育人的神圣使命。中华文明源远流长，思想智慧成果博大精深，文化遗产硕果累累，要继承和发扬传统文化和进步文明的精髓，在深入挖掘传统文化有益思想价值、创造当代文化价值的同时，积极借鉴和吸收世界各国文化优长，坚持海纳百川、融会贯通，文明互鉴、博采众长。要坚守民族文化立场、珍视和传承优秀历史文化遗产，树立开放包容的胸怀，借鉴和吸收人类一切优秀文明成果。要紧跟当代文化发展潮流，密切关注大众文化市场动态，紧抓趣味高雅、读者乐见、品质一流的大众文化类选题，以更多具有中国风格的高水平、原创性的出版精品，丰富我国的文化宝库，进军国际市场，促进世界文明进步。要坚持内容第一、品质至上、守正出新、精益求精。要正确处理数量与质量、普及与提高、大众与小众的关系，用思想性、知识性、可读性相统一的作品赢得读者、赢得市场，努力实现社会效益与经济效益双丰收。要加快新闻出版业的深化改革、融合发展、技术创新，以适应建成全面小康社会的需求，尽快实现建设新闻出版强国的奋斗目标。

在纪念邹韬奋同志诞辰 120 周年座谈会上的讲话

高善罡

今天，我们怀着崇敬的心情召开座谈会，纪念邹韬奋同志诞辰 120 周年，缅怀这位为民主政治和进步文化事业奋斗一生的新闻出版战线杰出战士，意义深远而重大。

邹韬奋同志是中国记协的前身——全国青年记者学会的名誉理事，为后人留下了弥足珍贵的精神财富。中国记协设立的"长江韬奋奖·韬奋系列"（前身是韬奋新闻奖）是奖励全国新闻编辑、新闻评论员、新闻类节目制片人、校对等新闻工作者的最高奖，旨在鼓励广大新闻工作者继承和发扬邹韬奋同志真诚为人民服务的崇高品德和思想作风，自 1993 年设立至今已评选十三届，有 123 名新闻工作者获此殊荣。

在中国现代新闻出版史上，邹韬奋是一个光辉响亮的名字，是一面鲜红耀眼的旗帜。他是追求抗日民主的斗士。不顾个人安危，高举抗日大旗，面对日本帝国主义和国民党反动派的白色恐怖，进行不屈不挠的斗争；他是建设先进文化的先锋。创办生活书店，出版进步书刊，以新闻宣传为武器，教育读者，团结和鼓舞了一大批进步青年；他是忠诚服务人民的楷模。思民之所想，言民之所愿，真诚地为人民服务，鞠躬尽瘁，死而后已。

今天，面临党和国家新闻宣传工作开新局、树新风的历史机遇，我们大力宣传弘扬韬奋精神，是历史的需要，也是时代的要求。我们应该着重做好以下几方面：

一是秉持正确的理想信念，坚守共产党员本色。党的十八大以来，习近平总书记围绕坚持和发展中国特色社会主义、实现中华民族伟大复兴的中国梦，发表了系列重要讲话，为我们在新的历史起点上实现新的更大成就提供了基本遵循。当前，意识形态领域思想多元多样多变，新闻宣传工作面临新的机遇和挑战，在这样的历史背景下，更需要我们胸怀大局、把握大势、着眼大事，秉持正确的理想信念，坚守共产党员本色，坚决与以习近平同志为总书记的党中央保持一致，坚定道路自信、理论自信、制度自信，牢固树立马克思主义新闻观，巩固马克思主义在意识形态领域的指导地位，巩固全党全国人民团结奋斗的共同思想基础。

二是秉持崇高的价值追求，弘扬时代主旋律。社会主义核心价值观是凝聚和引领全体人民团结奋进的精神旗帜，传播和践行社会主义核心价值观是新闻工作者光荣而神圣的使命。去年 8 月，中国记协发出倡议，号召广大新闻工作者学习好、宣传好、践行好社会主义核心价值观，做社会主义核心价值观建设的排头兵，真正以自己的模范行动影响和带动社会，以扎实有效的工作推动核心价值观建设。活动引起社会广泛热议，广大新闻工作者表示，要多宣传弘扬社会主义核心价值观的重大意义，多报道践行社会主义核心价值观的先进典型，多反映社会主义核心价值观的进展成效，用事实说话，用典型推动，用真情打动人心，使报道落细落小落实，在全社会激发和凝聚正能量。

三是秉持以人民为中心的工作导向，把对人民的深厚感情倾注笔端。以人为本，贴近实际、贴近生活、贴近群众，把体现党的主张和反映人民心声统一起来，是新闻宣传工作的灵魂所在。2011 年开始，我们在新闻战线广泛开展"走基层、转作风、改文风"活动,目的就是引导广大新闻工作者自觉树立以人民为中心的工作导向,积极践行群众路线,鼓励新闻工作者双脚踩在大地上,躬身走进群众中,以深厚的感情对待人民群众、以高度的自觉服务人民群众,在基层一线感受群众生活冷暖,感知时代脉搏跳动,在人民群众的火热实践中挖掘新闻富矿。4年多以来,"走转改"已经成为新闻战线一块响亮品牌。

今天我们召开座谈会,重温历史、缅怀前辈,赋予韬奋精神新的时代内涵,引领广大新闻工作者继承和发扬新时代韬奋精神,采写出更多无愧于党和人民、无愧于伟大时代的优秀作品,为实现中华民族伟大复兴中国梦做出自己的贡献。

让韬奋精神永驻心头

——在纪念韬奋同志诞辰 120 周年座谈会上的发言

黄书元

今天，我们在这里隆重纪念邹韬奋同志诞辰 120 周年，毛主席曾经题辞："热爱人民，真诚地为人民服务，鞠躬尽瘁，死而后已，这就是韬奋先生的精神，这就是他之所以感动人们的地方。"

记得 2002 年，我刚到人民出版社，当时因为资源被分流、市场化程度不高等原因，社内工作处于低迷状态，为了调动全社干部职工的工作积极性，我们组织了一次关于人民出版社如何适应新形势、新挑战的大讨论，专门请了几位社里离休的老同志来社里讲社史、党史、革命史，几位老同志都提到在革命战争年代，韬奋先生之所以从事新闻出版工作，出版了大量书刊，不是为了出书赚钱，而是把出版作为一个平台，是为了人民，为了国家，体现了他对人民、对国家最深沉的大爱，并期望我们继承革命传统，要向韬奋先生那样搞好出版工作。这些教诲给了大家很大的鼓舞和激励。经过上上下下三个多月的反复讨论，最后统一了思想，激发了斗志，并把我们的出版理念锤炼成一句话，要像韬奋那样"为人民出好书"，这句话不仅是我们工作的出发点和落脚点，也是我们出版工作的宗旨。

多年来，我们在韬奋精神的鼓舞下，坚持围绕中心，服务大局，不断创新工作思路，创造性地开展工作，一切以是否"为人民出好书"为检验标准，出版了一大批深受读者欢迎的好书。近十多年来，我们每年出版的图书获得各种大奖（省、部级以上单位评奖）的都在百种以上，曾连续几年被评为全国最受读者欢迎的出版社第一名；中国社会科学院颁布的《中国人文社会科学图书学术影响力报告》显示，人民出版社出版的图书被学术界引用率排名全国第一；今年我社又被评为全国精神文明先进单位，我个人也被评为韬奋出版奖获得者，至此，人民出版社共有五位同志获得此项大奖，可能在全国也是获得韬奋出版奖最多的出版单位。

这说明，作为一个负责任的出版工作者，只要我们遵循韬奋精神，想着所出的每本书是否真正有益于人民，有益于生我养我的祖国，我们的思想境界、眼界就会提高，我们的出书水平就会提高，心中想着人民，就不愁出书没有读者。这应该作为我们衡量出版事业是否成功的一个重要标准。

今天，我们幸运地站在新时期的历史舞台上，我们面对着数字化对传统出版的冲击和挑战，有些人忧心忡忡，但我则认为：当今之世是我们出版者遇到的最好的时代，因为自古以来就没有今天这么广泛的阅读群体，现在全国手机用户已有十三亿，很多手机可以阅读任何想要的内容，无论在任何时候、任何地方我们都可以看到正在埋头阅读手机内容的读者，中国历史上在哪一个朝代有如此之多的读者参与阅读？假若这些读者都在阅读我们出版的内容，还何愁出版不能有大的发展？所以我们要把数字化的冲击视为时代为我们提供的建功立业、展示风采的大好时机，"志若不改山可移，何愁青史不书功"，一分耕耘，一分收获，让我们怀揣韬奋精神，肩负起新的历史责任，充分发挥自己的聪明才智，努力拼搏，为出版事业的大发展贡献自己的力量。

继承优良传统　弘扬韬奋精神

——在纪念邹韬奋同志诞辰 120 周年座谈会上的发言

路英勇

邹韬奋同志是三联书店的创始人。三联书店迄今已有 83 年的历史，自创建以来，追求真理，传播新知，引领风尚，服务社会，在不同的历史时期，出版了大量优秀图书和刊物，为我国文化发展、社会进步做出了重要贡献。近年来，三联书店改革力度不断加强，精品力作大量涌现，社会效益和经济效益显著提高，先后荣获全国百佳图书出版单位、中国出版政府奖先进单位、全国新闻出版系统先进集体等称号。

党的十八大以来，习近平同志针对宣传思想文化工作发表了一系列重要讲话，认真学习、深入领会习近平同志的重要讲话精神，特别是在文艺座谈会上的讲话精神，围绕中心，服务大局，为先进文化成果提供传播阵地，为广大人民群众出版好书，是三联书店在新形势下的责任承当和历史使命。今年初，三联书店确立了以品牌化战略（包括品牌文化建设、品牌产品建设、品牌人才建设）为统领，以数字化战略、国际化战略、集团化战略为支撑的发展战略。在推进实施这一发展战略的过程中，韬奋精神和三联传统无疑将是我们巨大的精神动力，因此，我们要做到：

一、继承优良传统,坚持正确导向

邹韬奋同志是一位杰出的爱国知识分子,三联书店在历史上也一直是一家爱国的、进步的出版机构。我们要继承三联书店的优良传统,牢记邹韬奋同志倡导的"竭诚为读者服务"的出版宗旨,坚持正确出版导向,始终把社会效益放在首位,实现社会效益和经济效益相统一。

二、传播先进思想,多出精品力作

传播先进思想,弘扬优秀文化,是三联书店一以贯之的价值追求。今天,我们要立足时代潮头,围绕"中国梦"、社会主义核心价值观、"一带一路"国家战略等重大主题,精心策划内容丰富、深受读者喜爱的优秀读物,同时注重策划重大出版工程,传承文明,积累文化。

三、推动改革创新,做强文化企业

我们要加大改革创新力度,以改革增强活力,以创新驱动发展。大力促进业态转型升级,积极推动全民阅读活动,使三联品牌与技术、资本、文化、品质、市场、"走出去"等高度融合,不断提升三联书店的影响力和竞争力。

最后,希望各位领导对三联书店今后的发展多提宝贵建议,给予更多支持。

谢谢大家!

"韬奋精神"永远不会过时

夏　林

　　长江韬奋奖是经中央批准常设的全国优秀新闻工作者最高奖,其中韬奋奖是以伟大的爱国民主战士、杰出政治活动家、出版家、新闻记者邹韬奋的名字命名的新闻奖。开展韬奋奖评选活动的目的是为了鼓励广大新闻工作者继承和发扬邹韬奋真诚为人民服务的崇高品德和思想作风,表彰德才兼备的优秀新闻工作者,发挥优秀新闻工作者示范作用,促进新闻媒体多出精品、多出人才,推动建设政治强、业务精、纪律严、作风正的高素质队伍,引导、激励广大新闻工作者更好地为人民服务、为社会主义服务、为全党全国工作大局服务。

　　我是第十一届长江韬奋奖获得者,当时中国记协网的主持人在采访我时说:"大家都知道,长江韬奋奖是给全国优秀新闻工作者的最高荣誉,能谈谈您在获奖时的感受吗?"我的回答是:"韬奋奖是奖给编辑的荣誉,但编辑离不开记者,离不开他的工作团队。所以,这倒不是谦辞——我总觉得编辑奖就是工作团队奖,是对新华社这个有上万名采编工作人员的团队的集体智慧和职业精神的勉励,我不过是代表大家把奖领回来了而已。"

　　我在新华社工作岗位上,曾经担任过记者、分社社长、编辑部主任、副总编辑,我想以自己的工作经历谈一谈邹韬奋精神对我们这一代新闻工作者的影响。新华社是一个全国性的媒体,我分工国内报道，所以国内的一些事情参与的也比较多，乌鲁木齐事件7月5日夜间爆发后，7月6日我就按照新华社社长的指示，带着文字、摄影、摄像记者从北京坐飞机驰援，连夜组建前方报道指挥部。玉树地震我也到海拔4000米的前方帐篷工作区去当过总指挥，还有一些大的国防科技和经济建设项目，比如说"神五""神六"载人航天飞行，直到"神七"，嫦娥一号探月工程，我都到指挥部参加了负责组织报道的工作。在三峡大坝建成时，那是世界上最大的混凝土重力坝，我带着70多个编辑记者到三峡工地去完成报道。青藏铁路通车，我带了107人的报道团队抵达格尔木，担任总指挥。当然，说起来我是带队人，实际上每一次战役性报道，都是靠新华社团队的整体力量。像"七五"事件这样全世界都关注重大事件，属于新闻工作中高度敏感的政治报道范畴，当时总社负责人在北京昼夜值守，从头至尾"掌控"着报道的大局。

这些报道我经历了以后，回想起来，感觉和邹韬奋所处的年代相比，媒体间的竞争格局发生很大变化，报道的工作方式也发生很大的变化，因为大众传播的提出背景不同了。比如说过去大的报道有时候新华社可以慢慢地做，按部就班地发通讯发消息发照片，但是后来有了电视，而且电视以一种强势媒体的形态出现，重大事件直播的时候，现场一览无遗，在这样的时候通讯社传统的工作方式发生了变化。我讲个很简单的道理，为此可以举个夸张的例子，奥运会开幕的时候全球有50亿人同时通过电视看到。现在就有一个问题出现了，电视直播的时候，速度非常快，实际上是与新闻事件的过程完全同步跟进，那么可以想想我们过去的新闻定义是什么，大家都说新闻是对新近发生的事实的报道，可是现在不同了，新闻变成了对新近发生和正在发生的事实的报道。神七发射报道和神五发射报道就不一样，神五没有直播，神七直播了，点火升空的那个时候，全世界都看到了。过去，记者的职业自豪感是我在历史事件的前沿，我看到了事件的过程，然后我把看见的转递给读者。现在不是了，现在在变成了记者退居到观众席上，和所有的观众一起观看事件的发生。通讯方式发生了变化，新闻记者也要随之变化，比如说，我们更应该重视那些电视镜头背后的故事，应该不仅告诉大家发生了什么，还应该告诉大家为什么发生，这样对记者的工作方式和对记者的素质要求都高了。

毋庸讳言，过去没有互联网，也没有手机这样人手一机的移动终端，我们这些新闻工作者身处的环境和邹韬奋的时代相比，确实变化很大。但时代变了，新闻记者的操守没有变，也不应该变，韬奋精神并没有过时。什么是韬奋精神？邹韬奋精神是毛泽东同志概括出来的，1944 年 11 月，在延安举行的追悼邹韬奋同志的大会上，毛泽东同志的题词指出："热爱人民，真诚地为人民服务，鞠躬尽瘁，死而后已。"这就是邹韬奋先生的精神，这就是他感动人的地方。我所经历的战役性报道，动辄调集几十人、上百人，涉及文字、图片、音频、视频、公开、内参、对内、外宣等各部门，报道周期长，流程环节多，发稿数量大，而且远离北京总部，地处地震灾区，风雪高原，建设工地，突发未知情况频现，遇到的工作上、生活上的困难之多可以想见。在这样的境况下，韬奋前辈那种"心中有人民，铁肩担道义"的执着，就非常之重要。如果没有那种真诚地热爱祖国、热爱同胞、热爱人民的精神，就没有责任的担当，没有工作热情，何言能做好新闻工作，当好党和人民群众的代言人？这就是我们今天纪念韬奋先生的意义所在。

纪念邹韬奋同志诞辰 120 周年
座谈会发言稿

张　复

　　自 1944 年邹韬奋去世后 30 多年的时间里,我的父亲张仲实先后写了五篇纪念邹韬奋的文章,父亲从没有对其他人写过这样多的纪念文章,这是什么原因呢? 我简单梳理了一下邹韬奋和父亲一同工作、斗争的往事。

　　1935 年 8 月邹韬奋从海外流亡回国,三个月后他请父亲出任生活书店总编辑,同月他本人另去创办《大众生活》周刊,在邹韬奋的支持下,父亲把书店出版范围扩大,有计划地出版了《青年自学丛书》《救亡丛书》《世界名著译丛》等系列进步图书,父亲个人著译的多种马克思主义著作也在生活书店出版,生活书店成为享誉全国的抗击国民党反动派文化"围剿"的坚强阵地,我感到邹韬奋对于父亲有知遇之恩。

　　1936 年底南京国民政府在上海逮捕了救国会邹韬奋等"七君子",在这期间父亲常去苏州监狱看望邹韬奋等人,并和胡愈之一起动员全国进步舆论界声援营救"七君子"。1937 年"八一三"淞沪抗战爆发,六天后邹韬奋创办的《抗战》三日刊在隆隆炮声中诞生,据父亲回忆,邹韬奋在写每一期社论前都要和潘汉年及父亲一起讨论社论的内容。

　　1937 年 11 月上海沦陷,邹韬奋和我父亲一行 12 月下旬到达汉口,父亲与中共长江局负责人秦邦宪、叶剑英取得了联系,并采访了周恩来、秦邦宪。在邹韬奋的支持下,他在《抗战》三日刊以发表长篇文章《与周陈秦三位先生谈话纪略》的形式,把中国共产党在抗战初期的思想宣传出去。应邹韬奋的要求,父亲陪同他与周恩来会面后,使生活书店与中共长江局建立了密切的关系,生活书店也直接的自觉地置于中共的领导之下,先后出版动员全民抗战的刊物和图书数百万册,为动员全民抗战作出了重要贡献。

1944 年 7 月邹韬奋去世前留下遗嘱,其中有这样一段话,"至于事业领导人,愈之思虑周密,长于计划,尽可能邀其坐镇书店,主持领导。仲实做事切实,亦应邀其协同努力"。我感到这段话既是邹韬奋对父亲的信任,也说明邹韬奋和父亲两人在长期的反文化围剿斗争和抗日救亡运动中结下的深厚情谊。

在延安,毛泽东、周恩来得知邹韬奋去世后十分悲痛,周恩来安排父亲为延安治丧筹委会秘书长,在父亲执笔写的《纪念和追悼邹韬奋先生办法》的会议记录手稿上,周恩来写道"提议以邹韬奋为出版事业模范",毛泽东在会议记录稿上批示"照此办理"。

父亲在纪念邹韬奋的文章中,曾引用在黑暗中艰苦奋斗的邹韬奋自己的一段话说"像我这样苦干了十余年,所以能够始终得到许多共同努力的朋友们的信任,最大的原因还是因为我始终未曾为着自己打算",我想,正是这种无私的邹韬奋精神感动了父亲及其生活书店同仁,鼓舞大家为传播革命文化事业努力奋斗,使父亲在 30 多年的时间里先后五次写纪念文章怀念邹韬奋同志。

在纪念邹韬奋同志诞辰
120周年座谈会上的发言

邹小桦

今天,我们在这里隆重集会,纪念伟大的爱国者、杰出的出版家和新闻记者邹韬奋同志诞辰120周年。今年是中国抗日战争暨世界反法西斯战争胜利70周年,在这个时候纪念邹韬奋同志,深切缅怀他"为救国运动、为民主政治、为文化事业,奋斗不息"的一生,继承和发扬他"热爱人民,真诚地为人民服务,鞠躬尽瘁,死而后已"的革命精神,更具有特殊的意义。首先,请允许我代表邹韬奋同志的亲属,向与会的领导、嘉宾、朋友们表示诚挚的感谢。

我的祖父49岁就去世了,纵观他短暂的一生,是从一名民主志士,成长为坚定的共产主义战士的一生,他所经历的道路,是"中国知识分子走向进步、走向革命的道路"。在以爱国救亡为主旋律的浩荡风云中,他认识到只有共产党才能领导中国人民取得抗战的伟大胜利,坚定地成为了共产党的同路人,同甘苦,共命运。穷其一生,他不顾个人安危,宣传爱国主义,传播进步文化,呼吁抗日救国;他一生办刊物、办报纸、办书店,自始至终都在提倡和身体力行"竭诚为读者服务"的宗旨;他不畏权势,秉持正义,坚持真理,勇于斗争,虽屡遭迫害,数次流亡,依然百折不挠,坚守信念,"直至最后一息,犹殷殷以祖国人民为念"……他对祖国的忠诚,对事业的热爱,对真理的坚守,深深地影响着我们。作为他的后人，我们感到无比自豪。

　　我从来没有见过我的祖父，却无数次从长辈们的口中听说祖父的故事，每每都带着无限崇敬的心情。他虽不是横刀立马、运筹帷幄的将士，他却在宣传文化阵地上高举抗战旗帜，坚持抗战反对投降，坚持进步反对倒退，坚守革命理想，与敌对势力做坚决斗争，决不屈于强暴，决不改变主张。1945 年，抗战胜利后，周恩来同志在给韬奋亲属的慰问信中说："在他的笔底，培育了中国人民的觉醒和团结，促成了中国人民抗战的胜利。"在我们的心中，他的勇敢丝毫不逊色于战场上奋勇杀敌的英雄。他生前曾多次迫切要求加入中国共产党，但周恩来同志告诉他："你现在以党外民主人士身份在国民党地区和国民党作政治斗争，和你以一个共产党员身份所起的作用不一样，这是党需要你这样做的。"直到临终前，他在口述遗嘱时仍旧充满对祖国前途的希望，他说："此次在敌后根据地视察研究，目睹人民的伟大斗争，使我更看到新中国光明的未来。我正增加百倍的勇气和信心，奋勉自励，为伟大的祖国与人民继续奋斗。"他去世后，中共中央追认他为中国共产党正式党员，满足了他入党的临终请求，并称他的加入为"吾党的光荣"。

　　邹韬奋同志离开我们已经 70 多年了，今天，我们在这里隆重纪念他，作为他的后人，我们感到非常欣慰，因为新闻出版人没有忘记他，人民没有忘记他，正如当年中共中央给韬奋家属的唁电中提到的"其精神将长在人间，其著作将永垂不朽"。我的家人们非常珍视祖父留下的宝贵的韬奋精神，在我们从事的各行各业中努力践行他的崇高品格。在这里，我们愿与广大新闻出版界的朋友们一起，用实际行动继承和弘扬韬奋精神，为实现中国梦共同努力。

　　谢谢大家！

在纪念韬奋诞辰 120 周年
座谈会上的讲话

王兴康

邹韬奋先生，是我国近代历史上杰出的新闻记者、政论家和出版家，也是一位杰出的爱国主义者和共产主义者。他一生为民族解放、民主政治、进步文化事业奋斗不息，被誉为"人民的喉舌"。他被中共中央称为"吾党的光荣"，是"100 位为新中国成立作出突出贡献的英雄模范人物"。作为唯一一名出版人，他还在去年入选了首批著名抗日英烈名录。他的影响是巨大的。

上海是韬奋先生生活、战斗的阵地，也是他逝世的地方。1995 年，为纪念韬奋先生逝世五十周年和诞辰一百周年，十四卷的《韬奋全集》由我们上海人民出版社首次出版。20 年过去了，关于韬奋先生的研究出现了许多新的成果，也发现了一些新的资料。今年是韬奋先生诞辰一百二十周年，为了表示纪念，去年我们与韬奋基金会、上海韬奋纪念馆开始筹备《韬奋全集》（增补本）的出版事宜。在韬奋基金会、上海韬奋纪念馆的支持下，我们这次在 1995 年版《韬奋全集》的基础上，增加数十篇文章，按照资料的时间分别加入不同的卷册内，正式推出《韬奋全集》（增补本），对 20 年前的版本进行了校订和补充。

在编辑出版过程中，我们选派具有丰富工作经验的老同志和专业素质过硬的青年同志，组成编辑小组、印务小组，在前人的基础上，反复多次地审读书稿，分别从史实核查、信息核对、咬文嚼字等方面对书稿认真梳理。这些工作都是为了完善韬奋先生的思想和学术脉络，全面展现韬奋先生的精神。

作为著名的出版家，韬奋先生一生笔耕不辍，出版了许多优秀的作品，创办过许多高质量的出版刊物。他写下的著、译作堪称海量，对当时中国政治、经济、社会、生活发表了独到的见解和议论，对国际上的各国状况作了翔实的考察。这些作品对于研究韬奋先生的一生具有重要价值，更为重要的是，为研究近现代中国历史和文化思潮，提供了丰富的史料。韬奋先生对于近代以来人们所反复讨论的关于中国的政治经济、社会生活等问题，都进行过切实而且深刻的思考，他的作品所闪现出的思想光华，至今仍具有现实意义。因此，编辑出版《韬奋全集》，是一项积累精神财富的大工程，是为提高文化软实力做出的努力。

在抗日战争中，韬奋先生以其笔杆子和战斗精神活跃在第一线，堪称"抗日救亡的一面旗帜"。对出版界来说，韬奋先生也是我们的"一面旗帜"。此次编辑出版《韬奋全集》（增补本）过程中，我们再次在字里行间感受到韬奋先生的精神。毛泽东说过："热爱人民，真诚地为人民服务，鞠躬尽瘁、死而后已。这就是邹韬奋先生的精神，这就是他之所以感动人的地方。"他的服务精神，正是他留给当今新闻出版人最宝贵的遗产，今后也更值得我们继续学习、不断坚持、努力发扬。"其精神将长在人间，其著作将永垂不朽！"

谢谢！

学习韬奋的人民理念、文化意识、创造精神

江曾培

　　韬奋先生是新闻出版业的一面光辉旗帜。如果说张元济是我国现代出版第一人的话,韬奋则是我国现代革命出版的第一人。革命前辈吴玉章说:"近代中国文化界,在新闻事业、出版事业上,最有成就、最有创造能力的,要算邹韬奋同志。"1936年10月24日,在上海各界公祭鲁迅先生大会上,韬奋作了讲演,只用了一句话。韬奋说:"我愿用一句话来纪念先生:许多人是不战而屈,鲁迅先生是战而不屈。"实际上,韬奋和鲁迅一样,是"战而不屈"的。在黑暗的旧中国,他坚定地站在人民大众的立场上,"横眉冷对千夫指",向国内的邪恶势力作坚决斗争,向侵略中国的日本帝国主义作坚决斗争。他毕生办报、办刊、办书店,做记者,写文章,没有一天不拿着笔在战斗,直到生命最后一息。按他自己的话说,是"题破稿纸百万张,写秃毛锥十万管。"他所创办的《生活周刊》与生活书店,成了当时中国最具广泛影响的进步文化事业,成了人民大众的喉舌。国内外反动势力把他看作眼中钉、肉中刺,必欲除之而后快,不断地拉拢、威胁,乃至囚禁坐牢,都未能使他屈服。

　　韬奋的"战而不屈",是为了争取人民的解放,为了反法西斯的胜利。因而,他在"横眉冷对千夫指"的同时,又与鲁迅一样,"俯首甘为孺子牛"。他办报纸、办刊物、办出版社,都是以读者

大众为本位,全心全意为读者服务,为社会服务,为大众服务。韬奋把"服务精神"看作是生活书店的生命。他说:"生活的生命,就是完全大公无我的对社会服务的精神组成的!"韬奋1944年7月24日逝世后,毛泽东敬献的悼词是:"热爱人民,真诚地为人民服务,鞠躬尽瘁,死而后已,这就是邹韬奋先生的精神,就是他之所以感人的地方。"

今年11月5日,是韬奋先生诞辰120周年。出版人纪念韬奋,就是要学习他的"热爱人民,真诚地为人民服务"的精神,爱岗敬业,忠于职守,认真做好出版工作,多出好书好刊,努力为人民群众提供优质的精神产品。为此,出版人首先要充分认识出版工作的意义,热爱出版工作。出版作为社会主义文化事业的一个重要组成部分,在发扬先进文化、促进生产力发展和满足人民群众的文化需求方面,在为实现"两个一百年"奋斗目标和中华民族伟大复兴的中国梦中,有着不可或缺的重要功能。出版和新闻一样,有着传播文化的功能,同时,它还有着积累文化的职能。古今中外的优秀文化,依赖着出版这一载体方能传递。我们今天能方便地欣赏历史上的名著名作,是在享前人的福。一代人有一代人的责任。我们今天的出版人,也应为后人造福,努力为我们后人留下一些文化精品。然而,正如习近平同志在文艺座谈会上指出的文艺创作方面的问题一样,当今出版业"也存在着有数量缺质量、有'高原'缺'高峰'的现象,存在着抄袭模仿、千篇一律的问题,存在着机械化生产、快餐式消费的问题"。数量急剧膨胀,质量前进蹒跚,数量和质量的严重跛脚,表明急功近利与浮躁情绪,阻碍了出版业对精品的追求。出书并不难,难的是出高品质的书,出传世之作就更难。这需要出版人有高度事业性,心存高远,忠于职守,安于寂寞,孜孜以求。

尽管当前爱岗敬业的出版人不少,但不必讳言,爱岗敬业精神在出版业有所弱化。有些人进入出版业，并不是热爱出版，而只是作为一种谋生的手段，有的更是"身在曹营心在汉"，只是将出版作为"跳槽"、高升的跳板，这样，自然不会全身心投入，不会鞠躬尽瘁，不会踏踏实实作长期努力。韬奋说，"人人要有职业，职业不但是为谋生，并是尽量发展特长以服务社会。"出版人应以"服务社会"之心，热爱出版，按出版规律办事，力争多出好书精品。好的出版物，多是"多年生"的。做一些具有重大文化价值、能有较长生命力的出版物，并非一朝一夕所能完成的，在出版岗位上要耐得住寂寞，作长期谋划，不能急功近利，不可急于求成。出版是一种文化积累性工作，做出版的宜安营扎寨、连续奋斗，不宜三心二意、左顾右盼，邹韬奋、张元济等光彩夺目的出版大家，都非短期出版工作所能造就的，而是"鞠躬尽瘁，死而后已"的结果。

韬奋说，无论做何种事业，要愿干，才有责任心。同时，还要能干，方有效率。就出版来说，"能干"，特别需要重视创造精神。因为，出版物天性与创造连在一起。它不是通过流水线成批生产的。每本书，每本刊物，都有自己独特的生命。韬奋一贯反对跟在别人屁股后面爬行的"肉麻的模仿"，他所主办的《生活》《新生》《大众生活》等刊物，都有鲜明的特色个性，站在时代的前列。韬奋说："尾巴主义是成功的仇敌。刊物内容如果只是'人云亦云'，格式如果只是'亦步亦趋'，那是刊物的'尾巴主义'。这种尾巴主义的刊物便无所谓个性或特色；没有个性或特色的刊物，生存已成问题，发展更没有希望了。"1936年，韬奋在香港创办《生活日报》，教育家陶行知写了一首诗表示祝贺，其中一句赞扬的话就是："问有什么好处？玩的不是老套。"俗话说，文贵创新。出版物也是贵在创新。英国诗人杨格说："文艺作品要为文艺王国增添新的版图"。出版物也要为出版王国增添新的版图。当前重复出版、跟风出版乃至克隆出版的情况严重,是明显有悖韬奋精神,有悖出版物特性的。

在出版业上的"能干",还要像韬奋那样,正确处理"事业性"与"商业性"的关系。韬奋说,"因为我们所共同努力的是文化事业,所以必须顾到事业性,同时因为我们是自食其力,是拿自己的收入来支持事业,而发展事业,所以必须同时顾到商业性,这两方面应该相辅相承的,不应该对立起来的"。韬奋在指出两者统一的同时,又一再强调"要注重为大多数民众谋福利,不以赢利为最后目的",决不赚"不义之财",决不能"专为赚钱而做含有毒菌落后的事业"。广告是报刊的重要经济收入,《生活》周刊却明文规定,"凡不忠实或有伤风化之广告,虽出重金,亦不为之登载。"七八十多年前,在旧社会,韬奋就如此正确地处理了社会效益与经济效益的问题,不能不令人敬佩。出版物通过市场卖出去才能发生效益,出版人要有商品意识,但出版人本质上是文化人,而不是商人,要注意出版的经济效益,更要钟情出版的文化价值。把出版当作市场的奴隶,当作赚钱的工具,只以赚钱多少论英雄,出版人就会在精神上"矮化",也就焕发不出对出版业的真正激情,也就不会沉下心来去抓高文化品质的精品力作。

韬奋精神是一个内涵丰厚的精神宝库,让我们结合实践不断地从中吸取营养,以"战而不屈"精神,克服前行中的一切困难险阻,实现社会主义出版事业的大发展大繁荣。

勿忘韬奋精神　勇当时代先锋

谬克构

今年 11 月 5 日是杰出的出版家、新闻记者邹韬奋同志诞辰 120 周年,11 月 8 日恰逢第十六届中国记者节。我们正身处媒体变革风云变幻的时代,回望前辈走过的路,他们的新闻实践和精神力量,始终给我们当下的新闻工作者以前进的动力,也校正我们前行的脚步。今天,我想和大家分享邹韬奋精神对当代新闻人的几点启迪。

一是始终坚持积极创新、勇于探索的精神。

在近 20 年的新闻出版职业生涯中,邹韬奋主编或主办了"六报一刊"。一家家报刊被关掉,他就一家家办起来,百折不挠,追求真理,而且始终在内容上坚持"贴近实际、贴近生活、贴近群众"的三贴近原则,与时俱进,不断创新,也因此深受读者喜欢。

当今媒体环境发生翻天覆地的变化,新兴媒体崛起,未知远大于已知。正因为未知,才需要我们无尽探索、积极创新、勇当先锋。越是这个时候,越不能忘记积极创新、勇于探索的精神。刚刚公布的关于国家"十三五"规划的建议提出,要推动传统媒体和新兴媒体融合发展,打造一批新型主流媒体。对传统媒体来说,挑战和机遇并存,一方面要继续精耕报纸做精内容,另一方面要在媒体融合的时代变革中闯出一条新路,在新媒体舆论阵地发挥更大影响力。

二是始终强化责任意识、守土有责的精神。

今年是抗战胜利暨世界反法西斯胜利70周年。我们不能忘记,"九·一八"事变后,邹韬奋以极大的爱国热情投入到抗日救亡的行列中,他克服重重危险和困难,借助报纸这一媒体平台发表言论和新闻,唤醒国人共起救亡图存。老一辈新闻人能够舍生忘死,就是因为他们心中始终抱有强烈的社会责任感和使命感。

当今传播手段发生了很大的变化,但新闻人担负的社会责任没有改变,老一辈新闻人的优秀品质永远不会过时。面对多元传播格局和复杂舆论环境,新闻宣传工作尤为需要坚持正确舆论导向,牢固树立大局意识、政治意识、责任意识,弘扬社会主义核心价值观,传播正能量。作为党报新闻工作者,必须时刻牢记守土有责、守土尽责、守土负责,为营造良好社会舆论氛围不懈努力。

三是始终牢固树立尽心尽力为读者服务的精神。

在办报办刊实践中,邹韬奋把服务精神看作报刊的生命。他视每天拆阅读者来信为"一件有兴味的工作"。除了将小部分来信在《生活周刊》发表和解答外,其余的信也都用"全副精神"一一答复。

邹韬奋逝世后,毛泽东作亲笔题词:"热爱人民,真诚地为人民服务,鞠躬尽瘁,死而后已,这就是邹韬奋先生的精神,这就是他之所以感动人的地方。"

尽心尽力为读者服务,是提高舆论引导能力的立足点,也是党的新闻工作生命力的源泉,须臾不可忘记。服务好读者,需要找准定位,明白读者的期盼,这也是今天我们新闻人的担当。去年10月15日,文汇报全新改版,确立"全国性人文大报"定位,从内容优化、机构设置、流程再造、视觉设计等方面改革,力争服务于现代社会知识分子群体高端读者,影响有影响力的人。与此同时,文汇新媒体各大平台同步升级,积极利用新媒体手段接近读者,目前报社正在积极谋划转型发展,全媒体产品"文汇人文"APP不久以后上线,希望发挥文汇报凝聚知识分子的优势,在人文领域的信息传播、观点分享方面做出特色,更好地为读者服务。

各位领导、各位同仁,作为一名新闻工作者,我一直被邹韬奋同志"心中有人民,铁肩担道义"的崇高风范所激励,今天我们纪念韬奋同志,就是要继承和发扬老一辈新闻工作者的精神品质,为进一步增强主流媒体的传播力、影响力、公信力,为服务党和国家工作大局、为营造积极向上的良好舆论氛围做出更大贡献。

在纪念韬奋诞辰 120 周年座谈会上的发言

邹嘉骊

非常荣幸能与各位一起纪念我的父亲邹韬奋诞辰 120 周年。

首先想与各位分享一个小故事，出典一时回忆不起来了。韬奋曾经对周恩来说，在自己周围有很多作家、专家、科学家，而自己什么也不是。周恩来笑答：你是宣传鼓动家。我们家人，也多次遇到健在的老同志们说，我是看了你父亲、你爷爷的文章，才去延安参加抗日、参加革命的。在抗日战争中，虽然韬奋没有拿枪上战场，但他的文章确实很有鼓动性，激励了无数青年走上抗战前线。1945 年 9 月 12 日，周恩来先生在给妈妈的慰问信中写道："在他的笔底，培育了中国人民的觉醒和团结，促成了现在中国人民的胜利。"这是对父亲在抗战中的作用所作的最客观的评价。

借今天的机会，我还想重温父亲对我的影响和教育。

1944 年 6 月 2 日，父亲自感病情加重，要求口述遗言，由徐伯昕笔录。父亲对身边的人和事一一关照，关于我，他说："小妹爱好文学，尤喜戏剧，曾屡劝勿再走此清苦文字生涯之路，勿听，只得注意教育培养，倘有成就，聊为后继有人以自慰耳。"

爸爸的遗言，既有疼爱又有期待。疼爱，是担心我日后过清苦的日子；期待，是屡劝不听，希望我做一个对社会有成就的人。

成就，谈何容易！颠簸的童年、少年，我只断断续续读了6、7年书，内心一直向往进学校读书，初中、高中、大学……

是父亲的临终遗言：不要怕！激励我没有退缩。我做过图书登记员、门市营业员、校对员、助理编辑、编辑，每换一个工种，就学会一点技巧，增加一点知识。算算这个过程，竟有三十多年。我自称这是我人生的热身阶段。离休了，我的后半生怎么过？我只会编书。编什么书？过去是组织分配，现在我可以自己作选择了。自主权，多可贵！我要编父亲韬奋的书。1984年出版了《韬奋著译系年目录》，1985年出版了《忆韬奋》，从此就收不住笔了。

20世纪80年代十二位前辈，胡愈之、沈慈九、张友渔、张仲实、萨空了、夏衍、叶圣陶、陆定一、胡绩伟、王炳南、巴金、沈粹缜等，联名倡议建立中国韬奋基金会。有组织作后盾，弘扬韬奋精神、宣传韬奋思想、出版韬奋著作，就有了群体的力量，我与同事们经过10年努力，完成了《韬奋全集》的编辑出版工作，我从中得到锻练，逐步提高成熟起来。

可亲可敬的爸爸，可以告慰您的是，我继承了您的遗志，从事文字生涯，编书辛苦，生活却不清苦。您为后继有人以自慰吧！

爸爸妈妈安息！

谢谢大家！

二

韬奋与抗战时期的新闻出版业学术研讨会

邹韬奋创办抗日报刊的杰出
贡献和当代价值

陈　挥

一、媒体人的职责：邹韬奋创办抗日报刊的杰出贡献

邹韬奋是我国杰出的新闻记者、著名的出版家和政论家。在中国人民抗日战争和世界反法西斯战争期间，韬奋高举起爱国主义、民主主义和国际主义的旗帜，积极投身于中国的抗日民族解放和反法西斯的斗争。他积极创办报刊，努力唤起民众，为民族解放呐喊，为人民民主呼号，历经沧桑，艰苦斗争。正如他自己所说的，"自九一八国难发生以来，我竭尽我的心力，随同全国同胞共赴国难；一面尽量运用我的笔杆，为国难尽一部分宣传和研讨的责任，一面也尽量运用我的微力，参加救国运动。"①

1. 《生活》周刊：勇敢战斗在民族解放第一线

1931年，日本帝国主义发动了侵略中国东北的"九一八"事变。在民族危机日益严重、蒋介石政府采取不抵抗政策的形势下，韬奋不畏强暴，以笔代剑，怒斥敌寇，反对投降，勇敢战斗在民族解放第一线。

"九一八"事变发生后，韬奋马上就在9月26日出版的《生

---

① 《韬奋全集》，第7卷，第207页。

活》周刊上作了报道。他倾尽全力,把《生活》周刊作为呼吁抗日救国、民族解放的宣传阵地。

在中华民族面临空前危机的关键时刻,韬奋接连发表了《宁死不屈的保护国权》《宁死不屈的抗日运动》《宁死不屈的准备应战》等一篇篇战斗檄文,怒斥奉行妥协投降的"不抵抗主义",认为"这种'不抵抗主义'就是'极端无耻主义'"。他大声疾呼："保护国权,须全国人人有决死之心;抗日运动,须全国人人有决死之心;准备应战,亦须全国人人有决死之心;故人人有决死之心,实为救国的首要条件。"②

1932 年 1 月 28 日,日本帝国主义发动了对上海的入侵。驻扎在上海的第 19 路军将士,在全国人民抗日热潮的推动下,奋起抗击入侵之敌。当时上海处于一片混乱之中,韬奋主编的《生活》周刊的印刷与发行遇到很大困难。但是他没有忘记自己的职守,没有忘记读者,克服重重困难把刊物送到广大读者手里,使他们及时了解有关战争的重要消息,竭力"唤起民众注意,共赴国难"。1 月 29 日,《生活》周刊一天出了两次《紧急号外》。1 月 30 日,他在《生活》周刊"紧急临时增刊"上发表了《痛告全市同胞》一文,指出："时势虽极危急,我们只有向前奋斗,至死不懈,不必恐慌,亦无所用其悲观;我们要深切明白只须我们能奋斗,能奋斗至死不懈,我们最后的胜利实在我们手中,任何强暴不能加以丝毫的改变。我们应利用这种空前的患难,唤醒我们垂死的民族灵魂,携手迈进,前赴后继,拯救我们的国族,复兴我们的国族。"③

为了使那些因交通阻滞而不能及时看到上海报刊的外地及

---

② 《韬奋全集》第 5 卷,第 65—66 页。
③ 《韬奋全集》第 4 卷,第 12—13 页。

海外读者也能了解"19路军血战抗日之忠勇悲壮行为",韬奋还撰写了长篇通讯《上海血战抗日记》,配上详细的战区地图和血战抗敌的照片,在《生活》周刊上连载,并出版了单行本。邹韬奋还和鲁迅等43人联名发表了《上海文化界告全世界书》,后来又在43人基础上,联合129位爱国人士发表了《为抗议日军进攻上海屠杀民众宣言》。

轰轰烈烈的淞沪一二八抗战终因19路军寡不敌众,腹背受敌,被迫全线撤退而夭折。韬奋却从中看到了胜利,看到了希望。他说:"我们观于上海祸变发生之后,忠勇军士和热烈民众在事实上的种种表现,实足使人奋发兴起,认为'能自卫的国家'所赖的基础即在乎此。""蔡军长和他的忠勇将士此次血战抗敌,义声震动遐迩,不过为我们全国'为中华民族及中华民国生存而战'开一先声,我们全国民众还要赶上去作继续不断的努力。"④

由于韬奋坚持抗日救国、反对妥协投降,坚持人民民主、反对专制独裁,《生活》周刊销路大增,至1932年底,发行数达到了15万5千份。

2.《大众生活》:举起了鲜明的抗日救国旗帜

1935年,日本帝国主义的侵略魔爪又伸向了华北。在中华民族处于生死存亡的紧急关头,中国共产党发出了"停止内战,一致抗日"的号召,制定了建立抗日民族统一战线的方针,从而推动了全国抗日救亡运动的发展。结束了两年流亡生涯的韬奋,一回到上海,就把全部精力投入到《大众生活》的筹备工作中去。

11月16日,《大众生活》创刊,韬奋在题为《我们的灯塔》的发刊词中明确提出:"中国大众的唯一生路是在力求民族解放

---

④《韬奋全集》第5卷,第119—120页。

的实现，从侵略者的剥削压迫中解放出来。这是中国大众的生死问题，也是我们所要特别注意的重要目标。"

《大众生活》一创刊就受到读者的热烈欢迎，销量达到15万份，后来又增加到20万份，开创了中国杂志发行的新纪录。韬奋的文章，在当时的国统区，如同黑暗中的明灯，照亮了人民大众抗日救亡的道路。正如周恩来所说："我们党的抗日救国和抗日民族统一战线政策，主要是通过韬奋主编的刊物传播到国民党统治区广大知识分子中去的。韬奋在国统区知识分子中的威望最高。我们党专门在国统区做知识分子工作的领导人，都比不上他。"

1935年12月7日，国民党政府决定在北平设立冀察政务委员会，以满足日本关于华北政权"特殊化"的要求。在中国共产党的领导下，12月9日，北平学生举行了声势浩大的示威游行，反对"华北自治"和冀察政务委员会的成立，要求"停止内战，一致抗日"，从而迅速得到了全国各界人士的广泛响应和声援，《大众生活》也迅速予以热烈支持和大力宣传，从12月21日出版的第六期起连续几期都刊登了声援学生运动的文章。在第六期的封面上，还刊登了北平的一个女大学生陆璀，手拿喇叭筒大声疾呼"大众起来！"的大幅照片。12月28日出版的第七期《大众生活》，更是几乎成了学生救亡运动专号，从封面到封底，大部分都是关于北平和各地学生游行示威的照片、报道和评论。第八期、第九期以及以后的多期《大众生活》，都继续为伟大的"一二·九"运动呐喊，无论是评论、报道还是图片，都是旗帜鲜明地站在各地的学生一边，怒斥反动当局和军警对爱国学生的阻挠和迫害。每期《大众生活》一出版，都是首先寄给北平学生联合会几千份，由他们到各校去出售。除了部分印刷成本费外，大部分都给学联留作经费。北平爱国学生都把韬奋看成是自己最知心的老师和朋友，把《大众生活》看成是能真正反映学生心声、代表学生说话的喉舌。在这场伟大的抗日救亡运动中,《大众生活》应该说是尽到了它的历史责任的。

在"一二·九"运动期间,韬奋先后发表了《学生救亡运动》、《再接再厉的学生救亡运动》等文,充满激情地表示:"参加救亡运动的男女青年同胞们! 你们的呼号声,是全国大众心坎里所要表现的愤怒! 你们紧挽着臂膊冲过大刀枪刺的英勇行为,是全国大众所要洒热血抛头颅为民族解放牺牲一切的象征! 记者为着民族解放的前途,要对你们这先锋队顶礼膜拜,致最诚挚的无上敬礼!"⑤

3.《生活日报》:同中国共产党的团结抗战主张保持一致

1936 年 3 月,韬奋到达香港从事革命文化工作,筹备创办《生活日报》。

6 月 7 日,以"努力促进民族解放,积极推广大众文化"为宗旨的《生活日报》,冲破重重困难,在香港正式出版,韬奋任社长。《生活日报星期增刊》也同时出版,随《生活日报》发行。

韬奋力求把《生活日报》办成真正的人民报纸,"言论要完全作人民的喉舌,新闻要完全作人民的耳目"。《生活日报》出版期间,国内外发生的重要事件,他都撰写文章,坦率表明自己的观点和立场,所以深受社会各界的欢迎,订户遍及全国各地和东南亚一带,每日销售两万份左右,比当地销量最多的日报多三倍,在海内外影响很大,对西南地区的抗日救亡运动起了有力的推动作用。

当时在天津主持北方局工作的刘少奇对于韬奋将要在香港创办的《生活日报》非常关心,化名"莫文华",先后给韬奋写了两封热情洋溢的长信,指出:"我觉得贵刊应担负促成解放中国民

---

⑤《韬奋全集》第 6 卷,第 508—509 页。

族的伟业,而目前的中心问题是民族解放的人民阵线之实际的组织。贵刊应将全部精力聚集于此。"他认为:"贵刊应成为救国人民阵线的指导者和组织者;成为千千万万各种各色群众的权威的刊物。"他还着重阐述了人民阵线与关门主义的问题。韬奋接到信后非常高兴,全文给予发表,并加了编者的话,明确指出:"本报的目的,劈头第一句就是'努力促进民族解放运动'"。"在这国难万分严重的时候,全民族里面,各人都应该各尽所有的力量,加入民族联合阵线努力;在另一方面说,凡是有一分力量可以贡献于这斗争的任何人,我们都应该鼓励他尽他所有的这一分力量用到民族联合阵线这上面来。"⑥

从此以后,韬奋的政治态度总是同中国共产党的主张保持一致。他总是虚心听取党的意见,并且努力把党的意见转变为自己的实践。不论他个人的事业或者有关个人的去处有什么问题,或者遇到新的政治问题,他总是去找他所能接触到的党的组织商量,虚心听取党的意见,无条件地按照整个革命的利益来安排自己的生活和工作。总之,他已经严格地用革命者的标准来要求自己,全心全意为党工作。

由于国内局势的变化,救亡运动需要韬奋回上海工作,《生活日报》出至 7 月 31 日即自动停刊,宣告从 8 月 1 日起迁往上海,但因国民党政府的阻挠破坏,终未能再和读者见面。《生活日报星期增刊》从 8 月 2 日起更名为《生活日报周刊》在香港出了三期,8 月 23 日又改名为《生活星期刊》在上海出版,至 12 月 13 日出到第 28 期也被迫停刊。

4.《抗战》《全民抗战》:竭诚宣传共产党的全面抗战主张

1937 年"八·一三"事变以后,抗日战争全面爆发。刚刚经

---

⑥《韬奋全集》第 6 卷,第 607—608 页。

历了"七君子"事件的韬奋,出狱不久就着手创办新的刊物。8月19日《抗战》三日刊在上海诞生。这个刊物从当年9月9日起改名《抵抗》三日刊,12月23日起恢复原名,并移往汉口出版,翌年7月7日和《全民》周刊合并,在汉口出版《全民抗战》三日刊,10月15日移至重庆,改出五日刊,1939年5月13日起改为周刊。由于该刊真正代表了全国人民的公意,发行后每期的销售数很快就达到了30万份,是当时最受读者欢迎的刊物。1941年2月24日,韬奋因形势所迫离开重庆以后,这个刊物就被国民党当局查禁了。

全民族抗战是中国人民抗日战争胜利的重要法宝。人民群众是战争胜利最深厚的伟力。对此,韬奋是有深刻认识的。他说:"目前抗战形势的不能好转最大的症结还是在仅有军事上动员,而实在没有做到全民族的整个抗战,也就是说对于民众运动仍然是未有彻底的解放。因为民众运动没有得到彻底的解放,军事上也受到很大的不良的影响。"因此他呼吁,"非彻底开放民众运动不可","非迅速使军民打成一片,是绝对没有多大把握的"。[7]

在抗日战争时期,中国共产党坚持动员人民、依靠人民,提出和实施持久战的战略总方针和一整套人民战争的战略战术,广泛开展伏击战、破袭战、地雷战、地道战、麻雀战等游击战的战术战法,使日本侵略者陷入了人民战争的汪洋大海之中。中国共产党领导开辟的敌后战场和国民党指挥的正面战场协力合作,形成了共同抗击日本侵略者的战略局面。中国人民抗日战争胜利是全民族抗战的胜利,是全体中华儿女的荣光! 对此,韬奋也是有深刻认识的。

---

[7]《韬奋全集》第8卷,第150—151页。

抗日民族统一战线刚建立，韬奋就撰文介绍了中国共产党的全面抗战路线。他说"中共这次宣言所表示的宗旨是要'挽救祖国的危亡'，是要巩固'和平统一团结御侮的基础'，是要'决心共赴国难'，是要造成'民族内部的团结'来'战胜日本帝国主义的侵略'，是'要把这个民族的光辉前途变为现实的独立自由幸福的新中国'。这个宗旨是全国爱国的同胞们所一致拥护的。"⑧

第二次国共合作形成之后，国民党当局对中国共产党的抗日救亡主张和政策，仍然是严加封锁。广大人民群众，尤其是国统区的群众，在过去的歪曲宣传影响下，很难得到澄清疑团的机会。因此，韬奋主编的《抗战》就义不容辞的担当了这个任务，先后刊登了《朱德等就职抗战通电——坚决抗战众志成城》等报道，使大家对八路军开赴战场，取得重大胜利的消息，以及八路军纪律严明、军民合作打日寇的动人故事都有所了解。他在《华北的紧张形势》一文中说："仅靠军事取得胜利是没有把握的，必须有良好的政治工作和军事工作配合起来，才能有胜利的把握。第八路军因善于把军事工作和政治工作打成一片，曾于平型关溃败敌人，但是其他部分因政治工作赶不上军事工作，军事上也受到牵制，陷入困境，所以整个局面仍未能即有好转。"⑨

11 月 13 日，韬奋还在《抵抗》上发表了《怎样争取持久战的胜利》一文，全面介绍了彭德怀撰写的小册子《争取持久抗战胜利的先决问题》，使读者对于"中国必须持久抗战才能得到最后的胜利"、"中国在持久战不但不会把力量渐渐地消完，而且还会生长力量"、"敌我力量的对比决不是一成不变的东西，在持久抗

---

⑧《韬奋全集》第 8 卷，第 100 页。
⑨《韬奋全集》第 8 卷，第 107 页。

战的过程中,是必然会变动的,我们的力量会逐渐变强,而敌人的力量则会逐渐变弱的"以及"什么是游击战争"、"怎样才能发展游击战争"、"民众动员与全民抗战的关系"等中国共产党关于持久抗战的思想和游击战争的策略有了一定的认识。他说:"彭先生是国民革命军第八路军的副指挥,正在前线作战的军事专家。他在这小册子里由已经3个多月抗战的实际经验所得到的意见,实值得我们的郑重介绍。"⑩

5. 复刊《大众生活》:深刻认识中苏两国是世界反法西斯侵略的两大支柱

1941年3月,韬奋到达香港后,即全力筹备复刊《大众生活》。5月17日,《大众生活》新1号出版,韬奋在《复刊词》中重申,作为一个"为了大众也是属于大众的刊物","我们不愿意讳疾忌医,对于进步的,有利于民族前途的一切设施固极愿尽其鼓吹宣扬之力,但对于退步的,有害于民族前途的现象我们也不能默尔无言。纵使因此而受到误会与攻讦,但我们对民族前途的信心与为这信心而不惜一切牺牲的决意是必能为读者诸友们共鉴的。"⑪这是他生前主编的最后一个刊物,也是他一生所办刊物里面最好的一个。1941年12月8日太平洋战争爆发后,《大众生活》只出至新30号就匆匆停刊了。

《大众生活》设有社论、周末笔谈、论文、生活修养、通讯报告、文艺作品、散文杂感、书评、读者来信简复等栏目。由于邹韬奋坚定地站在人民大众一边,坚持抗日,反对投降;坚持团结,反对分裂;坚持民主,反对独裁。所以,《大众生活》复刊后,受到了广大读者的热烈欢迎,销量很快就达到了十万份。

---

⑩《韬奋全集》第7卷,第655页。

⑪《韬奋全集》,第10卷,第48页。

1941年6月22日，德国法西斯悍然撕毁了苏德互不侵犯条约，突然对苏联发动进攻。苏联人民立即奋起进行伟大的卫国战争。韬奋闻讯立即在《大众生活》上作了报道，指出，"德军突然进攻苏联，在德帝国主义的疯狂侵略史上，又展开了新的罪恶的一页"，"创立了战争史上最卑鄙无耻的记录"。"希特勒真是世界流氓中的大流氓。法西斯帝国主义的违约背信，狂暴野蛮，又有一次具体的表现"。他还明确表示："就我们对于德苏战争的态度而言，我们根本上是同情于苏联的；而且我们相信由于这战争的展开，将触发一个广大世界的反法西斯怒潮，加速侵略帝国主义的崩溃！"

但是，香港的某些报纸上却经常出现一些"对苏联的幸灾乐祸的言论，造谣诬蔑苏联的言论，挑拨离间中苏邦交的言论"。他们认为，"中国人必须和他们同样保持着反苏的态度，才符合于'国家至上，民族至上'的原则"，"只有和他们同样造谣诬蔑苏联，挑拨离间中苏邦交，才是'中国人'否则便口口声声骂你不是'中国人'"。他们企图利用中国人的民族意识和爱国情绪来达到他们在实际上是反苏的阴谋！为此，韬奋先后撰写了《对苏联的态度问题》《为何还有反苏的论调》《国父对苏联的态度》等文章，以有力的事实强调了苏联是援助中国抗战最多的一个国家，全面深刻地阐述了孙中山的联苏政策，并尖锐地指出："反苏的党老爷们对于同情援助中国最热烈的友邦，处处表示侮蔑的态度，却自命是出于'国家至上，民族至上'的立场，开口闭口骂同情苏联的人不是'中国人'，骂同情苏联的人是以苏联为祖国！其实根据上述的最爱国最伟大的'中国人'中山先生关于苏联的指示，他们在实际上都是中山先生的罪人！都是中国的罪人！"⑫他坚

---

⑫《韬奋全集》第10卷，第696页。

定地表明了自己的立场："中苏两大伟大民族是全世界反法西斯侵略的两大支柱,它们的利益是相辅相成而不是相对立的,它们的友好的关系和密切的合作是全世界光明前途的源泉。它们反法西斯侵略的战争,能够得到最后的胜利,是全世界的人类解放的两盏明灯,是全世界最优秀的儿女所渴望的。这是我们所应有的基本的认识。"⑬

二、知识分子的使命：韬奋的抗战思想和实践的当代价值

抗日战争时期,中国知识分子凭借自身的知识文化优势,发挥了独特的作用。在中华民族面临生存危机的关键时刻,知识分子肩负起神圣的民族责任,成为抗日救亡运动的先锋和喉舌。除了一些青年知识分子投笔从戎、血洒疆场外,大多数知识分子主要是以自身特长投身于宣传抗日、唤起民众的事业。他们发表抗战宣言,以营造全民族团结抗战的舆论氛围;他们组织各种抗战团体,显示了中华民族同仇敌忾的精神风貌;他们编辑出版抗日报刊,创作抗日文艺作品,弘扬为民族解放而英勇献身的民族英雄,为抗战的胜利提供重要的精神支撑。邹韬奋就是一位杰出的代表。

"九·一八"事变以后,在中华民族内忧外患交织的艰难时势中,邹韬奋不畏强暴,以笔代剑,怒斥敌寇,反对投降,勇敢战斗在民族解放第一线。他坚决主张抗日,弘扬中华正气;坚信中国不可战胜,极力反对妥协投降;竭诚呼吁团结对外,促进国共合作抗日;努力争取国际援助,坚持国际统一战线,为中国人民抗日战争和世界反法西斯战争作出了突出的贡献。

---

⑬《韬奋全集》第 10 卷,第 672 页。

1. 坚决主张抗日　弘扬中华正气

以爱国主义为核心的伟大民族精神是中国人民抗日战争胜利的决定因素。古往今来,任何一个有作为的民族,都以自己的独特精神著称于世。爱国主义是中华民族民族精神的核心。邹韬奋就是一位爱国主义的英雄。

1931年"九·一八"事变发生后,韬奋就在9月26日出版的《生活》周刊上作了报道,并发表了《应彻底明了国难的真相》等四篇小言论,呼吁"全国同胞对此国难,人人应视为与己身有切肤之痛,以决死的精神,团结起来作积极的挣扎与苦斗。"

1932年1月28日,日本帝国主义发动了对上海的侵略,十九路军将士在上海民众的支持下奋起抵抗。在这硝烟弥漫而又激动人心的日子里,他又先后发表了《几个紧急建议》《沪案与整个的国难问题》等文,再次呼吁民众"应人人存着为国效死的精神,共同起来为国家民族努力"。

轰轰烈烈的淞沪"一·二八"抗战终因国民党政府动摇妥协,十九路军寡不敌众,腹背受敌,被迫全线撤退而夭折。但韬奋却从中看到了胜利,看到了希望。他认为,"一·二八"淞沪抗战"实足使人奋发兴起","'能自卫的国家'所赖的基础即在乎此"。十九路军将士的义举,"不过为我们全国'为中华民族及中华民国生存而战'开一先声,我们全国民众还要赶上去作继续不断的努力。"

抗日战争全面爆发以后,韬奋更加注意弘扬中国军民英勇抗敌的爱国主义精神。

"八一三"抗战期间,对于在坚守闸北四行仓库的战斗中孤军奋战四昼夜的我国八百壮士,韬奋给以热烈的歌颂。他认为:"这八百勇士的悲壮行为,震动了全世界,唤醒了民族魂,对于中华民族的贡献诚然是非常伟大的。""他们为国抗斗的精神","引起国际间无限的同情与后方民众的热烈的钦敬"。由此他得出了这样一个结论："怯懦乞怜只能引起卑鄙的恶劣感觉,惟有英勇抗斗才能引起同情与钦敬"。

1938年4月,沪江大学校长刘湛恩因拒绝出任伪教育部长而惨遭暗杀。韬奋获悉后立即发表了《敬悼不受伪命的刘湛恩先生》,认为"刘先生的死是光荣的死,是等于为国牺牲的战士的死!人谁无死,死有重于泰山,有轻于鸿毛,为国牺牲的战士的死,才是最有价值的死!"对于在抗日前线奋不顾身、英勇杀敌的我军将士,韬奋更是给予热烈歌颂。1938年6月,中国空军一轰炸机被敌机射中即将坠毁之时,放弃逃生的机会,而以自己生命为代价,瞄准敌人一巨舰斜刺撞去,与之同归于尽,在全国引起震动。韬奋发表了《令人感泣的壮烈空军》,认为"这种为国家民族争生存的壮烈牺牲精神,真所谓'动天地,泣鬼神'"!"实使每一个同胞的心坎里都深深地感到兴奋与感激"。他号召全国民众"效法空军战士为国奋斗的精神,加紧各部门的救国工作,与英勇的空军战绩相配合"。中华民族历史悠久,具有光荣的爱国主义传统。在抗击日本帝国主义侵略的斗争中,由于中国共产党的中流砥柱作用,由于韬奋等一批具有崇高威望的社会精英的大力弘扬和引领,中华民族的爱国主义传统得到空前的发扬和光大,从而终于取得了抗日战争的最后胜利。

2. 竭诚呼吁团结对外　促进国共合作抗日

中国共产党的中流砥柱作用是中国人民抗日战争胜利的关键。停止一切内战,建立抗日民族统一战线,是实现抗战的前提条件,也是韬奋的一贯主张。

"九·一八"事变发生后,韬奋就发出了"全国上下一致团结对外"的呼吁。他说,"无论何人,无论何派,到了这个危急存亡的时候,如再图私利,闹私见,而有妨碍一致团结对外的举动,我们全体国民应群起反抗。"他坚决反对国民党政府"攘外必先安内"的反动政策,认为"为救国保族计,在目前只有一个共同奔赴的单纯目标,即须严守一致对付暴日的阵线"。"凡是破坏一致抗日的阵线的,都是全国全民族的罪人"。

1935年,日本帝国主义的侵略魔爪又伸向了华北。在中华民族处于生死存亡的紧急关头,中国共产党发出了"停止内战,一致抗日"的号召,制定了建立抗日民族统一战线的方针,推动了全国抗日救亡运动的发展。韬奋积极拥护中国共产党的正确主张,当北平学生兴起抗日救亡的"一二·九"运动时,他主编的《大众生活》立即给予热烈支持和大力宣传。韬奋还先后发表了《学生救亡运动与民族解放联合阵线》等文,特别强调要"注意'联合战线'原则的运用","以诚恳的态度说服大多数的已有觉悟而仍不免中立或踌躇的分子,也来积极参加,在民族解放运动的大目标下,扩大并巩固'联合战线'"。

中国共产党自成立之日起就把实现中华民族伟大复兴作为自己的历史使命,捍卫民族独立最坚定,维护民族利益最坚决,反抗外来侵略最勇敢。

在中国共产党关于抗日救国与建立抗日民族统一战线的号召下,在"一二·九"运动的鼓舞下,救国运动以燎原之势在全国各地迅速展开。1936年5月31日至6月1日,全国各界救国联合会在上海召开了成立大会,韬奋当选为执行委员。7月15日,韬奋和沈钧儒、章乃器、陶行知等救国会领导人联名发表了题为《团结御侮的几个基本条件与最低要求》的公开信,明确表示,赞同中国共产党关于建立抗日民族统一战线的主张,要求国民党改变"先安内后攘外"的方针,联合红军,共同抗日。这一代表全国大多数人民意志和要求的呼声,引起了国内各界人士的重大反响,特别得到了中国共产党的赞同。毛泽东发表了《致章乃器、陶行知、邹韬奋、沈钧儒及全体救国会员函》，充分肯定了救国会的主张，表示愿意在救国会的纲领下签名，同救国会及"一切愿意参加这一斗争的政派的组织或个人合作"，"来共同进行抗日救国斗争"。

"七·七"事变和"八·一三"事变以后，全国抗战的形势使国共两党再次合作成为现实，抗日民族统一战线终于正式形成。韬奋获悉这一消息后立刻撰文，表示"热烈欢迎"这个"全国团结御侮的"重要表现。他亲眼看到自己多年来为之奋斗的愿望已经实现，心里充满了无限愉悦的情感。他说："这样的全国团结，是保障抗战胜利最重要的一个条件，是对日本帝国主义的一个重大的打击！"⑭

3. 坚持国际统一战线 深刻认识中国抗战的国际意义

中国人民抗日战争，从一开始就具有拯救人类文明、保卫世界和平的重大意义，是世界反法西斯战争的重要组成部分。中国人民抗日战争开展时间最早、持续时间最长，中国战场长期牵制和抗击了日本军国主义的主要兵力，对日本侵略者的彻底覆灭起到了决定性作用。中国人民为世界反法西斯战争作出的重大贡献，使中国国际地位显著提高。

对于中国抗战的国际意义，韬奋是有深刻认识的。他说："日帝国主义倘若沦亡了中国（这在全中国奋起自救之下，是绝对不可能的事），他的威胁世界的和平和安全是更要猖狂的。"因此，"我们为祖国的生存而战，同时也是为世界的和平和安全而战。我们为祖国驱除我们的民族的敌人，是我们对祖国应负的责任；我们为世界驱除人类的刽子手，也是我们对世界应负的责任。"所以，韬奋坚信，在抗日战争中，我们可以得到广大世界爱

⑭《韬奋全集》第 8 卷，第 100 页。

好和平的人民的同情与援助。至于应该如何争取世界各国的同情和支援呢? 韬奋提出了4点建议: "第一,我们在外交方面不要仅仅看到各国政府当局的态度,同时还要密切地注意到各国人民伟大的推动力。""第二,我们不要忽视国民外交的重要。""第三,各国对于中国抗战的援助可有种种的方面,要靠我们从种种方面加以努力的推动。""第四,尤其重要的是我国内部必须愈益扩大并巩固团结,一致对外,然后才更能引起世界的敬重,增加国际的同情与援助。"

但是,英美等一些西方大国,长期奉行妥协、姑息、纵容的绥靖政策,对日本的侵略行径采取所谓的"中立"和"不干涉"态度,在很长时间里根本不认识不承认中国抗战的世界意义,从而助长了日本法西斯的嚣张气焰。因此在全面深刻阐明中国抗战与世界和平、民主和进步事业的辩证关系的同时,韬奋还严厉揭露和批评了西方国家的绥靖主义。他尖锐地指出,"法西斯国家的疯狂,它们的力量完全由于妥协主义(或称现实主义)的'养痈遗患',这是数年来的铁一般的事实,有些短视的人们在以前还认为这种妥协主义是可以'安定欧洲',甚至因此对妥协主义歌功颂德,对张伯伦的妥协政策大加赞赏,到了今天,这种幻想可以觉醒了;到了今天,应该能看清中国的抗战应该和世界的反侵略阵线结成密切的联系。"

德意日法西斯的猖獗,给世界和平和进步造成的巨大威胁,客观上要求世界上一切反法西斯的国家和人民团结起来,建立最广泛的国际统一战线,以对付共同的敌人。这是制裁法西斯疯狂侵略的唯一有效的方法,是保证世界真正和平的唯一有效的方法。因此,韬奋积极主张中国"应主动促成国际反侵略阵线,而不应该坐待他国来'促使'"。他指出,"世界和平是不可分割的,我们的反侵略战争是世界反侵略洪流中的一个巨流。世界反侵略的力量能够团结起来,以反抗侵略的暴行,这于我们抗战的形势当然是有利的。"他还认为,中国已经"成为国际上反侵略的一个砥柱","一个重要据点",因此,"对于世界反侵略力量的团结应加紧努力,参加领导",把中国的"反侵略的精神扩大到世界反侵略的阵营中去"。

世界反法西斯战争是人类历史上规模空前的战争,战火遍及亚洲、欧洲、非洲、大洋洲,有 80 多个国家和地区、约 20 亿人口卷入其中。中国人民抗日战争在战略上策应和支持了盟国作战,配合了欧洲战场和太平洋战场的战略行动,制约和打乱了日本法西斯和德意法西斯战略配合的企图。中国作为亚太地区盟军对日作战的重要后方基地,为盟国提供了大量战略物资和军事情报。对此,韬奋也是有深刻认识的。他在《德苏战争与中国》一文,全面论述了德苏战争对于中国抗战的影响,对于中国外交的影响,对于中国内政的影响。韬奋认为:"由于德苏战争的爆发,使各民主国对于中国抗战的重要性增加了深刻的认识和重视;由于德苏战争促进了国际反法西斯侵略阵线的形成和逐渐巩固,也增强了中国反法西斯侵略战争的声援与外援。"他说,"中国的抗战,一方面是为着民族解放的神圣使命,一方面也是为着世界正义的积极支持。前一目的易于了解,后一目的往往为世人所忽视"。"但是国际形势发展到德苏战争的爆发,虽经纳粹德国尽力怂恿远东轴心小伙伴发动强烈的响应,以配合整个法西斯侵略的策略,但是由于中国英勇抗战了四年,已把这远东轴心小伙伴打得焦头烂额,深陷泥淖,南进踌躇,北进困难,无形中为英美苏各友邦在远东尽了前哨防御的责任。""在这种形势下,英美各国都加强它们的援苏援华。它们不但深切认识了中国抗战四年来对于世界的重大贡献,而且也认识了中国的继续抗战,还有加以支持和加强的必要,由此使中国在整个国际反法西斯侵略阵线中，更能充分地尽其有力一员的重要任务。"寥寥数语，把中国抗日战争在世界反法西斯战争中的地位和作用分析得淋漓尽致。

综上所述，我们可以清楚地看到，在中国人民抗击日本帝国主义侵略的岁月里，邹韬奋始终从民族解放的大局和广大人民的利益出发，支持中国共产党的各项正确的抗日主张，以其在人民群众中，尤其是广大青年学生中的崇高声望和巨大影响力，殚精竭虑地奔走呼号，真正做到了同中国共产党同患难、共甘苦、同呼吸、共战斗。

我们要认真学习中国抗日战争的历史，认真学习韬奋先生的抗战思想和实践，认真宣传中国共产党在民族解放战争中彪炳史册的历史贡献，彻底批驳历史虚无主义，更好地向社会提供一部弘扬时代正能量、培育践行社会主义核心价值观的好教材！

让我们站在新的历史起点上，进一步铭记历史、缅怀先烈、珍视和平、警示未来，弘扬韬奋先生为国家的命运、民族的前途而顽强奋斗的精神，为实现中华民族伟大复兴而奋斗！

阅读·表达·互动:《大众生活》
"一二·九运动"报道新探
——一种阅读史的视角

蒋含平　梁　骏　张孜文

引言：阅读史的起源、方法和应用

正如有研究者所说："通常说到的阅读史或书籍史成果，实际上是一而二，二而一的东西，已经难分彼此。"[①]也有学者甚至直接指出"阅读史发端于书籍史。"[②]纵观阅读史研究的发展历程，不难发现，此言非虚。事实上，在笔者看来，与其说阅读史发端于书籍史，不如说阅读史是对传统书籍史研究范式的补充或者一种修正。

东西方传统的书籍史研究，往往指的是与书籍相关的印刷、出版、销售等层面的研究。与中国书籍史研究侧重梳理和资料考据不同的是，西方的书籍史研究已在理论层面和方法论层面有所建树。而自文艺复兴以来的西方书籍史研究则相对活跃，特别是年鉴学派的研究极大地丰富了西方当代书籍史的研究内

---

① 张仲民：《从书籍史到阅读史——关于晚清书籍史/阅读研究的若干思考》，《史林》2007年第5期：第154页。
② 卞冬磊：《从报刊史到报刊阅读史：中国新闻史的另一种视角》，《国际新闻界》2015年第1期：第159页。

涵。费夫贺（Febvre）与马丁（Martin）的著作《印刷书的诞生》③一经问世，便被奉为书籍史研究的圭臬，并确立了西方书籍史研究中的一种传统范式，即打破传统书籍史侧重于书籍技术层面和物质层面研究的状况，而试图采用统计学等新的社会科学的研究方法，从宏观的社会角度来讨论书籍与人、与社会的关系。

很明显，这种研究范式的确立，意味着书籍史（阅读史）研究已经开始由静态的文本研究过渡到动态的过程分析。然而，这种过于实证主义的范式，也引起了一些学者的不安和批判。夏蒂埃（Chartier）和罗切（Roche）在其著作《书籍史》④一书中，不无忧虑地担心到"计量分析法难以使我们了解发明创造和彻底革命的情况，而只能使我们了解到被认可了的革新情况……"随后，夏蒂埃更是反思道："……当一位读者面对一个文本时，他如何构造其中的含义，他如何把该文本变为自己的东西?"⑤可以说，夏蒂埃之问，直接点出了"阅读/读者"这一面向的缺失是当时书籍史（阅读史）研究的命门之所在，并且将"阅读/读者"这一面向第一次推到了世人面前，某种意义上而言，阅读史的研究也肇始于此。

然而，所谓名不正则言不顺，第一次对阅读史进行梳理和探究的当属达恩顿（Darnton）。在其代表作《屠猫记：法国文化史钩沉》一书中，达恩顿单独对阅读史进行了探究，在他看来，"读者在阅读过程中对书的反应，是完全可以做历史性的研究和理

③［法］费夫贺、马尔坦著、李鸿志译《印刷书的诞生》，广西师范大学出版社 2006 年版。
④［法］夏蒂埃、罗切：《书籍史》，［法］勒高夫编《史学研究的新问题、新方法、新对象》，第 318、319、322 页。
⑤［法］夏蒂埃：《过去的表象：夏蒂埃访谈录》，李宏图主编《表象的叙述———新社会文化史》，上海三联书店 2003 年版，第 134 页。

论性的总结的。"但他认为,传统高屋建瓴式的宏观分析或者如解剖麻雀式的微观研究,只能研究读者是谁和读哪些书。"而阅读在什么情况下发生,在哪里发生,这是个更重要的问题。因为只有对阅读的环境有所了解,我们才能对阅读的性质进行判断。"⑥

为此,达恩顿更是提出了五种阅读史研究的方法:(1)过去的人们对阅读有什么样的理念及假定,这些理念及假定又是怎样影响了他们的阅读行为;(2)要研究一般老百姓是怎样阅读的;(3)从熟为人知的自传性材料开始;(4)熟悉文学理论;(5)在书目分析学的基础上对研究层次进行提高。⑦

作为"一种在读者和文本之间发生关系的特定行为,尽管读者和文本因时因地各有不同,阅读史的研究却不应该被简化为这些林林总总的流水账,而应该在史实的基础上探讨读者与文本之间的关系。读者群的变化怎样使文本的意义被重新构造这才是问题的核心所在。"⑧

除了这二人之外,对阅读史研究具有重要启迪意义的还有法国学者德塞托(Michel de Certeau):"文本只有通过读者才具有意义,且会随读者而变化;文本的组织要适应它力不能及的读者之意见。文本之所以成为文本,只有赖于它与外来读者之关系。"⑨在他看来,探讨阅读者在阅读过程所扮演的角色,将是对

⑥ [法]夏蒂埃:《过去的表象:夏蒂埃访谈录》,李宏图主编《表象的叙述———新社会文化史》,上海三联书店2003年版,第134页。

⑦ [美]罗伯特·达恩顿著、萧知纬译,《屠猫记:法国文化史钩沉》,华东师范大学出版社,2011年版,第146页—161页。

⑧ [美]罗伯特·达恩顿著、萧知纬译,《屠猫记:法国文化史钩沉》,华东师范大学出版社,2011年版,第161页。

⑨ Michel de Certeau, The Practice of Everyday Life, Berkeley: University of California Press, 1988, p. 167, p. 170.

阅读史研究的一个极大补充。

随着年鉴学派、夏蒂埃、达恩顿、德塞托等人的不断修正和创新，阅读史最终以新文化史的身份登上了西方史学研究的舞台。作为一种舶来的方法论或者说研究视角，中国的阅读史研究如上文所言，多书籍、出版方面的资料梳理和整合，报刊阅读史的研究成果更是屈指可数（仅潘光哲先生的"《时务报》和它的读者"、章清先生的《新青年》等几例可循）。因此，本文以阅读史为研究视角，除了希望提醒每一个新闻传播学者在做研究时不应遗忘"阅读/读者"面向之外，也希望可以丰富中国报刊阅读史的个案研究。

一、作为阅读文本的"一二·九运动"

1. "敢言"的报道立场：一石激起千层浪

1935 年 12 月 21 日，作为当时国内发行量最大的刊物，《大众生活》在其第六期的封面上，赫然登出了一张女学生的照片，并配以"大众起来"的口号（如图一）。图中的女子名叫陆璀，时年 21 岁，是清华大学的一名普通学生。陆璀当时可能不会想到，她振臂一呼的照片不仅为其个人赢得了"中国的贞德"之誉（埃德加·斯诺语），更成为具有象征意义的时代影像。

自"九·一八事变"以来，日本侵略者便把贪婪的魔爪伸向了中国的华北地区。到了 1935 年，北平早已不太平，随着《何梅协定》《秦土协定》的签订，包括北平、天津在内的河北、察哈尔两省的大部分主权被日本窃取。不仅如此，日方还试图通过发动所谓的"防共自治运动"，成立由其直接控制的傀儡政权，以方便对华北五省进行全方位的控制。

消息传来，北平各界爱国人士群情激奋。早已对国民党当

(图一)

局不满的青年学子更是率先行动起来,他们通过召开北平学联代表大会,向平津 15 所大中学校联合发出通电,反对"防共自治",号召全国人民抵抗日本的侵略。1935 年 12 月 9 日,北平的学生们纷纷走上街头,他们高举旗帜,手持标语,呼吁国民党政府停止内战,严惩卖国贼,一致对外抗日,"一二·九运动"就此爆发。

图一的照片,便是当时陆璀踩着凳子在请愿队伍中演讲时所拍摄。然而,学生们的爱国热情却遭到了当局无情的镇压,军警用木棍、皮鞭抽打着手无寸铁的请愿学生,数十人当场被捕,浩浩荡荡的游行队伍也就此被冲散。

在当时万马齐暗的新闻界,敢言的报刊并不多。大多数报刊为了生存,对"一二·九运动"的报道只是点到即止。翻阅当时国内几大报刊,对此进行持续报道的,只有《大公报》、《申报》和《大众生活》。

其中,《申报》由于远离运动中心,对运动的关注力度和报道深度明显逊于《大公报》和《大众生活》。在运动爆发后的两周内,《申报》总共仅刊载了《平市学生游行请愿　反对自治组织要求团结救亡》、《平市学生请愿　经劝导已无何举动》等 12 篇通讯报道,且报道内容基本以简单的纪实为主,只关注运动的基本发展态势。

与《申报》简单的纪实相比,《大公报》作为当时颇负盛名的民间大报,对运动的报道力度明显更高一筹。事实上,自"一二·九运动"爆发到 1935 年底,《大公报》几乎保持着每天一篇的报道频率,其中通讯报道 26 篇,短评、社评共计 10 篇。然而,素有对国民党"小骂大帮忙"之称的《大公报》,在面对这一学生救亡运动时,其报道立场可见一斑:"依吾人观之,其原因当有多种,而最大者第一当为教育界两三年来所谓'埋头读书的指导原理'之反作用……然时非'五四',地非首都,既流血于旁郪,有何补于大局? 时代不同,对策当异,依样画葫,未见其可……"⑩

仔细翻阅《大公报》在此期间对"一二·九运动"的报道,不难发现,《大公报》对学生表达了充分的同情,但并未言明运动的实质,更没有对运动提出具体的建议或者指导,其报道立场始终是站在当局的角度,以维稳为主,劝导学生尽快复课,引导舆论回归冷静。

而笔者在对《大众生活》进行文本梳理时发现,无论是封面图片的选取、还是"星期论坛"里的评论,《大众生活》在对"一二·九运动"进行报道的时候,其报道立场始终坚定地站在学生

---

⑩《对学生请愿之感言》,载《大公报》1935 年 12 月 11 日第二版。

大众一边,即像邹韬奋在《大众生活》发刊词《我们的灯塔》一文中说的那样:"我们为什么要办《大众生活》周刊?我们提起'大众生活'这四个字,就不免引起无限的感触,尤其是想到目前中国的现状,因为大众和生活,简直在一天天地脱离关系!……所以,中国大众的唯一生路,是在力求民族解放的实现,从侵略者的剥削压迫中解放出来……"①

也正因为对自己办报目标和宗旨的追求,邹韬奋才会顶着巨大的压力,把《大众生活》变成"一二·九运动"的舆论舞台,自第六期起至第十三期,《大众生活》几乎用了所有的篇目关注"一二·九运动",其中涉及这一运动的评论34篇,刊载的读者来信19篇,通讯9篇。(注:笔者暂缺第11期《大众生活》周刊)

可以说,与其他报刊相比,《大众生活》是当时唯一一份"敢言"的报刊,其不仅为关注"一二·九运动"提供了一个良好的阅读空间,更成为当时最受欢迎的周刊。一位读者曾在来信中这样称赞《大众生活》:"在报上看见先生所主编的《大众生活》,同时就令我想到以前《生活》和《新生》那两种刊物,因为这几种都是我最好的伴侣……我希望《大众生活》能永远站在大众的立场,做代表大众的喉舌的先锋!"②

2."善言"的报道方式:两指弹出万般音

《大众生活》以永远站在大众的角度、争做大众喉舌的先锋之报道立场,对"一二·九运动"的经过、演变、影响做了细致全面的分析。值得留意的是,其在报道立场不变的前提下,为了让更多的人关注并参与到这一事件中,在报道方式上也是做足了文章。

---

① 邹韬奋:《我们的灯塔》载《大众生活》创刊号,1935年11月16日。
② 彭楚石:《关于学生救亡运动的报告》其一,载《大众生活》第六期,1935年12月21日。

　　具体来看，我们可以从《大众生活》图文两方面的报道来分析。"尽管文本也可以提供有价值的线索，但图像本身却是认识过去文化中的宗教和政治生活视觉表象之力量的最佳向导。"⑬诚如彼得·伯克在《图像证史》中援引斯蒂芬·巴恩所说的那样："我们与图像面对面而立，将会使我们直面历史。"⑭因此，我们不妨首先看看图片选择上的变化。

　　图一至图六，分别是《大众生活》第六期到第八期的封面插图。显而易见，无论是图一（陆璀振臂高呼）、图二（北平学生运动的救亡组图），还是图四（风起云涌的各地学生救亡运动）、图六（再接再厉的学生救亡运动）。编者想要传递出的信息非常明显，那便是全力宣传"一二·九运动"，期待更多的人关注并参与

（图一，第六期）　　　　　　（图二，第六期）

---

⑬ Haskell, History, p. 7；Stephen Bann, "Face-to-Face With History ", New Literature History, XXIX, (1998), pp. 235 – 46.

⑭ ［英］彼得·伯克著、杨豫译《图像证史》，北京大学出版社 2008 年版，第 9 页。

（图三,第七期）

（图四,第七期）

（图五,第八期）

（图六,第八期）

这场救亡运动。而在这一过程中,编者自身的情感流露和舆论选择也可见一斑:

在《大众生活》的第六期里,编者选登了一组国外示威运动的照片(如图七)，其中学生集合示威的照片被放到了最醒目的位置，并注明了"其中若干人已受伤殒命"。

到了《大众生活》的第七期，编者甚至刊登了一幅"镇静与怒吼"的组图(如图八)，通过"北平冀察政务委员会"就职典礼后的镇静合影与学生运动遭遇镇压进行对比，讽刺当权者的不作为，表达了对学生救亡运动的支持。

然而，到了第九期，群情激昂、鼓舞人心的照片不见了，取而代之的是一组学生受伤住院治疗的图片(图九、图十)。在救亡运动的关键时刻，刊登这样一组照片，无疑会动摇学生继续运动的勇气和决心。但在笔者看来，邹韬奋的这一选择，应该是有意为之，表明其逐渐从救亡运动之初的狂热心态，过渡到理性思考的新闻人之状态。而这种由感性到理性的报道态度之转变，在《大众生活》的文字报道中，也有迹可循：

（图七，第六期）

（图八，第七期）

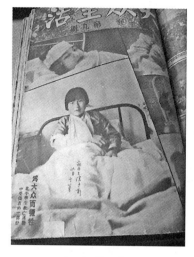

（图九,第九期）

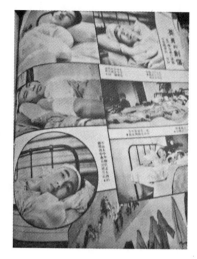

（图十,第九期）

　　在"一二·九运动"爆发不到两周之后,《大众生活》便在第六期的星期论坛上刊登了《学生救亡运动》、《谈半殖民地国家的学生运动》两篇文章,对"一二·九运动"进行了简要的报道,并高度赞扬了"一二·九运动"的重要作用:

　　"……这至少使全世界知道中国大众并不是甘心做奴隶;至少使全世界知道投降屈辱好不知耻,并不是出于中国大众的意思。"在邹韬奋看来,"这是中国民族解放斗争的序幕,是中国大众为民族争生存,不怕任何牺牲的先声! ……这个运动实在是足以代表全国大众对于救亡的坚决的意志。实在是全国大众对于救亡的坚决意志之一种强有力的表现。"⑮

　　为此,他号召广大群众"……共同擎起民族解放斗争的大旗,以血诚拥护学生救亡运动,推动全国大众的全盘的努力奋

⑮《学生救亡运动》载《大众生活》第六期,1935 年 12 月 21 日。

斗！"并高呼"学生运动万岁！这是大众运动的急先锋，民族解放前途的曙光！"⑯

在《谈半殖民地国家的学生运动》一文中，作者孟如也对学生的救亡运动表示敬佩："在剧烈动荡的时代，学生青年常会突然擎起光辉的勇敢的旗帜，做社会运动的先驱……枪弹皮鞭阻遏不住群众向前的步伐，大刀冷水压抑不下青年心头的热火……"⑰

然而，这些慷慨激昂的评论语言在第七期便难觅踪影。虽然本期刊载了如《再接再厉的学生救亡运动》、《新兴的学生运动和"五四"运动的区别》、《救亡运动的认识与新路线》、《谈〈最后一课〉》、《北平学生第二次示威记》、《上海八千余学生救亡运动速写》等多篇围绕"一二·九运动"展开讨论的文章，但仔细考量，其文风虽则依旧犀利，然其关注重点已经发生了转变，即从大力宣传学生救亡运动，到理性思考学生救亡运动；从关注学生救亡运动本身，逐渐过渡到关注民族存亡的大讨论：

> "正在开展的学生救亡运动已经在全国民族解放斗争的引火物中投射了强烈的火花，要使这些火花燃烧成冲天的烈焰，不但需要斗士们的坚强的自信和持久的热情，也还需要清楚的认识与正确的战术。我们应该怎样去估量这回的学生运动呢……"⑱
>
> "……所以这次学生救亡运动的对象是全民族的解放，所要抢救的是将亡的中华民国，而中华民国却是全中国人

---

⑯《学生救亡运动》载《大众生活》第六期，1935年12月21日。

⑰ 孟如：《谈半殖民地国家的学生运动》载《大众生活》第六期，1935年12月21日。

⑱ 邵翰齐：《救亡运动的认识与新路线》》载《大众生活》第七期，1935年12月28日。

的中华民国,中华民国不仅是学生的中华民国。"⑲

而到了1936年,也就是《大众生活》的第八期开始,诸如《由请愿而不请愿记详》⑳《武昌学生大示威记实》㉑《十二月运动与五四运动》㉒等聚焦后续学生救亡运动的通讯、评论依然可见。但总体而言,如《学生救亡运动与民族解放联合战线》、《辟一套亡国论:唯武器论和唯武器史观》、《在爱国救亡运动中——学生的组织·教育·行动诸问题》之类理性探讨学生运动和民族存亡关系、为民族救亡建言献策的文章则正式成为主流。

"在全国民众一致主张武装抗敌时候,汉奸们也用他们的死力,来反对中国和敌人宣战。他们除了用尽种种的阴险诡计,勾结敌人来破坏中国的民族革命战争之外,还发明一套最无耻不堪的亡国理论——唯武器论。以欺骗中国人民。"㉓

"今日中国的救亡运动,方才发出信号来,前途有的是险恶的斗争,绝不是专凭一时的热情,没有理论,没有可用的战术,没有健全的组织可以胜任的。……首先把这一战垒巩固起来!从速肃清运动中的烂漫气氛!用斗争来训练自己,造成民族战线上的一大队战士!"㉔

---

⑲ 邹韬奋:《再接再厉的学生救亡运动》载《大众生活》第七期,1935年12月28日。

⑳ 子骅:《由请愿而不请愿记详》载《大众生活》第八期,1936年1月4日。

㉑ 湘子:《武昌学生大示威记实》载《大众生活》第八期,1936年1月4日。

㉒ 陶行知:《十二月运动与五四运动》载《大众生活》第十期,1936年1月18日。

㉓ 章乃器:《辟一套亡国论:唯武器论和唯武器史观》载《大众生活》第九期,1936年1月11日。

㉔ 方直:《在爱国救亡运动中——学生的组织·教育·行动诸问题》载《大众生活》第九期,1936年1月11日。

总体而言，由上文的分析可见，"一二·九运动"是作为一个突发的新闻事件而登上舆论舞台。在当时的社会背景下，《大众生活》周刊对这一事件给予了巨大的关注，并对它进行了持续的报道。从图文报道两方面来考察，不难发现虽然其报道立场始终不曾改变，但随着"一二·九运动"的持续发酵，其报道中心、报道方式、言论风格也随之不断演变。而从后来史实的角度分析，《大众生活》的持续报道，也在无形中影响了广大读者的心态，从而影响到了运动的进一步发展。

二、思考与表达：舆论中心的读报人

当"一二·九运动"在舆论的建构下不断发酵时，我们除了应当关注《大众生活》的报道文本外，也不应该忽略对读者群体的关照。事实上，读者阅读的过程应当是新闻史研究中不可剥离的一个面向。当然，由于阅读"作为一种实践时，却非常罕见能留下踪迹，散落无尽的个体行为，很容易从历史记录中脱落。"㉕因此，下文在进行分析的时候，其立足点仍然是文本，笔者所提倡的"阅读/读者"面向，只是希望在研究《大众生活》对于"一二·九运动"报道的时候，可以变更一种视角，以普通读者的阅读为线索，重新梳理《大众生活》对"一二·九运动"的报道。

必须说明的是，想要回答"谁在读，读什么"这一表层的阅读问题，我们可以借助的史料有很多，但要想进一步回答"人们怎样消化文字，产生何种回应"这类剖析读者群体心态变化的问

㉕ Roger Chartier：The Order of Books，Stanford：Stanford University Press，1994，p. 3.

题,最好的史料无疑是日记。然而,稍显遗憾的是,一般大多数人的日记很难拾得。因此,下文的研究只能退而求其次,选取信件作为文本。恰好《大众生活》周刊的"信箱"栏目,在中国新闻史上独树一帜,一些具有代表性的读者信件也得以刊载其中。

当然,下文的研究在信件选取方面也做了取舍,即只考察对"一二·九运动"抱有关注的信件。由于读者群体较为庞杂,为了便于分析,大体上将其分为两类,其一是亲历者,其二则是一般的观察者。

1. 诉说:作为亲历者的情感表达

"大批的武装警察首先是用救火机的喷射和皮鞭子的抽打来驱逐我们这一群,后竟更凶恶的拔出了刺刀,向我们徒手的队伍冲过来,有几个已经走的很累的女同学都跌倒在地上了,警察们的鞭子便向下乱抽,我看到他们有些人颈子里脸上都流着血……"

"……北平的报纸竟然连一个字的记载都没有,他们或许是不敢登吧! 那么这些报纸干什么呢? 在这一次游行之中最使人感动的,是年纪很轻的小女学生很是热烈的参加在队伍中,她们忍着饥饿,忍着疲乏与寒冷,从早晨九时直跑到下午四五点钟,路上还受着警察的无礼抽打,她们为着民族与国家的热诚是多么可佩!"㉖

罗金　十日晨　于北平

这是一位参加救亡运动的普通学生的日记,从日记中我们

㉖ 罗金:《关于学生救亡运动的报告》其二,载《大众生活》第六期,1935 年 12 月 21 日。

可以清楚地想象到当时运动的场面。就像柯文在《历史三调》中所提出的那样，亲历者往往把实践看做一个文本，而把自己当成一个读者。虽然这个阅读过程难免带有主观感情色彩的投射，但不可否认，其为我们提供了很多在当时的舆论环境下很难观察到的细节，比如具体的经过、亲历者的情感等等。

　　然而，当日记变成公开的信件出版在报刊上之后，其意义就不可同日而语了。在安德森看来，被印刷品所联结的"读者同胞们"，在其世俗的、特殊的和"可见之不可见"当中，形成了"民族的想象的共同体的胚胎"。㉗　换言之，阅读相同文本的人，会产生出同一种情感。而作为事件的亲历者，其日记文本所具有的感召力，一经报刊的公开出版，将会对读者产生更大的心灵冲击，也会吸引着更多具有相同经历的人参与其中，从而形成广泛的社会舆论，我们不妨再往后看几篇信件：

　　　　"韬奋先生：今天我要报告你一件消息，是关于北平这次学生游行示威运动的经过，我现在把我的亲见并亲身经过的实情大略告诉你，我想在报纸上得不到真正消息的你们是很愿意听吧……"

　　　　"在皮鞭大刀下，我们终于与大家分散了。……门外的百多军警毫不容情的只是用大刀皮鞭来打。这一下受伤的颇不少，因此停止冲入师大之举，都挤到师大对门的附中去。先生：真可怜啊，打伤的同学无人看护不说，军警趁伤还要再压迫，提起多么令人伤痛，中国人打中国人会如此狠

㉗ 安德森：《想象的共同体：民族主义的起源与散布》，吴叡人译，上海世纪出版集团 2005 年版，第 30、43 页。

毒……"㉘

蒋代燕谨上,十二月十九夜,于北平

"有些教授(中西皆有)去拿食品慰问我们,到西直门,看当时大众的情绪,也流起泪来,同学们有许多也痛心到流泪……这次的学生运动是太有意义了!有些人给我们造谣,说这次完全是少数有背景的同学鼓动的,多么荒谬啊!我想凡是实际参加这个运动,和真正赞助这个运动的人,都要否认这点的。我们要告诉全国全世界,这一次的学生运动,纯粹是为争取民族的生存而斗争的……我们每一个人都抱必死的决心来奋斗的!"㉙

玉贞上,一二十六上午北平

很明显,蒋代燕、玉贞的来信,与罗金类似,都是诉说自己的亲身经历。在笔者看来,亲历者的情感表达,不仅在主观上达到了读者自身希望引起更多共鸣和更大关注的目的,也客观上丰富了《大众生活》对"一二・九运动"的报道内容和视角。就像邹韬奋自己说的那样:"……尽量容纳读者的意见,不但读者通信栏专为此而设,即其他文字,凡来稿之有价值有趣味而与此旨相合者,无论意见或有异同,无不公布以作公开的讨论。"㉚

而第一时间围绕在《大众生活》的读者群体,他们以亲历者的身份登上公共舞台,"不断聚集和发言,改造现实的力量越发强大,日记和日常生活里的牢骚便具有了现代舆论的色彩。"㉛

㉘ 蒋代燕:《中国人打中国人的狠毒》,载《大众生活》第七期,1935 年 12 月 28 日。

㉙ 玉贞:《民族的真正态度》,载《大众生活》第八期,1936 年 1 月 4 日。

㉚ 关东生:韬奋《读者信箱》,中国城市出版社 1998。

㉛ 卞冬磊:《古典心灵的现实转向:读报纸与现代性(1894—1911)》,复旦大学:2013:65。

就"一二·九运动"这一具体事例而言,亲历者的表达可以说为《大众生活》提供了许多其他报刊所不具有的一手素材,更可以一种亲历者情节再现的方式,重塑运动现场,使得《大众生活》的新闻报道更具有人情味和震撼力。

2. 思考：作为观察者的阅读体验

然而,一份成熟的报刊不仅需要恰到好处的情感表达,还需要更多理性冷静的旁观者。当"一二·九"运动的亲历者根据自身经历,与邹韬奋和《大众生活》进行互动的同时,没有参与运动的其他读者,也同样以自己的方式关注着这场运动。与亲历者偏重于事实经过的描述和个人情感的表达不同,作为观察者的读者群相对理性客观,他们在阅读新闻报道的基础上,提出自己的观点和思考：

> "此次北平学生请愿消息传来时,真似空谷足音,何等令人雀跃！【五四运动的余音将复振矣】！人人心里,都这般预期。可是恰像一粒新火,才上升时,已经有人在多方压杀了……而今晚（十一日）的晚报上的北平通讯,说是：城外请愿学生鹄立在闭了的城门外零度以下的寒野中时,城市的【友邦】的兵两卡车坚要驶出城门,问是何事,答说【打靶】！好一个打靶！明知城外鹄立着中华的爱国群众而说出城打靶,还不是把我们的群众当了枪靶的么？"[32]
>
> 须尘敬上,十二月十一夜上海

"【九一八】,【一二八】之后,学生们虽然受着会考制度的桎梏,夜以继日的在乱书堆里打滚,于应付极繁重的课本之外,无暇再关心到国事。但是,国难愈形严重了！而学生

---

[32] 须尘：《警棍打靶和联手臂》,载《大众生活》第七期,1935 年 12 月 28 日。

们究竟是不是真的变成了书呆子呢?学生们究竟能不能放弃关心国事的责任呢?我们有着敏锐的感觉,机智的头脑,澎湃的热血!我们能无言的看着这大好山河一年年的变色吗?能垂首的跟着那些民族X贼轻易的让民族灭亡吗?不能!于是五四运动以后,又来了这次占中华民国历史上可贵的又一页的救亡运动!不过这次上海市会这样消极迟缓,真是奇怪!"③

王德谦谨上　一九三五,十二,廿四,上海

可以看到,普通的读者基本仍是从报纸上获取信息。因此,他们在阅读后的思考,便是反映在文字上的表达。塔尔德对此有着自己的看法,在他看来,"各地分散的群众,由于新闻的作用,意识到彼此的同步性和相互影响,相隔很远却觉得很近;于是报纸就造就了一个庞大、抽象和独立的群体,并且将其命名为舆论。"④

如果说亲历者的感性"舆论"可以为《大众生活》吸引更多的关注人群,那么观察者的理性"舆论"则无疑会推动《大众生活》对"一二・九运动"的深度报道。事实上,普通的读者不要说与国家之间的距离过于遥远,就连读者与读者之间也只能"此时相望不相闻"。因此,在民众意愿的表达方面往往有心无力。而《大众生活》利用信箱栏目,不仅在读者与编者之间开辟了一条沟通的渠道,也让读者与读者之间的"天堑变通途",甚至还颇有些近代"公共空间"之感。

---

③ 王德谦:《妇女大众的救亡运动》,载《大众生活》第八期,1936年1月4日。

④ 塔尔德:《传播与社会影响》,何道宽译,中国人民大学出版社2005年版,第256页。

邹韬奋自己都说:"编者每日一到夜里,独处斗室之中,就案旁拥着一大堆的来信,手拆目送,百感交集,投函者以知己待编者,编辑也以极诚恳极真挚的情感待他们,简直随他们的歌泣为歌泣,随他们的喜怒为喜怒,恍然若置身于另一天地中,与无数至诚的挚友握手言欢,或共诉衷曲似的,辄感负托之重,期望之殷,竭我智能,尽忠代谋。"⑤

总体而言,《大众生活》的读者群通过自身的阅读(或者经历),提出自己的思考,并将自己的观点(或是情感)通过信件的方式表达出来,便与邹韬奋和《大众生活》之间建立起了一种动态的"编读过程"。只有将这个动态的过程看成一个整体,而非孤立地把编者亦或读者某一方静态的文本看成研究主线时,对于《大众生活》在"一二·九运动"这一新闻事件的报道考察上,才会更加完整。

三、互动关系下的新闻报道与社会心态

编者通过新闻报道的文本呈现事实,建构舆论图景;读者通过阅读、思考,将自己的所思所悟表达出来,与之产生回应和互动。纵观中国新闻史,在这一点上,几乎没有报刊可与邹韬奋主编的《生活》、《大众生活》相媲美。

在邹韬奋看来,"有志著述的人们最要注意的一个原则,就是在写作的时候,不要忘记你的读者。"⑥这是黄炎培对他的忠告,也是其一生办报所尊崇的原则。也正因为如此,无论邹韬奋主编何种刊物,其总会保留一个"信箱"栏目,通过与读者之间的

---

⑤ 俞月婷:韬奋论,河北教育出版社 1991。

⑥ 钱小柏、雷群明:韬奋与出版,学林出版社 1983。

来信互动，丰富其新闻实践。而在《大众生活》对"一二·九运动"的新闻报道中，这一互动关系更是体现的淋漓尽致。

1. 聚焦：对"一二·九运动"的共同关注

当《大众生活》在第六期刊发《学生救亡运动》报道的同时，一批读者便已经开始对此事件表达了强烈的关注。这其中，首当其冲的自然是亲身参与过"一二·九运动"的学生们：

> "……现在我要说的就是关于昨天（九号），我们的北平市所有个大中学的男女同学举行联合学生爱国请愿团前后经过的详情，来报告给《大众》的读者……一般民众对于我们的游行喊叫，很能表同情，而且有许多参加到我们的队伍里来。……我们是预备流血，是预备用血的力量来夺回我们的中华民族自由，取消一切在华的帝国主义。"㊲
>
> 　　　　　　彭楚石谨上　十二月十日在北平

与此相呼应的是，《大众生活》在这一期中，除了刊发《学生救亡运动》一文外，还登载了《我们往哪里走》、《谈半殖民地国家的学生运动》、《民意与民气》等三篇评论和《溯风吹荡中的呐喊》、《平津还是中国的领土吗？》两篇通讯。

可以说，自"一二·九运动"爆发伊始，编者和读者之间就有着共同的关注点，这也为后来双方的连续互动奠定了良好的基础。从第六期起，至第十三期，编者所刊载的文章和读者的来信，所谈论的话题无不围绕"救亡运动的精神"、"民族救亡的目标"、"联合战线的建立"、"民族解放的未来"等议题。

㊲ 彭楚石：《关于学生救亡运动的报告》其一，载《大众生活》第六期，1935 年 12 月 21 日。

在这一期间涉及"一二·九运动"的 34 篇评论和 19 篇读者来信中,虽然其互动讨论的中心始终在同一层面。但仔细考察,仍然会发现讨论的核心已经逐渐跳出了"一二·九运动"这一具体的事件,转而上升到"民族—国家"这一更高层次的思考,

2. 变焦:从"就事论事"到"见微知著"

"……新的学生运动是整个大众的民族解放抗争的一部分,整个民族阵线的一分野。它的发生是在这样一种环境的。……新的运动之一种意义,运动有正确的科学理论,有过去多年斗争的经验,武装了自己,参加者大都认识了斗争的目的,放弃了自己社会层的私利,与大众站在同一利害,同一立场……"[38]

"……全国学生在民族解放斗争的大目标下,结成学生的联合战线;全国人民也在民族解放斗争的大目标下,响应学生救亡运动而结成全国救亡的联合战线。必须有这样整个的斗争力量,向着这个大目标携手迈进,才能拯救这个危亡的国家……我们要的是联合战线,不是联合降线!"[39]

很明显,上述两篇文章,虽然仍从"一二·九运动"这一事件出发,但早已不拘泥于对其作为新闻事件的事实报道,而是见微知著,将关注点放在了对于建立联合战线、如何统一思想救民族于危难之中等方面的讨论。

毫无疑问,读者也对此种转变做出了积极回应。玉贞的《民族的真正态度》、王德谦的《妇女大众的救亡运动》、柳青的《更广

[38] 柳湜:《再接再厉的学生救亡运动》载《大众生活》第七期,1935 年 12 月 28 日。
[39]《学生救亡运动与民族解放联合战线》载《大众生活》第八期,1936 年 1 月 4 日。

大的意义和目标》等日记或者信函,都紧随编者言论中心的改变而改变。

这也就意味着读者不仅在新闻报道的"话语层面"与编者保持一致,更表明在"心态意识"方面,读者和编者也早已产生了默契和共鸣。

3. 共鸣：从慷慨激昂的宣传到理性冷静的思考

明确了这一点,就不难理解为什么《大众生活》在第六期、第七期上所刊载的图文风格犀利直接,多慷慨激昂的宣传论调,而缺少理性冷静的分析,但第八期开始则变得相对理性克制。那是因为前期编者被读者(亲历者)的信件所打动,潜意识里与读者产生了情感共鸣,甚至在新闻报道的文本中直接与读者来信的内容相呼应,举一例来看：

"……政府当局及学校当局屡次谆谆告诫,要学生安心读书,但是敌人的飞机,在我们头上掠过,所谓野心演习的炮声震得教室的玻璃窗发抖,机关枪不断的响着在打。把这一颗颗的子弹好像每颗都打在我们心上一样的难过,先生,我们能念书吗?"[40]

学生　胡其敏鞠躬　十二月十五日

"……做学生的当然希望能够安心向学,我们当然也希望学生能够安心向学,但是今天失一地,明天去一省；今天这里自治,明天那里进犯……怎样能使青年安心……"[41]

---

[40] 胡其敏：《关于学生救亡运动的报告》其四,载《大众生活》第六期,1935 年 12 月 21 日。

[41] 《学生救亡运动》载《大众生活》第六期,1935 年 12 月 21 日。

读者的来信对编者在新闻报道之内容、风格的选择上固然有着影响，但诚如塔尔德所言："我们永远不可能知道，也不可能想象，报纸在多大程度上改变了个人谈话，既使之丰富多样，又抹平其差异，使人们的谈话在空间上整合、在时间上多样化……一支笔足以启动上百万的舌头交谈。"[42]

通俗点说，报刊也可以通过改变新闻报道的内容、方式等手段，来实现社会舆论的转向，进而影响到社会心态的变化。

比如上文我们说到，《大众生活》自第八期开始，其对于"一二·九运动"的报道已不局限于事件本身，而是以"一二·九运动"为引子，逐渐过渡到对于民族国家生死存亡等方面的探讨。在这一转变的过程中，由于新闻报道文风的转变，读者群的心态也较之前几期发生了显著的变化。

《大众生活》在第八期的星期论坛上，刊载了《学生救亡运动与民族解放联合战线》一文，与第六、七期用激烈昂扬的语言评品"一二九运动"相比，在这篇文章中，编者开始理性探讨学生救亡运动和全民族解放之间的关系，并客观的评点了"一二·九运动"的"三个优点"和"两个缺憾"[43]。

新闻报道的文风转向，即表明了编者的心态发生了转变，也在无形中引导了读者群的心态变化：

"……诚如先生所言，学生救亡运动是大范围的民众运动的酵母，是大范围的民众运动的先驱，它的重要是在全国大众的全盘努力里面有着一种非常有意义的推动作用……

㊷ ［法］塔尔德、何道宽译，《传播与社会影响》，中国人民大学出版社 2005 年版，第234 页。

㊸ 详见《学生救亡运动与民族解放联合战线》，载《大众生活》第八期，1936 年 1 月 4日。

我们要有目标,有策略的集团组织,我们要有排除万难不怕苦的精神,我们的目标是民族解放……"④

柳青,十二月廿四晚,北平

"北平的学生运动,绝不是个偶然的爆发,而是在全国民众反X的怒潮上激荡起来的。所以它不是一个单纯的学生运动,它是整个中华民族解放运动的一环。要使这种运动向前开展,必须集中全力于民众武装自卫的工作……"㊺

北平市学生联合会(印)敬启　十二月二十七日

很明显,读者的心态也随着编者的心态发生了改变,主观的情感流露和诉说减少了,取而代之的是紧跟报道文本,理性思考民族的救亡图存之路。

简言之,仔细梳理《大众生活》上所刊载的通讯、评论等报道,将这些报道与每一期的读者来信看成一个动态的过程。一个显而易见的结论是:新闻报道影响着读者群体的心态变化,而读者群体的心态变化又影响着新闻报道的文本选择和文风取向,二者就是在这样一种互动关系中相互影响,共同演绎出了《大众生活》对于"一二·九运动"的持续报道:即从慷慨激昂的宣传到理性冷静的品评,从新闻事件本身的报道上升到民族存亡问题的大讨论。

---

④ 柳青:《更广大的意义和目标》,载《大众生活》第九期,1936年1月11日。

㊺ 北平学联会:《有附带修正的必要》,载《大众生活》第九期,1936年1月11日。

结语：聆听"低音"

2011 年，台湾中研院院士王汎森先生曾在复旦大学进行了四场演讲，后将讲稿整理成《执拗的低音》一书。在书中，他援引日本思想史大师丸山真男"执拗的低音"为题，对历史的一些思考方式进行了反思。在他看来，"低音"大致包括以下四个层面的意思：其一是被近代学术及思潮一层又一层复写、遮蔽、掩盖、边缘化，或属于潜流的素质；其二是对历史而言，"创造型转化"和"消耗性转化"同一性；其三是方法或视野方面的问题；其四则是一些长期以来被认为具有永恒性，却在近代被长期忽略的主题。⑯

而在中国传统的新闻史研究中，以"作者/文本"为取向的研究几乎是唯一的主旋律，在这一主旋律下建构的中国新闻史，难免有单调乏味之感。因此，在学科"内卷化"研究趋势日益显著的今天，笔者选择以阅读史为切入点，重新思考《大众生活》对"一二·九运动"的报道，并非为了颠覆中国报刊史的书写模式，只是希望在重新聆听"低音"之后，使新旧各种材料，变成开放的、多元的和立体的学术资源。毕竟，一枝独秀不是春，百花齐放香满园。

⑯ 参见王汎森：《执拗的低音：一些历史思考方式的反思》，生活·读书·新知三联书店 2014 年版。

邹韬奋倡导的新闻报道"研究化"述评

黄　瑚

1936 年 6 月 7 日,邹韬奋在香港创办《生活日报》并担任主编,至 7 月 31 日自行停刊,先后出版了 55 天。《生活日报》不仅在抗日救亡运动中发挥了巨大的鼓动与宣传作用,而且还在新闻业务上创造了诸多与其他报纸迥然不同的新闻报道方法。新闻报道"研究化",就是邹韬奋在主办《生活日报》期间倡导的一种全新的新闻报道方法。

一、新闻报道"研究化"的提出

什么是新闻报道"研究化"?

我们不妨先看一下韬奋自己是怎样论述的:"编辑新闻,不是只把电讯一条一条地堆排在一处,便算尽了报人的任务。其实一个电讯突如其来地传到一个消息,都有它的前因的,在一般读者看来往往莫名其妙,也许虽有些知道,不能有很明确的了解。不仅这样,一个消息有它的以前的历史背景,还有着它的可能的后果,这就须对于有关这个新闻的前前后后,都有着相当的研究,不能临时抱佛脚所能草率从事的。这都是报人对于读者应该负起的研究责任,使新闻的编法研究化,使读者在短时间内看了一遍便能得到很丰富而扼要的内容和很明确的了解。""除使新闻的编法研究化之外,同时遇有某问题发生,即须有某问题的参考材料,用很系统的叙述,撰著专篇,和有关系的新闻同时发表。"①

可见,所谓新闻报道"研究化",就是要求新闻工作者不仅要报告新闻事件的基本事实,而且还要揭示事实的前因后果;"不独是记述各种各色的生活现象,还想做到科学地解释这些现象,求出这复杂现象的底子是什么,和它的发展线索。"②总之,新闻报道"研究化"的实质,就是"解释"两个字,其他的一切都是围绕这两个而衍生的。

那么,新闻报道"研究化"又是怎样产生的呢?

首先是时代的需要。

新闻报道"研究化"作为一种报道方法,是在《生活日报》上诞生的,而该报出版之时正是中国现代史上的危急存亡之秋。当时,日本侵略者日益加快灭亡中国的步伐,中国人民沦为异族奴隶的灾难已经迫在眉睫,从而使人们较前任何时候都更为迫切地需要准确、及时的消息以认清形势、决定去从。正如邹韬奋所说的那样:"国事越紧张,民众对于新闻的消息和时事的评论也格外的注意。"③

但是,由于国民党御用的中央通讯社以及各帝国主义国家的通讯社对新闻来源的垄断和新闻检查制度的施行,当时的新闻界完全不可能满足人们对新闻的需求。"打开任何一份报纸来,见不到一点时局的真实消息,充满的是官办通讯社捏造消

① 韬奋:《研究化——我们要怎样办〈生活日报〉》,载《生活星期刊》第 1 卷第 17 号,1936 年 9 月 27 日。

② 生活星期刊编辑室:《我们需要的稿子》,载《生活星期刊》第 1 卷第 14 号,1936 年 9 月 6 日。

③ 韬奋:《国事紧张中的言论自由》,载《大众生活》第 1 卷第 2 期,1935 年 11 月 23 日。

息——明明是危急的局势,却不得不说'大局无妨',……'无冕之王'成了'亮眼瞎子'和'开口的哑巴'了。"④为了得到有关中国的消息,人们不得不求之于外国的新闻工具,但外国的报纸、电台、通讯社发布的新闻也不可能满足人们急切瞭望时局发展的需要。因为这些新闻"只是一种事态现象的报道,且大多是因其背景而异其报告,有时不报道出正确的消息,反作欺骗的宣传。"⑤

在此情势下,为人民大众创办一份能够提供正确而又敏捷的消息的报纸已经成了新闻界的当务之急,并且历史地落在进步新闻工作者的身上。邹韬奋认为,"对于国难的正确观念是救亡运动的指南针,这件事固在民众对于事实有敏锐而正确的判断,同时文化界的工作者,尤其是新闻界的工作者,也负有很重大的责任,他们不但应对民众作准确翔实的情报,而且要对事实的前因后果,当前形势,作明晰透彻的分析,使民众不致受烟幕弹的欺骗,尤其是在现今汉奸理论传布毒素的时候。"⑥与邹韬奋同时的另一进步新闻工作者恽逸群也有同样的认识:"一个正确的新闻纸,它要真正能做到为大众的耳目,为大众的喉舌,记载真实的大众应该知道的事实,说大众要说的话。但是一个报纸,还不是仅仅做到这样为止,就算完成了它的使命。它更应该积极地指导大众,教育大众,组织大众。在当前的民族危机日益加深的时候,新闻从业员所负担的任务,无疑的格外重

---

④ 吴光:《全国新闻界应当也来一个联合战线》,载《生活日报周刊》第 1 卷第 9 号,1936 年 8 月 2 日。

⑤ 尼洛:《理想的国际新闻版》,载《生活星期刊》第 1 卷第 16 号,1936 年 9 月 20 日。

⑥ 韬奋:《民众与国难》(社论),载《生活日报》第 4 号,1936 年 6 月 10 日。

大……"⑦因此,早在 1932 年,邹韬奋就与戈公振、胡愈之、李公朴、杜重远等人一起开始筹办这份理想中的报纸,屡经挫折,终在 1936 年 6 月了却夙愿,在香港办起了这份名叫《生活日报》的"真正代表大众利益的日报"。⑧ 邹韬奋在主办《生活日报》期间,一反常规旧例,大胆进行新闻业务改革,其结果之一就是"研究化"这种报道方法的问世。

其次是得益于中外新闻史上的思想渊源。

一是中国历史上优秀报纸和报人叙述事实追本溯源、分析问题鞭辟入里的品格。邹韬奋从小就立志当一个新闻记者,在学生时代广泛阅读当时的各种报刊以及历史上的优秀报刊。梁启超主编的《新民丛报》是邹韬奋最喜欢阅读的报刊之一。他在中学时代看了全套的《新民丛报》,并为之倾倒说:"他的文章的激昂慷慨,淋漓痛快,对于当前政治的深刻的批评,对于当前实际问题的明锐的建议,在他的那枝带着情感的笔端奔腾澎湃着,往往令人非终篇不能释卷。"⑨邹韬奋学习、继承了这些宝贵的精神遗产,而且努力汲取其精华,不仅把这些精华运用于自己的政论文,同时还运用于新闻报道,采用"研究化"方法处理新闻报道。此外,邹韬奋还很喜欢黄远生的印象派通讯。黄远生是民国初年新闻记者中的巨擘,先后担任过《申报》、《时报》等报的驻京记者。在此以前,新闻界的知名人士多数是政论作家,以新闻采访与写作而负盛名的,数黄远生为第一人。韬奋仔细地研究了他的新闻通讯,发现其感染力在于"他的思想上的理解力、分

⑦ 恽逸群:《新闻界的联合战线——序袁著〈记者道〉》,载《生活星期刊增刊》第 1 卷第 8 号,1936 年 7 月 26 日。

⑧ 韬奋:《〈生活日报〉的创办经过和发展计划》,载《生活日报》第 55 号,1936 年 7 月 31 日。

⑨ 韬奋:《经历? 工程师的幻想》,《韬奋文集》第 3 卷第 11 页。

析力,和文字上的组织力。"⑩邹韬奋非常推崇这三个"力",并将其运用于新闻报道之中,成为新闻报道"研究化"方法的精神内核之一。试想如果没有这三个"力",新闻报道何以能使读者读后得到丰富而扼要的内容和明确的了解?

二是当时西方新闻界流行的解释性报道的方法及其观念。这是新闻报道"研究化"的另一个重要思想来源。邹韬奋对外国新闻事业也有很深入的研究,特别是在 1933 至 1935 年出国流亡期间更是对欧美各国的新闻事业逐一认真考察,取其精华,为我所用。在考察中,他立刻发现了当时西方新闻界流行的解释性报道这一现象。解释性报道产生于第一次大战以后。当时,读者迫切需要了解战后经济和社会发展的趋势如何等一系列问题,而要回答这些问题就不能仅仅罗列一下事实本身所能了事,必须在报道中加入解释性成分,而这一点正是传统的新闻报道所欠缺而读者所需要的东西。于是乎,解释性报道在西方应运而生,并日益盛行。在美国考察时,邹韬奋还发现了一类"新闻消化的刊物"(News Digest Publication)。这类报刊以《时代》(Time)为代表,旨在"对国内外的时事及评论作有系统的叙述","利用极流利畅达的问题和显豁明瞭的编法,把世界的新闻写成极易读的材料。"⑪这一发现,促成了邹韬奋的新闻报道"研究化"这一新报道方法的诞生。

二、新闻报道"研究化"的三种主要表现手法

新闻报道"研究化"作为一种新闻报道的新方法,韬奋在主

---

⑩ 韬奋:《读〈远生遗著〉》,载《生活》周刊,第 5 卷第 48 期,1930 年 11 月 9 日。
⑪ 韬奋:《萍踪忆语?杂志国》,《韬奋文集》,第二卷六百十一页。

办《生活日报》期间为我们积累了许多宝贵的经验，创造了三种主要表现手法。

一是精编。这一表现手法，就是根据读者需要，对各种新闻来源的稿子进行精心、审慎的挑选和编排。具体说来，有集中编排法、摘要法和标题巧用法等。

集中编排法。所谓集中编排，就是将各种不同类型或主题的报道分门别类地加以编排，以期简明系统、重点突出。《生活日报》将整张报纸分为要闻版、国内新闻版、国际新闻版、粤闻侨讯版、特约通讯版等各种专版，在同一专版上，采用集零为整的方法，把许多零碎的消息、简讯汇编成各种小专栏，如国内新闻版上的《东西南北》、《人物动态》和国际新闻版上的《世界点滴》等。这样编排，人们在读报时能够一目了然，而且又能节省篇幅，多登载一些东西。对于同一主题的报道，集中编排还可以收到重点突出、倾向鲜明的效果。例如，《生活日报》创刊号第2版上的头条报道是这样编排的。五则有关日本侵略中国的动态消息集中编排在一起，配上横标题"滚滚而来"，不仅十分醒目，而且还让读者一看这个版面就能明白今日报道之重点所在。

摘要法。我们知道，当时的新闻来源纷繁复杂，所发的稿子鱼目混珠，莫辨真伪。《生活日报》采用摘要法，就是要沙里淘金，把其中合理的、真实的部分摘录出来以飨读者。具体说来，就是在报道一个重要事件时，要慎重地选择、摘录各通讯社电讯稿中的真实、准确的部分，然后编排在一起，使读者能够尽可能准确、全面地了解事件的真相，不受骗上当。例如，1936年7月6日出版的《生活日报》第30号第7版上关于国联通过结束阿比西尼亚（今埃塞俄比亚——作者注）事件的决议案的报道，就是采用这一摘要法。这则报道摘要编发了路透社、哈瓦斯社的三则电讯稿中的部分内容，首先采用了路透社4日日内瓦电稿中有关决议案表决过程的部分,然后再将哈瓦斯社 4 日日内瓦电稿中揭露国联当局在表决前曾先向墨沙里尼征求意见的部分和哈瓦斯社 4 日罗马电中有关意大利政界人士对决议案的态度的部分编排在路透社电稿下面,力求完整、准确地报道这一事件。

标题巧用法。《生活日报》对标题这一编辑手段也非常重视,力图使标题起到传神达意的作用。因此,许多好标题就像一篇评论,准确而又鲜明地表达了编者的立场、观点。例如,1936年 7 月 1 日出版的《生活日报》第 25 号第一版上关于韩复榘华北时局剧变之际请假养病的报道用了这样的标题:"外患欤?内忧欤?/韩复榘究患何病?"[12]句尾挂上个"耳朵",明眼人一看就明白这韩复榘生的究竟是什么病了。这种用问号来否定报道中的虚假内容的标题在《生活日报》上可谓屡见不鲜。再如,《生活日报》第 14 号头版上关于国民党当局曾向日本侵略者表示愿意接受灭亡中国的"广田三原则"的报道则采用了反语正说的标题:"谣传当局允考虑/接受亡国三原则/为保持华北现状/愿调整中日关系"。[13] 既然是"谣传",当局自无法向报馆兴师问罪,但是真谣还是假谣,读者心中有数即可。

二是解释。这一表现手法,就是在准确报告事实的基础上,或增添解释材料,或改写,以达到揭示新闻事件的意义的目的。具体说来,有提要法和改写法两种。

提要法。《生活日报》上的许多报道前往往有一段编者撰写的文字,简述新闻事件的要点和来龙去脉,阐释其意义、趋势,帮助读者更加深入、全面地了解这一事件。这种方法就叫做提要

---

⑫ 原文竖排,这里改为横排。
⑬ 原文竖排,这里改为横排。

法。例如，1936 年 6 月 17 日出版的《生活日报》第 11 号第 2 页上头条报道《中央军有进迫桂省趋势》，一开头就是一段这样的提要："西南时局，最近乃含伏着不少可以发动战争的因素。中央军在表面上虽停止前进，但就各方情报推测起来，双方戒备，都非常森严。中央军与粤桂军前线相距，不过一百余里。而且，中央军的态度，侧重以武力进迫桂方，使其就范。鉴于宁粤关系，自陈济棠派代表入京，并屡次声明撤兵以后，情形确较缓和了。所以，今后桂军的真正态度如何，颇为关心时局者所注意的。"这段提要明确地向读者指出了内战危险仍然存在的严重形势，使人们对这一系列连续发生的事件先有一个整体上的认识，然后在提要下面编排了一组有关西南时局发展的电讯，用事实进一步证实之。提要法最大的好处就是帮助读者认识事件的真相及意义。例如，上述这篇综合性报道，篇幅长，内容多，只有配上一段这样的提要才有利于人们正确认识新闻事件。

改写法。改写法就是根据新闻素材，结合新闻事件的前前后后，将整篇报道重新组织、撰写，既有叙述，又有阐释。在《生活日报》刚创刊时，改写法仅在国际新闻版上的"新闻之新闻"栏进行尝试。例如，《生活日报》创刊号第 4 版刊登的"新闻之新闻"栏内的《白金戒运动》是第一篇、也是较为典型的一篇改写稿。这篇稿子既报告了一个新闻事实：日本一些法西斯团体发起全国性规模的戴白金戒指的运动；又揭示了这一事实的含义"白金为贵重的制造军火原料，日本非常缺少，借此逐渐贮藏，将来大战中爆发时，可收取以供非常的用途"。像这一事实，如果是仅仅报告事实本身而不加以任何阐述，读者就不可能晓其真意。这一改写法，广泛地运用于《生活日报》上的各类新闻报道中，始于 1936 年 6 月 13 日出版的该报第 7 期。自这一期起，该报实行改版。该期共刊登了新闻稿 12 则（没有标题的简讯以及

《东南西北》等小专栏未计入),其中改写稿或自写稿达8则之多,约占67%。如果按版面计,该期新闻稿(同样未计入小专栏的简讯等)所占版面近三个整版,其中改写稿或自写稿占二个整版以上,达70%以上。此后,《生活日报》的改写稿虽每期所占比重不一,但总趋势是有增无减。

除了精编、解释外,新闻报道"研究化"还有一个重要的表现手法,即配合报道。所谓配合报道法,就是"遇有某问题发生,即须有某问题的参考材料,用很有系统的叙述,撰述专篇,和有关系的新闻同时发表。"⑭这些配合新闻报道发表的材料,在形式上有评论、通讯、文件、译文等,旨在帮助读者去正确认识、全面考察和深入研究这些重大新闻事件。

例如,1936年6月8日出版的《生活日报》第2号在头版头条位置刊登了《日人阴谋下/平津汉奸蠢然思动》一则消息,揭露了汉奸陈宇舆、石友三、殷汝耕相互勾结进行卖国活动的罪恶行径。但是,汉奸活动为什么会日益猖獗? 汉奸活动在哪些地区泛滥成灾? 汉奸活动的危害性如何? 对于这些深层次的问题,《生活日报》配合发表了一批通讯、评论、杂谈等,以提高人们的认识。该报在当天的第6版上就发表了署名"真之"的长篇评述文章《侵略者与反侵略者的抗争在内蒙》,明确指出:"中国目前,到处都表现着两个阵线的斗争,一个是侵略者及其御用的汉奸群的勾结阵线,另一个是广大的反侵略者的联合阵线。"接着,该评述文章又进一步分析了汉奸活动的形势,指出内蒙是汉奸活动最为猖獗的地区,全国人民必须时刻关注,切莫等闲视之。第二天,该报又配合发表了通讯、时评、杂谈多篇,其中:署名

⑭ 韬奋:《研究化——我们要怎样办〈生活日报〉?》,《生活星期刊》第1卷第17号,1936年9月27日。

"万斯年"撰写的特约通讯《唐山二日记》披露了汉奸殷汝耕为首的"冀东防共自治政府"管辖下的唐山的亡国景象；署名"孟如"翻译的《日本军人势力的扩大》告知人们汉奸活动猖獗的原因在于日本广田政府最近选定的侵华新政策，即打着"增善和睦关系"旗号利用汉奸达到其侵略目的的政策，署名"逸园鞋"的杂谈《"亚国惨败（？）之教训"的检讨》指出亚国（即阿比尼西亚）在反对意大利侵略者斗争中遭到失败的原因之一就是内奸的捣乱和破坏，中国切莫重蹈覆辙。这样配合性的材料，有助于加深人们对汉奸活动的认识，有助于促进反汉奸运动的扩展和深入。

此外，配合报道法还表现在《生活日报》重视发表各种经济材料以配合政治军事宣传这一重要特色上。例如，《生活日报》曾辟有"每周中国经济通讯"专栏，专门发表经济情报以配合政治宣传。该栏曾发表过一篇经济通讯《芦盐输日》（载《生活日报》第11号，1936年6月17日），就中国政府在日本加紧侵华活动之时同意向日本出口国产芦盐一事，小中见大地分析了盐这一经济资源在日本侵略活动中的作用，指出向日本出口国产盐实质上是帮助日本人打自己。文中指出："年末日本对于盐的消费额激急增加，尤以工业用盐的增长速度更快，因为工业用盐为苏打工业的原料，而苏打又为化学工业之基本原料。因为××（指帝国两字——作者注）主义的激急备战，而日本又为世界各××主义当中最好战的国家，于是工业用盐就跟日本军事工业结不解之缘。"

三、研究化在新闻理论体系中的地位

邹韬奋在主办《生活日报》期间付诸实践的新闻报道"研究化"这一方法，在理论上有哪些意义？在新闻理论体系中的地位如何？如果弄清了研究化与客观报道、研究化与解释性报道两个基本关系，实际上也就回答了上述这些问题。

（一）研究化与客观报道的关系。提到研究化，人们一定会联想到它与客观报道的关系问题。笔者认为：研究化对客观报道是一种辩证的否定，既有所保留，又有所克服。

客观报道是一个著名的资产阶级新闻学观点，一直被资产阶级报纸奉为神圣的信条。据此观点，新闻报道要用事实说话而不要掺杂任何的倾向和观点。用事实说话，这是"研究化"方法完全肯定的合理成分。新闻是新近发生的事实的报道。新闻的特殊价值和独特作用，就在于它通过报道客观存在的事实来影响读者。正是这一重要特征，使新闻区别于文艺等其他社会意识形态而独立存在。取消这一特征，也就取消了新闻本身。"研究化"方法强调报道要解释新闻事实的意义及发展趋势，并不意味着它要否定新闻用事实说话，而是更清楚地认识到这种解释只有建立在准确叙述事实的基础上才能更为正确、深刻。

但是，客观报道强调新闻不能掺杂任何的观点，不能具有任何倾向。这一点却是"研究化"方法所不能认同的。新闻事实是纷繁复杂的，报纸不可能容纳全部的新闻事实，只能挑选其中的一部分确有价值的新闻事实加以报道。既然新闻要具有一定的立场、观点、方法的人去挑选、报道，这就必然会带上主观性，不可能不掺杂观点和倾向。纯客观的新闻报道实际上是不存在的。只有纯客观的事实，没有纯客观的报道。而且，一味强调"客观"还会产生消极被动的局面。正因为如此，新闻报道"研究化"方法不但不讳言观点、倾向，而且强调新闻报道必须添入这些成分。如果某一事实能够得出某一结论，记者就有责任在报道中提及这个结论。总之，新闻报道"研究化"方法，就是既保留了客观报道观点的合理成分，又克服了它的缺陷，使它们之间在对立中达到统一。

（二）研究化与解释性报道的关系

在论述新闻报道"研究化"的思想来源时已经指出其源于解释性报道这一关系，在此想进一步指出它们之间的另一种关系，即研究化和解释性报道之间形同神异的关系。

所谓形同，首先是指两者的基本要求都是"解释"两字。解释性报道的观念和方法产生于第一次世界大战之后的欧美各国，而研究化观点和方法则产生于抗日战争前夜的中国，虽地点、时间不同，但这两个历史时期的基本特点相同：即变幻莫测、人民无所适从。因此，传统的客观报道这种观点和方法已经无法满足人们了解外界变动的需要。人们迫切地要求了解外界变动的需要，人们迫切地要求了解新闻背后的东西，于是出现了研究化和解释性报道这两种均以解释为中心内容的观点和方法。此外，两者在解释的方法上也是相同的。20 世纪 30 年代时的解释性报道的具体方法主要是在新闻中插入整段或几句解释、用夹叙夹议的方法报道新闻事件、在评论版上配合新闻事件发表署名通讯等等，这些我们在《生活日报》上也都似曾相识，所谓精编法、解释法、配合报道法在本质上不是与上述方法一致的吗？

所谓神异，主要是指两者在如何解释新闻事件这个问题上的分歧。解释性报道是出现在资产阶级报纸上的，为资产阶级所发明和掌握的一种宣传方法，而研究化则诞生在人民的报纸上，以人民的利益作为自己的评判标准。因此，两种虽然同是对新闻事件进行解释，但是所持的立场和思想方法则大相径庭。解释性报道站在资产阶级立场上，用历史唯心主义的思想方法解释纷纭复杂的社会现象，其目的是要左右社会舆论，把人们的看法引到有利于资产阶级的方面去，因此所作的解释往往是错误的、歪曲的。它只能作些表面文章,不可能深入到问题的实质中去。研究化则恰恰相反。它站在最大多数的人民群众的立场上,用马克思主义的历史唯物主义的思想方法解释社会现象,因此能够透过现象见本质,指导人们正确观察、认识社会以决定自己的去从。

总之,研究化虽然源于解释性报道,同样以解释作为基本要求,但在怎样解释方面远非解释性报道所可同日而语。前者唯物,后者唯心;前者能发现事物的客观规律,后者不能发现事物的客观规律。

此外,要认识新闻报道"研究化"的地位或理论意义,我们还必须回答下面三个问号:"研究化"会不会使新闻越来越"死"?会不会使新闻越来越长?会不会使新闻越来越慢?一言以蔽之,就是"研究化"会不会与新闻报道的基本要求相冲突?

"研究化"会不会使新闻越来越"死"?死的反义词是"活"这个字。新闻要"活",这是新闻报道的基本要求之一。所谓"活",就是要能引起读者的兴趣。读者兴趣是怎样产生的呢?人们首先联想到的一定是那些形象、生动、富有感情色彩的报道。诚然,兴趣是与情感相联系的。只有生动、形象的报道才能吸引人、激发读者的兴趣。那么,"研究化"却在强调什么抽象的解释,可见一定要削弱读者兴趣了。其实,这种理解是片面的,可谓只知其一而不知其二。心理学告诉我们:一件事物不仅在情绪上的吸引力能使人们产生兴趣,而且在人们意识到它与人们之间的关系时也同样可以产生兴趣。因此,"研究化"完全可能通过解释,帮助人们深刻认识新闻事件的意义、作用及其与读者的切身利害关系,从而提高新闻报道的读者兴趣。可见,"研究化"强调解释并没有削弱报道的读者兴趣,而是为提高报道的读者兴趣又开辟了一条新的途径。研究化会使新闻越来越"死"

的说法是完全站不住脚的。

"研究化"会不会使新闻越来越长？新闻要短，这是新闻报道的另一基本要求。我们采用"研究化"方法，在报道事实的同时阐释意义，这会不会使新闻报道越来越长呢？回答当然是否定的。诚然，"研究化"必须对新闻事实的意义以及前前后后作一番解释，但这并不意味着报道就一定会连篇累牍，长而又长。"研究化"要求的是根据事实作解释，而不是脱离事实发高论。如果议论多于事实，喧宾夺主，那就不成新闻报道了。因此，韬奋对"研究化"提出的要求，其中有一条就是要求新闻报道"丰富而扼要"，使读者能够在"短时间"内看一遍。打开《生活日报》，我们可以看到许多短新闻同样起着"研究化"的作用，解释事件的意义，言简意赅，甚至不着一字，仅在编法上揭示含义。而且，我们还必须看到，"研究化"固然是在作加法，加背景材料，加解释性文字，但同时也在删，删去一切不需要或不真实的东西。运用"研究化"方法，可能会使有些报道稍长一些，但不是篇篇如此，还有些甚至可能短下来。总之，从整体上看，研究化不会使新闻报道越来越长，这是毫无疑义的。

"研究化"会不会使新闻越来越慢？新闻要快，当然也是新闻报道的一个基本要求。"研究化"要求新闻报道必须解释意义及前因后果，要求编者必须把新闻事实消化以后再向读者报道。因此，人们可能担心"研究化"会不会使新闻越来越慢。其实，这纯属杞人忧天。首先，"研究化"就新闻报道的编撰而言，新闻的快慢问题是就新闻报道的传播而言。两者之间没有必然的内在联系，因此也不会有直接的影响。其次，我们也清楚地看到，如果提高对新闻报道的要求而不同时提高对编者的要求，新闻报道就有可能难产，从而间接地影响到新闻的快慢问题。因此，为了真正运用好研究化的方法，还必须在报道之外下功夫，那就是要建立一支具有更高水平的、能够熟练运用"研究化"方法的编者队伍。这支队伍中的每一个人都必须高度地向人民负责,必须有深厚的理论修养、知识修养和尖锐的政治敏感、新闻敏感。必须有极其熟练的文字表达能力和编辑技巧。这样,当一个消息传到时,他们就能立刻掂出斤两,迅速及时地向读者报道。

上面,我们已经分析了两个关系、解答了三个问题,新闻报道"研究化"在新闻理论体系中的地位或理论意义已经不言自明。为完整、明晰起见,兹作简短的小结如下:新闻报道"研究化"方法是在社会发展节奏日益加速、从而人们对新闻报道的要求也日益提高的历史条件下产生的。"研究化"与客观报道不同,它不仅要准确的报告新闻事实,还要正确的阐释其意义和前因后果。"研究化"与解释性报道也不同,前者源于后者但高于后者,它不仅要求、而且完全能够通过正确的阐释揭示事物的本质,发现事物的规律。"研究化"与新闻报道的其他一些基本要求互不冲突,它不会削弱新闻报道的读者兴趣,也不会影响其长短、快慢诸问题。

主要参考文献与资料:

《生活日报》复印本(三册)
韬奋纪念馆藏,上海书店 1981 年版

《韬奋文集》
《韬奋文集》编辑委员会编,三联书店 1956 年版

《人民的喉舌——韬奋论报刊》
复旦大学新闻系编,福建人民出版社 1980 年版

国民性关怀与批判

——邹韬奋新闻出版思想探究

刘火雄

　　无论是梁启超的"新民"说,还是鲁迅"弃医从文"的抉择,他们都试图诉诸国民性改造。柏杨所谓"丑陋的中国人",或者王小波眼中"沉默的大多数",又为国民性贴上了新的标签,几近成为刻板印象。"国民性主要指国民共有的文化心理。一种文化在人们共同的心理中站住脚,就变得牢固且顽固了。心理往往是不自觉的,所以这也是一种'集体无意识'。"①美国学者艾历克斯·英格尔斯将国民性视为一个社会成年群体中具有众数特征的、相对稳定持久的人格特征和模式。② 基于百余年来对国民性批判多于肯定的思维和叙事惯性,因负面影响过于明显,世人论及国民性时,往往又将其归结为"劣根性"。邹韬奋生活的时代,战乱频仍,民生凋敝。作为《生活》周刊、生活书店的负责人,邹韬奋没有像他不太认可的"鸳鸯蝴蝶派"一样,有时囿于知识精英的自娱自乐,而更多地把目光投向社会现实,其国民性关怀与批判尤为明显,体现出一位知识分子对于公共事务的介入姿态和批判立场。

---

① 冯骥才:《中国人丑陋吗?》// 柏杨:《丑陋的中国人》,人民文学出版社,2008:1—2。
② [美]艾历克斯·英格尔斯:《国民性:心理—社会的视角》,王今一译,社会科学文献出版社,2012:14。

一、关注民生问题，介入公共事务

新闻业的核心任务是对事件的关注，"是一种聚焦于事件的话语表达，它更多地要求对外部世界所发生的意外和灾难事件作出回应，而不是关注于文化精英团体中那些流行的时髦言论"。③ 梳理邹韬奋的新闻出版实践，不难发现他借助报刊平台撰文、选稿，较多地立足大众，扮演着"百姓代言人"角色。如在他主持的《大众生活》上，曾刊发报道，披露四川江安灾民没有食物充饥，只好吃当地所出产的白泥（俗称仙米），"每日老少男女前往采掘的总在千余人以上，因人数过多，争掘山空，遂召（遭）山崩之祸，当场压死六人，此外，因争食仙米而胀死的也不在少数，哭声震天，长夜漫漫……"④在《生活》周刊上，邹韬奋还不时刊出某企业、地方公务员招聘数名工作人员，结果应者云集、数以百千计的情形，这正是当时社会普遍存在失业现实的写照。邹韬奋自己分出许多时间、精力，解答读者有关失业问题的咨询，回复寻求帮助的来函，但他往往"万分歉疚，无法以应，我们只有不惮烦地督促政府对于这个严重问题的深切注意"。⑤

从知识分子角度来看，上述报道体现了邹韬奋对公共事务的"介入"姿态。面对公共议题，特别是当国家压制公开的反对和批评时，知识分子应"在事实上扮演公众利益和人民的代言人

---

③ ［美］迈克尔·舒德森：《为什么民主需要不可爱的新闻界》，贺文发译，华夏出版社，2010：116—117。
④ 冷壁：《谈谈四川的"大众生活"》//《大众生活》影印本（第1—16卷），上海书店，1982：96。
⑤ 韬奋：《人力移防》//《抗战》三日刊影印本（第10号），上海书店，1984：2。

角色"。⑥ 穷困、失业等导致了经济上的剥夺，伤害到个体的安全感和自信心，进而有可能给社会的安定带来隐患。民国时期中国普遍存在民生困苦、凋敝现象的现象，其根源虽与时代动荡、军阀混战、外敌入侵等因素相关，但当局治理失当难逃其责，所以邹韬奋寄希望于当局对失业等类似问题"深切关注"并期待能有效解决。就传播效果而言，媒体对强化或疏离与读者之间的认同关系有重要影响，"总体上，媒体对负面事件有着突出的兴趣，从原理上讲，只有具有冲击力的事情才能让信息的消费者感兴趣并且成为忠实消费者"。⑦ 邹韬奋对这类失业、灾荒、穷困等民生问题的关注，也可说是他与普罗大众之间强化认同关系的方式之一。

中国积贫积弱既久，许多陈规陋俗同样根深蒂固，如迷信，纳妾、奉"父母之命媒妁之言"的旧式婚姻，不顾生活压力、盲信"多子多福"，等等，不胜枚举。在鲁迅的小说《孤独者》中，作者以葬仪为主线，穿插了乡村民间对于旧制积重难返的繁文缛节，邹韬奋对此深有感触。他有一位苏州籍亲戚的父母去世了，因这位亲戚在外地谋生，于是把灵柩在外停留了好几年，待运回苏州安葬时，家眷因路远没有同去，这位亲戚于是花四百文雇了一位乡下妇女在坟上大哭一顿。邹韬奋问亲戚为什么请人来哭丧，这位亲戚自己也不明究竟，不过从俗而已，所谓家人安葬时若没有女人哭一下，家族里的生人就要倒霉，风俗如此，只得相信。邹韬奋"听听也不多说，只怪一般人做的事好像完全没有了

---

⑥ ［美］托尼·朱特：《我们失去的世界》//《重估价值：反思被遗忘的 20 世纪》，林骧华译，商务印书馆，2013：12—13。

⑦ ［法］阿尔弗雷德·格罗塞：《身份认同的困境》，王鲲译，社会科学文献出版社，2010：50—51。

脑子一样"。⑧ 对于社会上大出丧时有人花钱请叫花子闹闹的习俗,邹韬奋给了"恶评":"我看见新式的出丧,只不过许多亲友静默步送,很足引人悲思,若聚了一大堆叫化子,锣鼓喧天,丝竹并奏,简直像'欢送会'与'庆祝早死'的气概!不但是极无谓的耗费,而且也是极讨厌的事情,极可笑的事情。然而社会上的人,尤其是自命上等社会的人,还是沿着不改,真是令人不解。"⑨虽时过境迁,令人感慨的是,邹韬奋所揭示的社会现象,在当今中国不少地方仍然存在。

二、"他者"镜像中的国人形象

美国基督教公理会来华传教士明恩溥早年在上海《字林西报》发表了一组介绍中国人性格、风俗的观察文章,作者把好面子、漠视时间、相互猜忌、缺乏诚信等视为"中国特色"的气质,⑩不乏偏见。这些系列文章最终集结为《中国人的气质》一书出版发行,对鲁迅后来开展国民性批判产生过较大影响。1931 年"九一八事变"后,基于国民政府的不抵抗政策,逃官逃将多如牛毛,以致西方报刊上有关于中国的漫画,"不是画着一个颠顶大汉匍匐呻吟于雄赳赳的日军阀枪刺之下,便是画着前面有一个拖着辫子的中国人拼命狂奔,后面一个日本兵拿着枪大踏步赶着"。⑪ 1933 年至 1935 年,邹韬奋在流亡期间游历了欧美多国,

---

⑧ 邹韬奋著,中国韬奋基金会韬奋著作编辑部编:《从医学上观察日本人的现代生活(四)》编者附言//韬奋全集(1),上海人民出版社,1995:759。

⑨ 韬奋:《靠叫化子闹阔》//《生活》周刊影印本(第 3 卷),人民出版社,1980:43。

⑩ [美]明恩溥:《中国人的气质》,刘文飞、刘晓旸译,北京联合出版公司,2013。

⑪ 邹韬奋著,中国韬奋基金会韬奋著作编辑部编:《船上的民族意识》//《韬奋全集》(5),上海人民出版社,1995:648。

耳闻目睹了当时许多国人在海外的形象，其相关通讯作品先后在《生活》周刊、《新生》杂志发表，后汇集为图书《萍踪寄语》出版发行。这一时期，邹韬奋的流散写作，以中西双重视域互为镜像，更容易以"他者"身份在国外反观中国人。

不修边幅、邋遢成性是邹韬奋在欧美等国流亡时对中国人最直观的感受。在国外街车上，邹韬奋所见外国人，大多很注重仪表，头发修得整齐，伦敦街头的乞丐，也都把衣服打理得干干净净，皮鞋刷得油亮。而邹韬奋在国外所见中国人，大多胡子拉碴，蓬头垢面。据邹韬奋观察，在英国本土，有些房东如果知道租客是中国人，宁愿房子空着也不愿出租，足见其成见之深。国人在海外的劣根性表现远非个案。纽约本为繁华都市，邹韬奋经过实地观察后发现其中的唐人街却是"人间地狱"。纽约唐人街有五千人，约三分之一的人失业，街道上垃圾满地，闲人三五成群，无所事事，"我遇着一个在这里行医的中国西医某君，他说到他那里看病的侨胞有百分之九十五以上是花柳病"。⑫ 有的中国女子在唐人街，只得出卖身体谋生，沦为私娼，备受凌辱。国人形象差，加上中国国势凌弱，中国人经常成为外国人嘲笑、甚至侮辱的对象。如欧洲许多地方演戏、拍电影时，但凡有抢劫、抽大烟等情节，往往招募中国人扮群众演员，极尽挖苦之能事。不少国人为了为数不多的报酬，甘心出卖自己的形象。有论者指出，西方常通过类型化、漫画式形象策略丑化、嘲弄中国人，其文化功能是要在以西方为中心的文明秩序中排斥中国人，彰显其自信心和优越感，其目的在于"在差异与等级秩序中确立西方中心的话语霸权，构成知识扩张与经济政治军事扩张的不

⑫ 邹韬奋著，中国韬奋基金会韬奋著作编辑部编：《萍踪忆语》//韬奋全集（7），上海人民出版社，1995：335—336。

均衡的、动态的交换关系".⑬

但就邹韬奋而言,他对于国人、民众劣根性及其不幸遭遇的关注,蕴藏着较深厚的悲天悯人情怀,不仅解构国人形象,同时更希望藉此拔出"萧艾"而培植"芝兰",以重建国民生活、人格和国格的新气象。邹韬奋对国民性并非完全否定、也重在肯定国人的优秀品质。如 1930 年 2 月 16 日,邹韬奋在《生活》周刊上刊发了一封读者来信,信中提及上海租界内的华商电车公司,其职员十余年来全然没有洋商卖票人习惯性多收车费揩油等不端行为,廉洁奉公,堪称表率。可以说,邹韬奋对国人的负面性报道和展示,主要出于警醒需要和个人关切,其归宿仍在于重构正面形象。事实上,中国近现代知识分子对于国民性的关注,也不是都持批判与否定态度,辜鸿铭在论述中国人的精神时,就特别指出,真正中国式的人性,有着从容、冷静、练达的特点,富有同情心和智慧。⑭

三、传承民主、科学启蒙传统

"五四"前后的新文化运动,陈独秀、胡适等大批知识分子唤醒并推进着中国的"文艺复兴",民主、科学等启蒙式话语别开生面,渐成风向标。邹韬奋赓续着胡适、陈独秀等人的启蒙传统,对现代科技进步、发明创造等颇有关注,先后多次撰文介绍爱迪生、诺贝尔进行科研的故事,见诸《生活》周刊等报刊,并对美国飞行员林德白驾机首度穿越大西洋这一划时代壮举作了连续报道。反观中国,邹韬奋感到:"我国人最大毛病是一种不生不死

---

⑬ 周宁:《天朝遥远:西方的中国形象研究》,北京大学出版社,2006:789。
⑭ 辜鸿铭:《中国人的精神》,李晨曦译,译林出版社,2012:2—3。

的知足心理。"⑮按邹韬奋分析，这种心理之由来，大概是由于传统思想的遗毒，如老庄主清静无为，以为自然都比人好。现代人类需要征服自然，而中国传统思想往往劝人听天由命、随遇而安、得过且过。久而久之，大家固步自封，科学难以发达，别人却日新月异。

但一旦有国人在科学技术和器物、文化创新上有所突破，如研发出较实用的打字机等产品，邹韬奋往往不厌其烦在报刊进行推介。商务印书馆总经理王云五曾研发出"四角号码简字法"，1928 年的《生活》周刊为此连发两篇报道，详细介绍其人其法，邹韬奋"尤其希望国人多从发明的事业上努力，增加国际的荣誉"。⑯ 对于健身强体、旅行、举办运动会、美容等现代生活方式，邹韬奋同样在所主持的报刊上展开推介，不时配以大幅照片或出版画册补充说明，启蒙意味较为浓厚。

除了器物层面的宣扬外，启蒙精神更以理性和自由为内核，民族社会层面则关乎民主、正义。"任何一个民族从不文明、野蛮、愚昧、专政、盲从的社会到文明、民主、自由、人权受到普遍尊重的社会，都必须经过'启蒙'阶段，不能逾越和绕过"。⑰ 在邹韬奋看来，国人大多只知有家族，对于自己的利益精打细算，但往往不知有国家民族，对于国事普遍麻木。1928 年 8 月，邹韬奋以笔名"灵觉"在《生活》周刊上撰文，分析了不平等对于中国的主权、关税、领土等方面的侵害，仅赔款一项，累计就超过二十

⑮ 编者：《阳历之外的新历》按语//《生活》周刊影印本（第 5 卷），人民出版社，1980：187—190。

⑯ 心水：《发明四角检字法的王云五先生》（下）//《生活》周刊影印本（第 3 卷），人民出版社，1980：309—311。

⑰ 陈乐民：《启蒙在中国》//《启蒙与中国社会转型》，社会科学文献出版社，2011：181—182。

万万两,这是造成中国政府和百姓穷困的原因之一。更可怕的是:"中国人受各个帝国主义者不平等条约所重重束缚,居然数十年醉生梦死的(地)糊里糊涂的(地)过去。邹韬奋在文末提醒——国民还要努力,尤其要人人明白所谓不平等条约的内容实在处处制我们的死命,这是中国国民要拼个死活的目标:要抵御外侮,同时还要积极整饬内政,从事建设准备实力。不难看出,邹韬奋此番言论,暗含他改造国民性、希冀国人推动中国向现代国家转型的旨趣。

四、揭批官僚政治与媒介监督

如果说对于社会现实以及国民劣根性,邹韬奋更多的是基于一种关怀情愫和启蒙意识,那么,对于民国时期的官僚政治,其批判锋芒以及由此承载的媒介监督功能得以展露。知识分子在体制性的主流社会面前,往往以对立的批判者角色存在。知识分子的公共性主要在于批判性,知识分子的公共角色大致是一个批判角色,"批判不是别的,它是一种关系,是知识分子和国家特意构成的一种紧张关系"。[18] 他们是时代和社会的"牛虻"、"解毒剂"。诚然,辩证地看,知识分子有意为之的批判姿态,有时可能只是个人追逐名利与地位、收获鲜花与掌声、满足自我虚荣与安全感的权宜之计和终南捷径,美国学者熊彼特、埃里克·霍弗对此曾有洞见。[19] 两者到底如何分殊,与知识分子个人的道德情操、职业修养以及特定的历史情境等密切关联。

---

⑱ 邵建:《代序:一个需要不断阐释的对象——知识分子》//《知识分子与人文》,中国社会出版社,2009:18—19。

⑲ 具体可参阅熊彼特著《资本主义、社会主义与民主》"知识分子的社会学"相关章节以及埃里克·霍弗所著《狂热分子:群众运动圣经》中的论述。

《生活》周刊初期的内容偏重于个人修养和职业指导、职业教育的范围，1931年"九一八事变"前后"渐渐转变为主持正义的舆论机关，对于黑暗势力不免要迎面痛击；虽则我们自始就不注重于个人，只重于严厉评论已公开的事实，但是事实是人做出来的，而且往往是有势力的人做出来的；因严厉评论事实而开罪和事实有关的个人，这是难于避免的"。[20] 民国时期，报刊人士批评当局或揭露党政军要人贪腐等不端行为，往往面临许多不确定风险，有时因言贾祸，遭受牢狱之灾乃至生命迫害。《京报》创办者邵飘萍、《社会日报》主笔林白水均因此为由分别遭到军阀张作霖、张宗昌杀害。

尽管批判当局、相关人士有潜在危险，邹韬奋还是常常仗义执言。1941年6月5日，陪都重庆爆发了"六五隧道大惨案"。当天，为躲避日军轰炸，数以千计的重庆民众躲进了较场口隧道中。由于日军展开疲劳轰炸，持续时间长达五六个小时，隧道中的民众最终因缺氧窒息，造成2000余人身亡。邹韬奋在谴责日军暴行的同时，对惨剧发生的其他真相作了理性反思：防空洞通风设备太劣，空气窒塞；同时，管理防空洞的防护团团员玩忽职守，甚至把洞门紧闭，历时过久，民众因惊慌拥向洞口，空气更为阻塞，以致最终酿成悲剧。"尤其不可恕的是这种惨剧，并非首次，在去夏已有三四百人闷死同一隧道内，蒋委员长曾亲到该处视察，手令负责机关迅速改善通风设备，竟因官僚政治的腐化积习，时过一年，还是一切照旧，高级官吏不负责任，下级喽罗卤莽横行，演成更酷烈的惨剧。"[21] "六五隧道大惨案"为"二战"期

---

⑳ 生活书店编：《韬奋画传·经历·患难余生记》，生活书店，2013：192—193。

㉑ 韬奋：《隧道惨剧的教训》//《大众生活》影印本(香港版)，上海书店，1981：122—123。

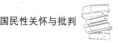

间间接死于轰炸人数之最,这一天后来成为重庆市"防空警报试鸣日"。

"中国万税"算得上民国战乱年代许多地方的纪实。1933年,邹韬奋在《生活》周刊选发了有关苛捐杂税的通讯稿。如广东潮州、汕头、梅州各县,"筵席税""粪溺捐""花轿捐""妇女出阁捐""屠捐""打种捐""猪苗捐"……其名目之多令人难以思议。收税的多为当地土豪劣绅,他们勾结警察局等机构,使用暴力,鱼肉百姓。有些地方基层政府组织,存在尸位素餐甚至"吃空饷"等情况。邹韬奋曾选刊了一封读者来信,作者是四川省某区某公署的一位"中级"公务员,据其见闻,基层各级职员在抗战时期的日常工作呈现出诸多病态。许多人工作时间愿去不去、养尊处优、坐以待薪,下班之后或忙于吃喝嫖赌、逢迎奔走,"办公时间虽然规定的是午前八至十二,午后二至四点钟,但上午到十点钟,下午到三点钟,到的职员还是寥若星辰,终是没有到齐过,缺席成了少数上级职员的必须科"。[22] 另据邹韬奋调查,有些地方组织叠床架屋、政出多门现象严重。国民参政会川康视察团有友人告知邹韬奋相关情况:县长上面有二十几个上司机关给他们下命令,以致疲于应对。究其原因,邹韬奋主要将其归结为制度因素,"虽有贤才,无所施展"。[23]

五、文人论政传统的回响

邹韬奋揭批国民政府当局官僚政治,体现出文人论政的传

[22] 邹韬奋著,中国韬奋基金会韬奋著作编辑部编:《抗战时期中的病态》按语//韬奋全集(9),上海人民出版社,1995:147—148。

[23] 邹韬奋著,中国韬奋基金会韬奋著作编辑部编:《县政府腐败的症结》编者附言//韬奋全集(9),上海人民出版社,1995:310—311。

统角色。邹韬奋所反对的，并非整个国民党，也非反对领导抗战的政府和领袖，只是揭露其中黑暗的一面，告诫世人，引以为戒，以期推动政治改革，带有改良主义色彩。"我对国民党中的'吃教分子'所表现的违法背理的作风，曾加以毫不客气的揭露，正是重视国民党，正是希望国民党改善与进步，因为我深信国民党的改善与进步，对于中国政治的改善与进步，有着很大的影响。"㉔对于贪污腐败，邹韬奋认为应加强制度监管，以达到政治清明。1938年3月18日，湖南新化县税务局赋税主任车衡，因在任职期间贪污税款6100余元，经省府主席张治中批准在长沙枪决。张治中在公告中表示：惩治贪污的目的不在以严刑峻法对人，而在于树立善良风气及法令威严，若有人以身试法，绝不姑息。知识分子的批判立场及其对应言论，潜藏巨大的否定性力量。对于处于社会激荡转型时期的中国来说，知识分子的建设性批判比否定性批判更具价值。为此，为当局"开药方"，以利国民，正是邹韬奋论政的题中之义。如针对贪官现象，邹韬奋发表言论呼吁："铲除贪污是政治清明的基本条件之一，尤其是国家集中一切力量于抗战救亡的时候，在政治中蔓延为患的贪污是要用严厉的手段铲除的，不过我们希望监察制度要格外严密，勿使贪官污吏有'有幸有不幸'的慨叹，并且要大小官吏一律办理，'苍蝇''老虎'一律地要'打倒'！"㉕

在国家遭受外敌入侵的时代，面对民族存亡等现实问题，邹韬奋试图以言论报国，对整顿吏治等政治生态进行针砭，承载着知识分子"以天下为己任"的担当。在邹韬奋身上，无论关切时

㉔ 邹韬奋著，中国韬奋基金会韬奋著作编辑部编：《关于态度和主张的补充说明》//《韬奋全集》(10)，上海人民出版社，1995：378。

㉕ 邹韬奋著，中国韬奋基金会韬奋著作编辑部编：《枪决污吏》//《韬奋全集》(8)，上海人民出版社，1995：497—498。

局、剖析国民性还是批判吏治、建言献策,固然是他出任《生活》周刊、《大众生活》主编的本职要求,更体现出他作为一名知识分子的家国情怀。任何对国家、劳苦大众怀有关切感的人,都很难只谈"风月"而不顾"苍生",他们更期待能通过自己的言行,引导大众和舆论,发出自己的声音,甚至掌握话语权。但受特定时局所限,其实际政治作用则不能高估。尽管如此,新闻报刊作为社会监督"利器"的作用和意义,通过邹韬奋一定程度上得以彰显,其言行给今人也留下诸多意味深长的感慨。

论邹韬奋在全面抗战时期的
新闻出版思想

孟　晖

　　20 世纪三四十年代中国人民反抗日本帝国主义侵略的正义战争，大致可分为抗日救亡和全面抗战两个阶段。"九·一八"事变标志着中国进入了抗日救亡时期；而 1937 年 7 月 7 日发生在华北的卢沟桥事变、以及 8 月中旬淞沪会战在上海爆发，表明战事从华北局部扩大到了全国，成为中国全面抗战的开端，这一阶段直到 1945 年抗战胜利结束。在全面抗战时期，我国著名出版家、新闻记者邹韬奋先生以极大的爱国热忱，推动进步文化工作，创办了《抗战》三日刊，后主编《全民抗战》、复刊《大众生活》，同时以国民参政员的身份与国民党政府压制民主的行为作公开、合法的斗争。他利用各种形式宣传抗日救亡，介绍中国共产党的抗战政策及其领导下的抗日斗争，引导大批青年走上了抗日救亡的光辉道路。

　　1936 年 11 月，邹韬奋等救国会"七君子"因从事抗日救国活动而被捕入狱，直到"七七"事变后才获释。不久上海"八·一三"抗战爆发，邹韬奋迅速筹备创办了《抗战》三日刊。该刊一度改名《抵抗》，从第 30 号开始移至汉口出版，后与《全民》周刊合并为《全民抗战》三日刊，由邹韬奋和柳湜担任主编。他还曾在上海出版《抗战画报》六日刊，后来又出版了《全民抗战》战地版和《全民抗战》通俗版周刊。这些刊物均以宣传抗战救国、争取民主权利为中心内容，在当时有着很大的影响力。《全民抗战》

销售量突破 30 万份,是当时中国发行量最大的刊物,有力地推动了抗日民主运动的发展。1941 年 2 月,该刊出至第 157 期后被国民党当局查封。1941 年 5 月,邹韬奋在香港重办《大众生活》,受到海内外读者的热烈欢迎,销数很快达到 10 万份,同年 12 月太平洋战争爆发后停刊。

为有效地传播抗战理论,引导大众坚持抗战,在中共地下组织和爱国民主进步人士的参与下,生活书店相继在各地开办分店。到 1939 年,生活书店先后在武汉、广州、西安、重庆、长沙、成都、桂林等处开设分店 56 个,发行点遍及全国 14 个省份,并在新加坡建立分店。生活书店还建立了不少外围出版机构,在投资合营与化名自营的出版机构中,出版了不少马克思主义政治读物、理论著作和进步的中外文艺作品。在全面抗战时期的新闻出版活动中,邹韬奋或公开写文章、或在内部刊物《店务通讯》上发表了一些文章,阐述了他的新闻出版思想,并在具体活动中践行之。对其新闻出版思想进行系统的梳理和研究,对于研究邹韬奋人格思想的发展轨迹、其文化事业的成功经验,以及当今新闻出版工作如何学习借鉴韬奋精神,具有理论和现实意义。

一、新闻出版等文化工作重在造成正确的舆论,唤起国民团结御侮的意识、坚定国民奋斗的信念

抗战初期,国民党政府在发动民众方面用力甚少,战争动员几乎没有。这使得群众不仅对战局的进展一无所知,就连基本的战争常识也很欠缺。这一时期,《申报》等新闻报刊坚持出版,所刊载的有关战争的消息成为市民了解战争进程的重要渠道。而邹韬奋在此民族危难之际创办《抗战》三日刊,其历史意义显

而易见。该刊甚至部分地取代了政府的声音，冯玉祥在致邹韬奋的信札中这样称赞《抗战》三日刊："贵刊内容丰富切实，而眼光尤为正确远大，诚为今日抗战中之指针。"①

针对抗战时期新闻出版等文化工作对予动员国民的重要意义，1937 年，邹韬奋在《申报》上发表了《文化工作与国民动员》一文，其中指出："造成正确的舆论，唤起国民御侮的意识与坚决国民奋斗的意识，文化工作的重要是谁也不能否认的。国民革命军北伐时代的所向无敌，五四运动的文化工作可以说是先锋队，由文化工作所传播的种子和革命的军事配合起来，才开出光辉灿烂的花。"②在这篇文章中，韬奋特别提到苏联在集体农场的伟大事业中是怎样动员民众的，以之为民众动员重要性的佐证。所谓"正确的舆论"，此时无疑就是倡导抗日民主统一战线，教育和发动群众团结抗日。抗战初期，韬奋还发表了《全面抗战开展以后》、《战争时期的文化工作》、《中国当尽量运用自己的优点》、《坚持抗战与积极办法》等文，呼吁文化工作要为抗战大局服务，并探讨如何解决抗战中的经济建设、民众组织等问题。

鉴于中日两国军事、经济力量敌强我弱的现状，抗战之初我国即在共产党的倡导下，结成了以国共两党合作为核心的抗日民族统一战线，确立了全面、持久抗战以制胜的战略与策略。邹韬奋参加的救国会的人民立场和统一战线思想，与共产党的主张是一致的。邹韬奋满腔热情地在《抗战》三日刊上刊登《中国共产党对时局宣言》(《抗战》第 32 号)等党的文件及一些重要文

---

① 冯玉祥先生的信，《抵抗》三日刊第 11 号，1937 年 9 月 23 日。
② 邹韬奋：《文化工作与国民动员》，《韬奋全集》(第八卷)，上海人民出版社，1995：679。

章,报道八路军抗战的事迹和政治工作结合军事工作的经验等,响应中国共产党在抗日战争中提出的方针、政策和口号,并进行大力宣传。

第二次国共合作形成之后,国民党当局对中国共产党的抗日救亡主张和政策仍然严加封锁,同时利用自己掌控的《中央日报》、中央社等新闻媒介,大肆进行负面宣传,使得共产党长期处于传播弱势的地位。国民党甚至利用媒体散布谣言,如"八路军和新四军是游而不击,不敢与日军正面交锋,只是借抗战之名行保存实力之实"。广大人民群众,尤其是国统区的群众,在歪曲宣传影响下,很难了解到共产党抗日活动的真相。而韬奋主编的刊物一方面及时报道全国各地抗战形势的发展,以及二战国际战场上的种种局势,并且以社论、言论等形式作精当的分析述评,藉以启迪民众;对于国民政府的抗战政策和国民党军队正面战场的战绩也都给予及时、全面的报道评论,同时揭露批判汪精卫等汉奸的卖国行为,激发全国人民的爱国热情。而更为可贵的是积极宣传民族统一战线、呼吁团结,报道共产党的抗日言行,以及我党通过游击战开辟敌后战场、建立抗日根据地,教育和发动民众、与敌人作艰苦卓绝的斗争的伟大事迹,在引领正确的舆论导向方面起到了重要作用。

韬奋在 1937 年 11 月 13 日的《抵抗》三日刊第 26 号上,以《怎样争取持久战的胜利》为题,特别介绍了彭德怀的《争取持久抗战胜利的先决问题》这本小册子,而且给予很高的评价:"大家知道彭先生是国民革命军第八军的副指挥,正在前线作战的军事专家。他在这小册子里由已经三个多月抗战的实际经验所得到的意见,实值得我们的郑重介绍。"[3]韬奋认为彭德怀指出

---

③ 韬奋:《怎样争取持久战的胜利》,《抵抗》三日刊第 26 号,1937 年 11 月 13 日。

的最重要的一点是"敌我力量对比的变动性"，以及"只有持久才能生长力量"。④ 该文肯定了民众动员与全民抗战的重要关系，并且使读者对中国共产党关于持久抗战的思想和游击战争的策略有了进一步的认识。

1937年，共产党在延安创办了中国人民抗日军事政治大学和陕北公学，这是为培养军事和政治干部、满足抗日民族解放战争的需要而创办的学校。邹韬奋对这两所学校给予了较多关注和介绍。如《抵抗》1937年第22号刊登了《本刊启事：关于陕北公学》，第25号刊登了《信箱：第八路军驻京办事处又来信——又是关于陕北公学》，来信写到："因为各处看到《抵抗》登载陕北公学的简章，各方面均来函询问，日以二三十封计……现在我们根据各方询问的分类，向贵刊读者有志投考陕公者，作一个总的答复，最近将来，或能减少我们一部分精力与时间。务恳予以赐登，则不胜感激之至！"⑤1938年，邹韬奋的《抗战》三日刊连载了舒湮的《边区实录》，对陕甘宁边区的政治、经济、文化教育、司法制度以及民众运动等方面情况作了系统报道，在《抗战》第63号刊登了《边区实录：（五）陕北公学》、第65号刊登了《边区实录：（六）"中国抗日军政大学"》，以通讯的形式对两所学校的情况作了详细而生动地描述。《抗战》还刊登了《信箱：从陕北公学谈到抗日干部的训练》、《来件：抗日军政大学陕北公学招生简章》、《信箱：陕北公学来函》等文，《全民抗战》第23期刊登了《来件：陕北公学同学会为母校一周年纪念宣言》。这些文章无疑让中国的进步青年们对这两所学校有了比较正确的了解。我

---

④ 韬奋：《怎样争取持久战的胜利》，《抵抗》三日刊第26号，1937年11月13日。
⑤ 信箱：第八路军驻京办事处又来信——又是关于陕北公学，《抵抗》三日刊第25号，1937年11月9日。

党著名新闻工作者陆灏的女儿回忆:"1937年秋,爸爸连续在邹韬奋先生创办的《抵抗三日刊》上看到延安陕北公学的招生简章和有关报道……陕北公学招生的消息给了他极大鼓舞,使他萌发去延安学习的念头。"⑥可见邹韬奋的报刊活动在引导中国青年走向爱国进步道路方面,起到了非常重要的作用。

关于共产党抗日活动的报道,如《抗战》1938年第44号上叔羊写的《救亡运动在山西》中,介绍了有关平型关大捷和牺盟会的活动情况。牺盟会从总部到各级领导人中绝大多数是共产党员,其领导下的各种组织中,共产党员也很多,因之也是从侧面宣传了党的抗日组织动员活动。而《全民抗战》1940年第107号上芟衷的《中条山的民众在怎样战斗?》介绍了共产党领导下的游击队式的民众武装。著名作家沙汀发表在《全民抗战》上的几篇文艺通讯作品《同志间》(1940年第132号)、《游击县长》(1940年第140号)、《知识分子》(1940年第146号)等,真实地描述了敌后抗日民主根据地的崭新面貌和人民翻身做主人的可喜情景,《知识分子》中还以较多笔墨写到了八路军的萧克将军。

1937年由《抗战》三日刊社出版的《抗战画报》上,也刊登了不少和八路军有关的信息,如战士、将领的照片,以及八路军缴获的战利品等。1937年第4号的大幅照片《新任第八路军军长朱德现已率部抵晋》、1937年第9号《威震晋北之第八路军》、《游击战士的英姿》、《三个八路军将领,自右至左:林彪,彭雪枫,萧克》等凸现了八路军将士的威武形象。《威震晋北之第八路军》的图片说明为:"'敌进我退,敌退我追,敌止我扰,敌守我

⑥ 许小莹口述、施宣圆整理.陆灏:活跃在晋察冀边区的战地记者.澎湃新闻 http://www.thepaper.cn/newsDetail_forward_1362862。

攻'。这是八路军游击战术的四句要诀。第八路军运用了这种神速的战术,最近在晋北山地中东西活跃,不仅屡予南下的敌军以重创,而且使紧迫的山西战局完全改了观。在今天,八路军的威名已从平型雁门震播到晋北各部,敌人一闻它的名字,就觉得心胆俱寒了。"⑦由此邹韬奋积极宣传共产党抗日的功绩,引导国民坚定信念、为抗战而奋斗的努力可见一斑。

二、邹韬奋为大众办报的思想进一步发展,并且将服务精神与战斗性相结合

邹韬奋在创办《生活日报》时曾提到"我只有一个理想,就是要创办一种为大众所爱读,为大众作喉舌的刊物"⑧,"言论要完全作人民的喉舌,新闻要完全作人民的耳目"⑨,要把报纸办成真正的"人民的报纸"。在解决"为谁办报"的问题上面,邹韬奋为大众办报的宗旨是一以贯之的。韬奋精神,一言以蔽之,就是"服务精神"四个字。毛泽东说过:"热爱人民,真诚地为人民服务,鞠躬尽瘁,死而后已。这就是邹韬奋先生的精神,这就是他之所以感动人的地方。"邹韬奋为大众服务的精神,正是他留给当今新闻出版人和新闻出版事业最宝贵的遗产。⑩

"民众"、"大众"、"人民"在邹韬奋的语境里大致是同义的。邹韬奋在其论著中曾反复提及为民众办报、为大众服务的思想,

⑦ 威震晋北之第八路军:《抗战画报》第 9 号:1937 年 10 月 13 日。

⑧ 邹韬奋:《生活日报》的创办经过和发展计划,《韬奋全集》(第六卷),上海人民出版社,1995:679。

⑨ 邹韬奋:《生活日报》的创办经过和发展计划,《韬奋全集》(第六卷),上海人民出版社,1995:682。

⑩ 黄瑚、李楠:《学习邹韬奋的服务精神——纪念韬奋诞辰 115 周年》,《新闻记者》,2010(12):33。

但我们可以看出其"大众"、"民众"概念的内涵,在不同时期还是有一些差别的。1927年,韬奋在《本刊与民众》一文中对"民众"主要从外延上作了说明:"什么是民众？这虽没有一定的界说,我以为搜括民膏,摧残国势的军阀与贪官污吏不在内;兴波作浪,朝秦暮楚,惟个人私利是图的无耻政客不在内;虐待职工,不顾人道主义的惨酷资本家不在内;徒赖遗产,除衣食住及无谓消遣以外,对于人群丝毫无益的蠹虫也不在内。除此之外,一般有正当职业或正在准备加入正当职业的平民都在内;尤其是这般人里面受恶制度压迫特甚的部分。"⑪

前期的《生活》周刊,明显带有都市文化生活刊物的色彩,邹韬奋将"暗示人生修养,唤起服务精神,力谋社会改造"确定为《生活》周刊的宗旨⑫,从其重要栏目"读者信箱"的内容来看,为读者解答的也多为个人的恋爱、婚姻、职业修养等问题,主要在于宣扬个性解放和民主、科学思想。根据《生活》周刊上发表的几篇对胡适推崇备至的文章、以及邹韬奋的言论写作,可见其此时受到了胡适的改良主义和启蒙思想的影响,还是一个民主主义者,积极致力于对民众的文化启蒙工作。他认为保障大多数民众利益在于"力求政治的清明"与"实业的振兴"⑬。邹韬奋此时所针对的受众群体其实主要还是有一定文化修养的市民大众阶层。而九一八事变之后,《生活》周刊向进步的时政杂志方向转变,刊载了有关抗日的新闻报道,揭露日本军国主义的野蛮行径;坚决反对国民党反动派的不抵抗政策,主张抗敌御辱,唤醒读者积极投身救亡运动。

---

⑪ 邹韬奋:《本刊与民众》,《韬奋全集》(第一卷),上海人民出版社,1995：647。
⑫ 邹韬奋:《我们的立场》,《韬奋全集》(第三卷),上海人民出版社,1995：256。
⑬ 邹韬奋:《本刊与民众》,《韬奋全集》(第一卷),上海人民出版社,1995：647—648。

邹韬奋接办《生活》周刊后尽心竭力地解答读者的各种疑问,使"读者信箱"成为刊物的品牌栏目,以后其主编的报刊也保持了类似栏目。在抗战初期主编《抗战》三日刊时,他依然通过阅读并公开回复读者来信,加强与受众的沟通交流。邹韬写到:"我每日替《抵抗》三日刊拆阅无数读者来信,看到他们爱国的真诚,愿为国家的抗战遭受任何牺牲而无悔的表示,未尝不深深地受到感动。"⑭王琳在其硕士论文中对此作了统计和分析:"《抗战》三日刊出版 86 号,共发表了 152 篇读者来信。其中读者来源地遍布中国各地的大中小城市、甚至远到国外的巴黎。"⑮读者的年龄层次从小朋友到青年到中年乃至老人。职业分布也很广泛,有教师、公务员、工人、难民、战场上的士兵等。可见其读者的范围已经大大地扩展了。

邹韬奋在生活书店 1939 年 1 月印发的《店务通讯》第 34 号《我们的工作原则》一文里,对生活书店的工作提出了三条原则,即促进大众文化、供应抗战需要、发展服务精神。⑯他指出生活书店"一向是站在前进的立场","所谓前进,并不是使自己跑开大众很远,把大众远远地抛在后面。我们必须注意到最大多数的群众在文化方面的实际需要,我们必须用尽方法帮助最大多数的群众能够提高他们的文化水准,我们必须使最大多数的群众都能受到我们文化工作的影响。"⑰邹韬奋在其论著中多次强调这一点。如在 1939 年 5 月印发的《店务通讯》第 48 号的《加

---

⑭ 邹韬奋:《中国当尽量运用自己的优点》,韬奋全集(第八卷),上海人民出版社,1995:138—139。

⑮ 王琳:《抗战》三日刊研究,北京印刷学院硕士论文.2006:27。

⑯ 韬奋:《我们的工作原则》,《店务通讯》排印本(上),学林出版社,2007:322—323。

⑰ 韬奋:《我们的工作原则》,《店务通讯》排印本(上),学林出版社,2007:322—323。

强认识我们服务的广大对象》中，又指出"我们服务的广大对象应包括整个民族的各阶层"、"我们要深切地明白，无论民族解放的胜利或革命事业的开展，不能仅靠比较少数的前进分子，同时还要依靠最大多数群众的觉醒与努力……"⑱这里可以看到，邹韬奋一再强调其服务的大众的"广大"性，他心目中的"大众"范围是明显扩大了，这显然是因为其受到了马克思主义的影响，并和共产党的抗日民族统一战线相呼应的。

马克思、恩格斯创立的唯物史观与唯心史观的根本区别之一，就在于它始终坚持人民群众是历史的创造者。人民主体地位观，是无产阶级政党正确认识处理与人民群众关系的立场、观点和方法。邹韬奋在接受马克思主义后，更加充分地认识到了民众在历史发展中的重要地位。创办《全民抗战》战地版和通俗版，就是邹韬奋弘扬为最广大民众服务的精神的体现。邹韬奋在主编《全民抗战》的过程中，得知前方将士缺少精神食粮，于是决定发行《全民抗战》战地版，免费赠送给前方的将士。他在《全民抗战》上刊登启事，号召全国热心前方文化的朋友捐订《全民抗战》战地版，并且介绍给在前线的朋友。该刊出版后受到了前方将士的欢迎和各界人士的高度评价，各界人士纷纷捐款赞助。⑲ 1939 年 8 月，《全民抗战》通俗版问世，主要是针对当时识字不多的人创办的，为 32 开小册子形式，便于携带。栏目主要有社论、谈时事、小消息、专论、插画、文艺作品等。文章篇幅明显小于《全民抗战》中相关栏目的文章，而且用语非常浅显易懂，口语化倾向明显。文艺作品较多地采用了歌谣、评词等民间文

---

⑱ 韬奋：《加强认识我们服务的广大对象》，《店务通讯》排印本（中），学林出版社，2007：546。

⑲ 张文明：《报刊通俗化、大众化——邹韬奋出版〈全民抗战〉战地版与通俗版浅探》，《传播与版权》，2014(11)：6—7。

艺形式。⑳ 相较这一时期我党倡导的"文艺大众化"运动,可见其在宗旨和表现形式上都有相似之处。

邹韬奋注重报刊的大众性和服务性,还表现在他提倡大众化的文风,力避"佶屈聱牙"的贵族式文字,采用"明显畅快"的平民式文字。㉑ 这一思想抗战前后也得到了进一步发展,他强调"通俗化的重要,我们也时常深刻地感受到,我们希望关于各部门的重要知识,不但要选择精华,配合时代性,而且要能写得深入浅出,人人看得懂。"在陈述《生活日报》的办报宗旨时,他将"文字大众化"明确列为宗旨之一:"本报的文字要力求大众化。要尽可能用语体文字来写论文和新闻。现在完全用口头文的报纸还没有,我们要来首先做一个榜样。我们要注意最落后的大众,使一切初识字半通文的妇女们,孩子们,工友们,农夫们,都能看懂《生活日报》,才算达到了我们的目的。"㉒邹韬奋还欢迎、鼓励普通民众踊跃投稿,反映他们的真实生活,使《生活日报》真正成为"大多数人的报纸"。

邹韬奋认为民众的存在是形成报刊言论的基础,所以言论必须反映大众的意志和要求。邹韬奋为《新华日报》创刊三周年写的《领导与反映》中写到:"舆论机关的重要任务一方面在领导社会,一方面在能反映社会大众的公意。"㉓这就要求报刊在内容上紧跟时代形势的变化,永远反映民众最关心的时事问题。而在民族危亡之际,与大众利益最密切相关的自然也就是团结

⑳ 主要参考了张文明:《邹韬奋新闻出版实践与思想研究》,社会科学文献出版社,2015:140—142。

㉑ 邹韬奋:《本刊与民众》,《韬奋全集》(第一卷),上海人民出版社,1995:647。

㉒ 邹韬奋:《生活日报》的创办经过和发展计划,《韬奋全集》(第六卷),上海人民出版社,1995:683。

㉓ 邹韬奋:领导与反映,《韬奋全集》(第十卷),上海人民出版社,1995:8。

抗战的问题。邹韬奋在抗日救亡之际,提出"力求民族解放的实现,封建残余的铲除,个人主义的克服",认为要实现民族解放,必须建立民族联合阵线,依靠集体的力量。他在《文化工作者的责任》一文中指出:"我所得的感想是在这抗战的伟大时代,笔杆诚然应该和枪杆密切地联系起来,换句话说,就是文化工作应该和抗战时期的迫切需要密切地联系起来……"[24]把文化事业与民族解放事业紧密结合,从而促进全国民众抗日热情的高涨,体现了韬奋将服务性与战斗性相结合的新闻出版思想。他不断地探索和建立新的文化内容,在期刊发展的不同时期,对受众起到了积极的舆论宣传和思想引导作用。

三、提倡民主政治、新闻出版自由思想,坚决反对国民党的新闻统制制度

马克思说过:"没有新闻出版自由,其他一切自由就是泡影"、"新闻出版就是人类自由的实现"。马克思将书报检查制度视为精神创造物的刽子手。1842 年,他专门写了一篇文章《评普鲁士最近的书报检查令》,揭露了新报刊检查令的虚伪性,批判了普鲁士政府的虚伪的自由主义。邹韬奋在抗战期间追求民主政治和新闻出版自由、与国民党政府反动的文化专制政策作斗争,与马克思主义的言论出版自由思想是相一致的。

在全民抗战期间,韬奋作为救国会的主要领导之一,被国民党政府邀请为"国民参政会"的参政员(1938 年 6 月至 1941 年 1 月),他主要进行了"加强全国团结和争取民主"的斗争。后来邹

㉔ 邹韬奋:《文化工作者的责任》,《韬奋全集》(第九卷),上海人民出版社,1995:148。

韬奋在香港《华商报》上连载并结集出版了自传性质的著作《抗战以来》,其中以很大篇幅写到他参加国民参政会的所见所闻,以及遭受国民党文化专制政策的压制、同国民党的反动文化政策作无畏斗争的经历,突出了他追求民主宪政、提倡新闻出版自由的可贵思想。

1927年国民党反动统治建立后,利用政权的力量、通过法律手段,很快就建设起一个以统制为本的新闻法律制度,简称新闻统制制度。南京政府建立初期,为了笼络人心,在表面上不得不承认人民享有言论出版的自由权利。但与此同时,国民党又提出了"以党治报"的方针,并制定了一大批实行新闻统制的法律、法令,披着法制的外衣实施新闻统制。"九·一八"事变后,国民党强化了镇压手段,大量汲取了德国、意大利等国家的法西斯主义的新闻思想与经验,以进一步严密控制新闻界。国民党政府自1932年起颁布了一系列有关新闻检查的法令,将出版后审查制度改为出版前检查制度,史称新闻检查制度。抗战期间更进一步加强了新闻统制。㉕ 新闻出版界人士对压制民主和言论出版自由的新闻统制制度深恶痛绝,邹韬奋与之进行斗争是具有进步意义的。

邹韬奋对民主政治与抗战的关系有着深刻的认识,他说:"为发动全面抗战,要把民族统一战线建立起来,为保证全面抗战的胜利,要使民族统一战线巩固起来。巩固民族统一战线的基础是什么呢? 是民主政治。"㉖起初邹韬奋对披着"民主"外衣的国民参政会还是抱有期望的,他在1938年7月《全民抗战》第

㉕ 黄瑚:《中国新闻事业发展史》(第二版),复旦大学出版社,2009:165—175。
㉖ 邹韬奋:《民主政治的初步展开》,韬奋全集(第十卷),上海人民出版社,1995:177。

1号上发表的《我对于参政会的希望》一文中说："在这样共同努力的情况之下国民参政会未尝不能做到真正的民意机关，这完全要看我们怎样干，完全要看我们要怎样干。"㉗此时他经常出席由中国共产党推动组织起来的各党派人士参加的聚餐会、茶话会，商讨参政会提案等国事。在国民参政会第一次大会上，邹韬奋就提出了"具体规定检查书报标准并统一执行案"，并获得了通过。但是，1938年7月底，国民参政会第一次大会闭幕还不到半个月，国民党政府就公布了《战时图书原稿审查办法》和《修正抗战期间图书杂志审查标准》，反而加强了对抗战言论的控制。针对国民党的倒行逆施，邹韬奋接连在《全民抗战》上发表了《审查书报原稿的严重性》和《再论审查书报原稿的严重性》，表示强烈抗议："关于图书要审查原稿，把思想自由的限度缩到过于严苛的地步，便使学术的研究与进步受到很大的障碍。"㉘

此后，尽管邹韬奋在国民参政会第二次大会提出的"请撤销图书杂志原稿审查办法以充分反映舆论及保障出版自由案"，以绝对多数票获得了通过，但国民党当局仍然我行我素，实行所谓的"图书杂志原稿审查办法"，规定所有文稿都要送"重庆市图书杂志审查会"审查。或检扣原稿、或删改原文，如把"党派团结"改为"党派统一"，"妇女解放"改为"妇女复兴"等等，报刊上经常被迫开天窗。这使邹韬奋逐渐对国民党实行假民主真独裁的本质有了深刻的认识，他在《抗战以来》一书的《上山拜访审查老爷》、《一大堆废话的激辩》等文中，非常生动形象地叙述了他是

㉗ 邹韬奋：《我对于参政会的希望》，韬奋全集（第十卷），上海人民出版社，1995：177。
㉘ 邹韬奋：《再论审查书报原稿的严重性》，韬奋全集（第十卷），上海人民出版社，1995：189。

怎样与审查人员和秘书辩论讲理，抢救其主编的报刊上的文稿；而之后这样比较讲理的秘书也不见了，换了一位大谈"老爷与老百姓不平等"论的蛮横无理的"总干事"。㉙

抗战初期政治环境比较宽松之时，生活书店出版了1000多种图书，其中不乏抗日救亡读物和马克思列宁主义书籍，并在抗战大后方各重要城市建立了50多处分支店作为发行网点，使进步书刊得以广泛流传。1939年1月，国民党召开五届五中全会，确定政策重点从对外转向对内。随后国民党开始对大量刊印出售进步书刊的生活书店进行大肆摧残。一面查禁出版物，一面诱逼生活书店跟国民党反动派办的正中书店、独立出版社合并，否则将"全部消灭"，对此邹韬奋坚决拒绝。到1941年1月皖南事变发生时，邹韬奋经营多年的生活书店及几十个分店，陆续被国民党政府以各种名目封闭，只剩下重庆分店一处，被捕的书店工作人员达四五十人。邹韬奋不断向有关方面交涉，毫无结果。在这种情况下，邹韬奋于1941年2月25日辞去国民参政员的职务，秘密出走香港。饱含着痛惜和激愤，邹韬奋在《抗战以来》、《患难余生记》等自传性作品中详尽地写出了这一事件的全过程，为后人留下了非常珍贵的史料。另外，生活书店内部出版的各期《店务通讯》中，对于各分店被国民党蛮横查封的过程，也有着详尽的记叙。

邹韬奋在文中揭露了许多国民党制造"文化摩擦"的例子。反动势力对进步思想的惧怕可谓是草木皆兵，对进步文化事业的扼杀不遗余力。他或以激愤的口吻控诉反动统治者的无耻行径；或以淡然的笔调、寓褒贬于无形之中，甚至不乏黑色幽默。

㉙ 邹韬奋：《老爷与老百姓不平等论》，《韬奋全集》（第十卷），上海人民出版社，1995：231—232。

比如："一个湖南学生因偶在抽屉内被发现一张《新华日报》，被立刻剥去冬季制服，驱逐出校，便是一例。又像前面谈过的郑代巩因创办《战时青年》办得发达，被'特老''赏识'，认为是'异党分子'而被绑，又是一例……"㉚

又如，"据说这是依据省党部的密令办理的，省党部的密令有云：'将所有（这二个字重要——记者）生活书店查封'，因此该县有一家寻常的商店叫做'生活商店'，也无故被封，唯一的原故，是因为在招牌上有'生活'二字，也被归入'所有'之列！党老爷这样横行无忌，老百姓真无噍类矣！"㉛

一些新闻史及文学史著作，往往也都抨击了国民党压迫民主运动、打击进步文化的暴行。不过，新闻史、文学史主要在整体上否定新闻检查制度。而作为著名出版人的邹韬奋通过亲历及所见所闻，具体而微地写出了新闻检查制度到底是怎么一回事，从小角度来揭示问题，比较形象，使读者对新闻审查的法西斯本质一目了然。与国民党的反动文化政策进行无畏斗争，是邹韬奋人生经历中的重要内容，由于作者是亲历者，而且距事件发生之时日尚短，其记忆是清晰的。相关的记叙不但有助于全面了解韬奋的人格形象，也为相关历史研究提供了资料。

㉚ 邹韬奋：《患难余生记》，《韬奋全集》（第十卷），上海人民出版社，1995：883。
㉛ 邹韬奋：《又来几个故事》，《韬奋全集》（第十卷），上海人民出版社，1995：338。

论"孤岛"时期中共在上海新闻出版领域的抗战宣传工作

杨　晔

　　抗日战争爆发后，沦陷区的新闻出版界迅速沦为日军操控思想舆论、施行文化侵略的殖民要塞。特别是上海，作为远东新闻出版中心，自1937年11月12日沦陷后，便受到日军严苛管控，各种报刊、出版物的抗日宣传都遭疯狂摧残和野蛮镇压。面对这一险恶情势，在党中央的直接领导下，刚恢复重建的中共上海党组织，充分利用"孤岛"独特政治格局促生的机遇与可能，团结一切可以团结的力量，在新闻出版宣传重镇，与日伪展开了一场"短兵相接、血肉淋漓"的对决战，不仅将抗日宣传的主动权、领导权和话语权牢牢掌握在党的手中，使"抗日救亡"始终压倒各种杂音，成为唱响"孤岛"的主旋律；而且在国民党苦心经营多年的"远东第一繁华大都市"，成功重塑中共正面形象，激发起广大民众热爱共产党、坚决跟党走的积极性与自觉性。受益于这一时期卓有成效的宣传实绩，抗战结束时，党已一跃成为掌控上海局势的主要政治力量，为之后的全国解放奠定了扎实的群众基础和执政基础。梳理、总结这一时期中共领导新闻出版界进行抗战宣传的做法与经验，对于改善、提升今天的宣传思想文化工作，破解新形势下意识形态领域出现的难题等，都将具有普适性的重要借鉴意义。

一、站位前沿的坚强领导

1937年11月12日上海沦陷后,仅法租界与英美公共租界暂未被侵略者占领,两个租界四面受敌如困于汪洋之中,时人形象称之为"孤岛"。面对日军压倒性的军事优势,要在敌强我弱的上海新闻出版阵地,继续开展抗战宣传,对任何政党、组织而言,都是极为严峻的考验。然而,刚从重大破坏中恢复重建的中共上海党组织迎难而上,按照党中央的决策部署,以卓越的政治领导才能,因势而谋,顺势而为,应势而动,在敌人的重重封锁中,打出了一场场漂亮的抗战宣传攻坚战。

因势而谋,就是立足时代发展大势,做好宣传谋划。雅克·埃吕尔(Jacques Ellul)认为,宣传不是一个单向传播的过程,而是对公民自身宣传渴望的回应,没有公民事实上的宣传需求,宣传就不可能传播开来。鉴于"孤岛"时期日本帝国主义灭亡中国的野心暴露无遗,中国共产党关于停止内战、团结抗日的政治主张,已引发社会广泛共鸣与实践,"抗日则生,不抗日则死"也成为广大爱国民众的普遍认知。中共上海党组织审时度势,决定把进一步强化命运共同体意识,继续唱响"抗日救亡"时代主旋律,作为新闻出版领域抗战宣传的主攻方向,通过倾力营造以中华民族命运为聚焦点的抗日救亡语境,让民心所向的"团结抗日"理念,逐步演化为更加浓郁的时代情结和全民道德约束。

顺势而为,则指清醒认识所处形势,通过构建文化界抗日民族统一战线,迅速解决好新闻出版领域宣传队伍的构成问题。鉴于"孤岛"时期的上海党组织虽在重创后迎来重建,但自身力量尚薄弱,要想在短时间内将新闻出版领域的抗战宣传工作搞活、搞出大成效,不携手沪上广大党外文化人士并肩战斗,是很难打开局面的。为此,他们把建立文化界抗日民族统一战线作为重要切入点和着力点,通过各种切实可行的措施,让因沦陷而散处四方的进步文化力量迅速汇聚到民族解放的伟大旗帜下,真正做到不分党派、不论亲疏,共同为抗日宣传的好戏连台勇做贡献,并最终形成了中共领导,一切抗日不反共文化人士广泛协同的宣传大格局,新闻与出版领域的抗战宣传也因融入了大批新鲜血液,愈显革命活力。

应势而动,是指根据形势发展需要,该出手时就出手。"孤岛"时期,无论是日伪大肆鼓吹的"大东亚共荣"谬论、"和平运动"汉奸言论,还是文化思想领域各种损害抗战、妨碍团结的思想倾向,上海党组织都是及时调配新闻与出版界的有生力量,以报刊杂志和出版物为阵地,或通过口诛笔伐,撕开假面,让日伪露出罪恶真面目;或通过深入剖析与批判,摆事实,讲道理,帮助民众澄清模糊认识,划清是非界限,积极引导大家心往一处想,劲往一处使,团结起来反对民族敌人——日本帝国主义、反对民族投降主义、反对黑暗复古主义,从而让"抗日救亡"的主流思想舆论,在"孤岛"不断巩固、壮大。

站位前沿的坚强领导,就使中共倡导的"团结抗日"理念,逐步内化为沪上爱国民众的坚定信仰和行为模式,从而凝聚起"孤岛"团结抗日的强大正能量。以报纸发行论,尽管有日伪政权的严格管控和恣意打压,为表达内心的爱国情绪,上海民众依然"拒绝购买向日方送检的中文报纸,也拒绝订阅日资报纸",作为日军喉舌的《新申报》,只能在沦陷区附近免费派发。[1] 1939 年5 月汪精卫及其追随者抵达上海后,更是发现他们推行的所谓

① [美]傅葆石著,张霖译,刘辉校:《灰色上海,1937—1945 中国文人的隐退、反抗和合作》,生活·读书·新知三联书店,2012:40。

"和平运动",根本不得人心,"而抗战到底的爱国主义情绪才是当时的主流态度"[②]。与此同时,"孤岛"民众也进一步增强了对共产党的认知,消解了国民党多年负面宣传导致的偏见与曲解,党的正面形象在其心中悄然扎根。就像夏衍所回忆的:"过去,我们地下党人租一个亭子间,假如房东察觉到你这个人有左派的嫌疑,他会把你赶走,甚至向捕房告密",但渐渐地,"一般人对左派和共产党就不觉得那样可怕,反而把我们看作是爱国抗日的人了⋯⋯"[③]

二、强烈的阵地争夺意识

五四新文化运动以来,报刊图书等大众新闻出版媒介,在开启民智、凝聚民心方面,一直发挥着至关重要的战斗作用。特别是七七事变后,更是一度推动抗日救亡运动以燎原之势席卷上海,乃至全国。为此,上海沦陷后,日军将"孤岛"进步新闻出版界视作眼中钉,不仅在占领区强力围剿,对租界地区,也通过向当局施压,大肆迫害进步报刊和新闻人士。1937 年 11 月 28 日,日军接管位于公共租界南京路的国民党中宣部上海新闻检查所后,又强硬要求租界内所有公开出版的中文报刊,必须将稿件小样送该所审查,否则不能刊载。在重重封锁下,国共合作创办的《救亡日报》、邹韬奋主持的《抗战》三日刊等大批抗日报刊,纷纷被迫停刊或内迁。与此相对应,日军又大力扶持各种鼓吹"中日亲善""共存共荣"的汉奸刊物,大肆进行奴化宣传,以期混

---

② ［美］傅葆石著,张霖译,刘辉校:《灰色上海,1937—1945 中国文人的隐退、反抗和合作》,生活・读书・新知三联书店,2012:143。
③ 夏衍:《懒寻旧梦录》［增补本］,生活・读书・新知三联书店,2007:139。

淆视听、麻醉人心,"七·七事变"以来上海日益高涨的抗战宣传声浪,一时趋于沉寂。"在愤怒和半信半疑的气氛中,许多读者发现沦陷的城市是'文化莽原'——这里听不到任何令人鼓舞和使人放心的抗战新闻。就算不愿意帮日本人说话,报纸上能刊登的也就是鸡毛蒜皮的消息,政治语意模棱两可。"④在日甚一日的高压态势下,人心浮动,部分人甚至由一开始的畏惧、彷徨,到最后的失望和动摇。这一严酷现实,就使争夺宣传阵地、重筑抗战宣传平台,成为上海党组织的当务之急。

在新闻领域,上海党组织以灵活机动的战术,与敌斗智斗勇、巧打擦边球,不失时机开垦出一片又一片抗战宣传的新天地。《译报》的刊行就是典型一例。鉴于所有中文报刊必须送检,外媒依然享有发行自由,加之租界当局又与日军存在诸多摩擦,中共江苏省委领导下的文委便利用这一机会借鸡孵蛋,创办了一份四开小报《译报》,新闻、评论、报道等所有内容,全部译自外媒,主要介绍中国抗战情况,既躲开了日军检查,又巧借他山之玉,达我抗战宣传之目的。《译报》问世后十分畅销,被时人誉为"浓黑里射出一股悦目的光芒"⑤。在其带动下,"各行各业的青年中涌现出了很多'译报读者组',或'读报组',后来就发展成许许多多的读书会、讲习会等群众性的进步文化组织;这些零星的小组又各自办了许多的壁报、油印刊物等,真是盛况空前。"⑥

此后,文委又见招拆招,陆续创造出了"洋商报""敲边鼓"

④ [美]傅葆石著,张霖译,刘辉校:《灰色上海,1937—1945中国文人的隐退、反抗和合作》,生活·读书·新知三联书店,2012:40。

⑤ 唐康:《忆"孤岛"时期的淡秋同志》,上海科学院文学研究所,《上海"孤岛"文学回忆录》(下),中国社会科学出版社,1985:235。

⑥ 蒋天佐:《上海"孤岛"时期文学工作回忆片断》,上海科学院文学研究所,《上海"孤岛"文学回忆录》(上),中国社会科学出版社,1985:3。

"麻雀战"等一系列卓有成效的争夺策略。"洋商报"是指借鉴《大美晚报》《华美晚报》挂美商招牌便能避开日军检查的做法,邀请外籍人士担任发行人,给抗日报刊换上"洋装"以公开发行;"敲边鼓"指派党员作家或进步文化人士打入知名报刊,将其文艺副刊打造成党的宣传阵地,如王任叔主编的《申报·自由谈》,柯灵主编的《文汇报·世纪风》《大美报·浅草》《正言报·草原》等,由此开创了中国报业史上极为特殊的一页:"同一报纸,副刊与新闻版的政治态度往往不同。有些政治上反动的报纸,副刊却是进步的"⑦;"麻雀战"则指利用不受租界当局管束的"丛刊"形式,变相出版抗战期刊……在这些策略的强力推动下,《导报》《鲁迅风》《文艺新潮》等一大批党领导下的文艺刊物破土而出,"对日本侵略者、对汉奸、对妥协投降倾向,对乌烟瘴气、粉饰太平的恶浊氛围,还有抗战阵营的内部矛盾,斗争的锋芒有如辐射。"⑧连日方《每日新闻》也不得不沮丧承认:"尽管日本军事当局对报刊实行监督和检查,一个更为强大的反日宣传活动已经重新崛起。"⑨

在出版领域,上海党组织依托文化界统一战线,携手有办社经验的进步文化人士,积极创办党的出版社,通过出版各种进步书籍,占领文化思想高地。其中以复社最为著名。该社先后出版的《西行漫记》《鲁迅全集》等书籍,都引发轰动性的社会效应:很多地方都能见到人们"秘密而充满激情地讨论鲁迅和《西行漫

---

⑦ 何为:《从〈浅草〉到〈草原〉——记"孤岛"时期上海两个文艺副刊》,上海科学院文学研究所,《上海"孤岛"文学回忆录》(下),中国社会科学出版社,1985:123。

⑧ 柯灵:小引,上海社会科学院文学研究所,《上海"孤岛"文学回忆录》(上),中国社会科学出版社,1985:1。

⑨ 傅世杰:《论"孤岛"时期上海"洋旗报"的历史作用》,同济大学学报(社会科学版),1998(1)。

记》中所展现的共产党根据地"⑩,甚至杜月笙都出面购买了很多本,"烫上'杜月笙赠'的金字,送给各大图书馆"⑪。而斯诺对中共"诗一般的赞歌",更是激发了爱国青年对新生革命力量的热烈向往。张达平曾回忆有个家境优裕的女学生龚志奋,坚持去根据地,"我说新四军和根据地生活很艰苦,你能习惯吗?她反过来把《西行漫记》里描述红军长征爬雪山过草地的英勇事迹向我宣传,'革命前辈能这样做,我怎么不能?'"⑫

　　在复社的示范和带动下,沪上出版界掀起了竞相出版进步书籍的热潮,阿英的风雨书屋、王益的新知书店等相继问世,马列、中共领导人的著述藉此源源不断输送到民众手中。1939年8月,党的重要书刊发行机构——亚美书店创办后,分公开、秘密两条路径,出售《资本论》《联共(布)党史简明教程》《论持久战》《怎样做一个共产党员》等进步书刊。部分书刊还远销内地、香港、澳门和南洋群岛,深受海外同胞和侨胞的欢迎。

　　随着日伪掌控的新闻出版宣传重地被党组织一一攻占,一度万马齐喑的抗战宣传再度活跃起来,一大批爱国文化人,如陈望道、方光焘、郑振铎、唐弢、周建人等,都选择重新出山,与共产党人一起,"以如椽的笔,作为刀,作为矛,作为炮弹,为祖国的生存而奋斗。"⑬一些原本疏离政治的纯文学刊物,如《宇宙风》等,也摒弃文艺派别成见,积极刊发抗日营垒的文章,拒绝与汉奸同流合污。甚至那些附逆日伪的刊物,也因惧怕万民唾弃,根本不

⑩ [美]傅葆石著,张霖译,刘辉校:《灰色上海,1937—1945 中国文人的隐退、反抗和合作》,生活·读书·新知三联书店,2012:110。

⑪ 杨帆.上海"孤岛"时期的党和文艺界,上海社会科学院文学研究所,上海"孤岛"文学回忆录(上),中国社会科学出版社,1985:16。

⑫ 张达平:《我在新四军上海办事处的一年》[J].上海党史资料通讯,1987(8)。

⑬ 金性尧:《〈鲁迅风〉掇忆》,上海社会科学院文学研究所.上海"孤岛"文学回忆录(上),中国社会科学出版社,1985:124。

敢公然宣布亲日立场,"他们试图通过各种方法来迷惑读者,比如在发表社论时使用与著名抗日者相类似的笔名,或在国共两党领导人爱国声明旁边刊登亲日新闻。"⑭

三、依靠群众的宣传举措

上海是解放前全国闻名的商业金融和教育文化中心,城市人群密集而庞杂,受教育比例较高,自主意识相对较强。面对这一新的宣传对象,与其他政党仅仅把民众视为纯粹客体,在纵向上进行宣传动员不同,上海党组织领导的新闻出版界抗战宣传,既将广大民众作为宣传动员的客体对象,又把他们作为宣传工作深入、广泛开展下去的主体性依靠力量,促使抗战宣传工作在与地气的通畅衔接中,不断克服重重困难,一浪高一浪地不断向前发展。

上海沦陷后,由于日伪当局的残酷镇压及大批中共党员、进步爱国人士撤离上海,党领导的新闻出版工作立即面临人手不足、资金匮乏、发行渠道受阻等困境,而深入群众之中,发动爱国群众,争取他们的支持与帮助,则是共产党人冲破种种难关把抗战宣传进行到底的根本途径。比如为解决报刊通过书报社分发易遭租界当局发现和没收的威胁,便发动和依靠爱国摊贩直接销售:"摊贩绝大多数是爱国人民,他们乐于悄悄地经售,或则放在不显眼的地方,或则干脆放在摊下,问到才卖。租界当局派不出那么多爪牙同时搜查各个报摊。偶或进行搜查,由于他们消息灵通,那边在搜,这边已经藏起来。就这样依靠报贩的协

---

⑭ [美]傅葆石著,张霖译,刘辉校:《灰色上海,1937—1945 中国文人的隐退、反抗和合作》,生活・读书・新知三联书店,2012:147。

助,才能陆续和读者见面。"⑮对于报刊发行经常面临的资金短缺问题,也是依靠印刷单位广大职工的全力支持,才得以渡过难关。虽说不可避免地经常拖欠印刷费,印刷厂从工人到账房,都热情接待,只要稿件一发过来,就立即赶排印刷。当事人梅益多年后还曾撰文,深情回忆起当年创办《每日译报》时经费匮乏,待呼吁民众自由捐款的广告一登,许多三轮车夫、小职员以及爱国青年排着长队踊跃捐款的感人场景。

文艺通讯运动的大获成功,更是这方面的典型案例。这一运动是1939年春至1940年春,上海党组织发起的一场颇具声势的抗战文艺大众化运动,主要通过搭建专门的创作平台,把民间的业余文艺爱好者,积极吸纳到抗战宣传队伍中来,让他们作为主体性力量,与专业作家一道以笔为战,为宣传群众、发动群众勇做贡献。

上海沦陷后,抗战宣传队伍面临人少困境,部分留沪专业作家的写作又因与大众现实需求存在一定距离,这就直接影响到了抗战宣传的接受与广泛传播。而应抗战宣传需求发展起来的《文艺通讯》刊物,以其不求较多艺术加工,只求贴近社会现实,真实鲜活、爱憎分明、篇幅短小等亲民特点,既适合没有或较少写作经验的普通民众写作,又切合大众口味,便成为破解这一窘境的切入点。1938年春,经文委策划,《华美》周刊、《每日译报》以"反映上海"为题,向社会公开征集反映八一三淞沪会战后一年中上海军民战斗与生活的文艺通讯稿件,活动反响空前热烈。学生、工人、职员、士兵、难民、家庭妇女、舞女、妓女等各行各业的写作爱好者,都云集到了稿件应征的前列。400多万字的稿

---

⑮ 钱金昔、钱朴、杨幼生:《重振"孤岛"杂文——记〈杂文丛刊〉》,上海科学院文学研究所.《上海"孤岛"文学回忆录》(下),中国社会科学出版社,1985:136。

件后经筛选,汇编为120万字的《上海一日》文通专集,公开出版发行。

《上海一日》活动不仅让上海党组织真切感受到了人数众多的草根作者的创作力量,也看到了"他们和作家之间缺乏联络,同时也缺乏指导和工作上的观摩"[16]等问题,于是决定在"孤岛"建立专门的文艺通讯组织,设总站、分站和支站,向社会广征通讯员,通过定期学习、参加讲习班、党员作家审评等方式,不断提高他们的思想水平与写作能力,文通运动旋即风靡上海。反映"孤岛"真实的文艺通讯稿件大量涌现,一支充满活力的业余文通队伍迅速形成:"在文通组织成立之前,参加的是一些专业作家;但自从党领导文通组织、开展文通运动以后,许多青年参加到文艺大众化运动中来了。他们大多数是二十岁上下的人,其中有工人、职员、学生、家庭妇女、小学教师。他们分布在各地、各个生活角落,写作热情高,又熟悉生活,能及时把所见所闻和自己的感受用文艺通讯反映出来,作品的内容是如此广泛和多样,读了使人开阔视野。这支充满活力的文艺通讯队伍的出现,就给'孤岛'抗战文艺大众化运动增添了一支生力军。"[17]

在长期的革命斗争中,宣传工作是国内外公认的中共强项,它所迸发出的强大动员能力和启迪人心的力量,令一切敌对势力胆寒,从上述两个案例就可看出,人民大众的始终不缺位是其根本性原因之一。这一点尤其需要今天的宣传工作者细加琢磨与领会。

---

⑯ 唐韦:《文艺通讯运动》,《译报·大家谈》,1939(1)。

⑰ 田青、何为:《"孤岛"文艺通讯运动概述》,上海社会科学院文学研究所,《上海"孤岛"文学回忆录》(下),中国社会科学出版社,1985:124.14。

四、实力过硬的工作队伍

"孤岛"时期上海党组织领导的新闻出版业抗战宣传工作，之所以能在那样复杂、险恶的环境中搞得有声有色，爆发出强大的动员与感召力量，还有一个重要原因，就是拥有一支有理想、有信仰、敢战斗、会战斗的过硬队伍。正是这支队伍的出类拔萃，压不垮、打不散、踏石留印、抓铁有痕，才有力保证了抗战宣传工作的如火如荼。

革命年代的队伍选配，首重政治立场坚定，唯有如此，才能从根本上保证他们富贵不淫，威武不屈，始终与党同心，永不变节。翻阅抗战时期诸多回忆录和史料，浴血拼搏在"孤岛"的党的新闻出版工作者们，其革命信仰之坚定、政治热情之饱满、革命意志之顽强，格外令人动容。上海沦陷后，日军疯狂残害反日人士，肆意制造恐怖氛围以恫吓民众，但是党的新闻出版工作者们却勇于担当大任于危难之间，不怕流血牺牲，不计个人得失，党指向哪里，就打到哪里，没有条件创造条件也要上，千方百计不负组织重托。比如《译报》创办正值日军强力打压的血雨腥风期，风险大、处境艰难自不用说，就连最起码的资金问题，都无法保证，但是党的新闻出版工作者们硬是凭着一腔爱国激情，想方设法，斗智斗勇，做成了这件在今天人们看来几乎是无法完成的事情。"每天下午五、六点钟《大美晚报》一出来，我们就抱了当天的许多外文报纸和这份晚报，在福煦路科学印书馆的一个角落里一边翻译，一边发稿、排版，第二天早晨四、五点钟就出报。"⑱"译文章、跑腿，一律都是义务，不仅没有稿费，连买外国

---

⑱ 梅益：《抗战时期上海地下党领导的文化工作》，党史资料丛刊，1981(3)。

报刊的钱也由各人自掏腰包。"⑲就像梅益在《深情的怀念》一文中所说的:"在地下搞革命出版工作,本身就是战斗。他们这些大都是二三十岁的青年人,不为名,不为利,随时有被捕、杀头的危险,但这没有吓倒他们。他们一样有父母妻儿,但没有什么工资,更没有什么奖金,一本好书的出版就是他们得到的最高奖赏。"⑳正是这种融合了共产主义理想信念与民族救亡大义的坚定政治信仰,才铸就了党的新闻出版工作者们铜墙铁壁般的精神防线,真正做到了生命不息,战斗不止。

在政治立场坚定的大前提下,能力过硬就成为"孤岛"时期党的新闻出版工作者们的最大优势。自中国共产党创立伊始,上海就吸引了一大批知识精英参与革命,奠定了党在新闻出版领域的良好根基。左翼文化运动十年辉煌时期,党的新闻出版队伍更是一时星光璀璨。上海沦陷后,经党中央遴选留沪的刘少文、沙文汉、孙冶方、曹荻秋、于伶、梅益、姜椿芳等新闻出版宣传干将,也都是经数年革命斗争千锤百炼的多面手,不仅有胆有识,在组织领导上很有一套;业务工作也各有专长,甚至一专多长,写的文章群众爱看,讲起话来群众爱听,无论理论、笔头、口才,还是出版经营等,都有令人称道的"几把刷子"。正因为具备了从容应对复杂多变情势的过硬本领,便在"孤岛"迅速站稳了脚跟,无论时间多紧、任务多重,一旦工作需要,都能召之即来,来之能战,战之能胜。比如党创立的新知书店负责人王益,因人少事多,"《时论丛刊》以及后来的《大陆》月刊和别的刊物,从发

---

⑲ 夏衍:《懒寻旧梦录》[增补本],生活·读书·新知三联书店,2007:266。

⑳ 梅益:《深情的怀念》,上海科学院文学研究所,《上海"孤岛"文学回忆录》(下),中国社会科学出版社,1985:66。

稿、编排、跑印刷厂、校对一直到发行、收款等"[21]，基本都是一肩扛，没有过人的本领是根本无法应对自如的。

摒弃"关门主义""宗派主义"倾向，广泛团结党外人士，广交各界朋友，开门搞宣传，是"孤岛"时期党的新闻出版队伍的另一个鲜明特点，它在无形中也大大提升了这支队伍的战斗实力。比如当时负责上层统战的八办，就坚持举办"星二聚餐会"，主动联络有代表性的爱国文化人士会面、座谈。复社出版《西行漫记》时，就曾借聚餐会发售预约券，募集出书资金；鸳鸯蝴蝶派著名作家包天笑在《钏影楼回忆录》中提到："在'孤岛'期间，有一位叫佐思的青年作家经常上门，他很能说话，是左翼阵营里的人，我的一部长篇小说《海市》，就是应他的邀约而创作的，并由他拿去发表在一份新办的《万人小说》月刊上。"这个"佐思"就是当时文委成员之一的王元化；[22]梅益在《关于〈上海一日〉》中也提到，当年曾拜会华美报馆老板朱祖同，说服其同意创办由自己任主编的《华美周刊》。"《译报》和后来改版的《每日译报》的政治背景，我和那些为他的报纸撰写社论的人的政治立场，朱祖同都是清楚的。他知道我们这些人如果不是中共党员，至少是中共的同情者，但他并没有因此而疏远我们。"[23]正是由于争取到了朱的友谊和帮助，许多不适合《译报》转载的中共党报、党刊重要文章，得以改头换面，公开刊载。还有，在上海地下党组织的影响和动员下，不少沪上进步青年也积极参与到书店创办、刊物

㉑ 梅益：《深情的怀念》，上海科学院文学研究所，《上海"孤岛"文学回忆录》（下），中国社会科学出版社，1985：66。

㉒ 吴礽六：《〈万人小说〉琐谈》，上海社会科学院文学研究所，《上海"孤岛"文学回忆录》（下），中国社会科学出版社，1985：157。

㉓ 梅益：《关于〈上海一日〉》，上海社会科学院文学研究所，《上海"孤岛"文学回忆录》（上），中国社会科学出版社，1985：98。

编辑等事务中来,发挥了重要战斗作用,同时也为党锻炼和培养了一大批未来的工作骨干。

完全有理由这样说,坚定的政治信仰、过硬的业务素质、良好的工作作风,犹如一鼎三脚,共同铸就了"孤岛"时期党的新闻出版队伍的出类拔萃。它们的合而为一所凝成的强大合力,在中国共产党的新闻出版工作史上,留下了十分光灿的一页。

(作者单位:中共上海市静安区委党史研究室)

延安《解放日报》中的邹韬奋传播逻辑：褒扬与纪念、改写与保留

李晓灵

可以说,邹韬奋与范长江是中国现代新闻传播史上足可并立的两座高峰,两者都以卓绝的新闻专业主义精神和杰出的新闻专业实践,达成了超凡的历史高度。然而,两者的不同也是显而易见的,邹韬奋始终以一个民主革命人士践行着自己的新闻理想,死后才以遗愿的方式、象征性地表达了对中共新闻理念的部分认同,而范长江则毅然跻身于中共政党化新闻宣传机制,最终成为一个典型的无产阶级新闻传播旗手。

鉴于此,在特殊的历史语境中,邹韬奋与中共在某种意义上表现出一种特殊的关系建构,其新闻理念、媒介表达和意义呈现都体现了认同和差异、皈依和疏离交织的复杂关系。延安《解放日报》就是一个典型的文本,它对邹韬奋的媒介呈现显示了特殊的传播策略。换言之,邹韬奋在延安《解放日报》中形成了复杂的媒介建构范式,生产了令人深思的意义逻辑。

一、传播的数字图景：规模空前、极度彰显

1944 年 7 月 24 日,邹韬奋因罹患耳癌医治无效,在上海病逝。10 月 7 日,延安《解放日报》作为中共中央机关报第一次正式报道了邹韬奋去世的消息,并开始了对邹韬奋的纪念和传播。

延安《解放日报》中邹韬奋的传播数字图景

(1944 年 10 月 7 日—1946 年 8 月 5 日近两年时间,单位：篇/幅)

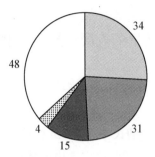

□ 纪念性稿件　■ 遗作及其连载　■ 其他新闻稿件
⊞ 题词　□ 涉及版面

据笔者不完全统计,从 1944 年 10 月 7 日到 1946 年 8 月 5 日将近两年的时间里,延安《解放日报》一共发表有关邹韬奋的稿件 80 篇(其中纪念性稿件 34 篇,邹韬奋遗作及连载 31 篇,其他新闻稿件 15 篇),题词 4 幅(1944 年 11 月 22 日毛泽东、朱德、陈绣禹和高岗各题词 1 幅),涉及 48 个版面(其中头版共 9 个版面,尤其是 1944 年 10 月 7 日,除了一篇简讯以外都是关于邹韬奋的稿件,几乎是头版整版。此外,还有 1944 年 11 月 22 日共 3 版的"邹韬奋先生逝世纪念特刊",1945 年 7 月 24 日第四版整版的"邹韬奋先生逝世一周年纪念"专刊,以及 1946 年 4 月 27 日到 5 月 31 日第四版共 30 版的邹韬奋遗作《患难余生计》)。

延安《解放日报》有关邹韬奋的数字图景,显示了邹韬奋在延安《解放日报》中的传播规模。总体而言,84 篇稿件、48 个版面的规模可谓盛况空前,而新闻稿、纪念稿和遗作的混杂,加之头版、头版整版、纪念特刊和纪念专刊的并用,则表达了延安《解放日报》作为中共中央机关报对邹韬奋的极度彰显。

可以看出,邹韬奋是延安《解放日报》高度关注和极力传播的典型文本，其政治意义、文化内涵、新闻价值和传播意义都被赋予了特殊的色彩。

二、传播的表层：褒扬与纪念

邹韬奋是中国现代著名的民主斗士和职业新闻活动家，他创办了包括《生活》《新生》《大众生活》《生活日报》等在内的 7 种报刊，并积极投身中国的民主事业，虽屡遭迫害，却百折不挠。邹韬奋主张民主、反对专制、追求自由的精神，和中共的政治主张不谋而合。邹韬奋宣称，他的报刊要做"人民的报纸"，其"两大目的是努力促进民族解放，积极推广大众文化"[①]。他主张，"新闻要完全做人民的喉舌，新闻要完全做人民的耳目"。他的报纸"可以容纳不同甚至相反的主张，但是不能一步离开抗敌救亡的大目标"[②]，其主要功能是要"灵敏地意识到社会大众的真正要求，代表着社会大众的真正的利益"，"教育大众，指导大众"[③]。他还积极参加各种抗日民主救亡运动，"七君子事件"就是典型事件。

延安《解放日报》对邹韬奋的办报理念和政治主张进行了热情讴歌，并给予高度评价。毛泽东将邹韬奋的这种精神精辟地阐释为"韬奋精神"，即所谓"热爱人民，真诚地为人民服务，鞠躬尽瘁，死而后已，这就是韬奋先生的精神，这就是他所以感动人

---

① 《创刊词》，《生活日报》，第 1 号，1936 年 6 月 7 日。

② 《〈生活日报〉的创办经过和发展计划》，《生活日报》（香港），第 55 号，1936 年 7 月 31 日。

③ 邹韬奋：《领导与反映》，《新华日报》，1941 年 1 月 1 日。

心的地方"。④ 朱德称之为"爱国志士，民主先锋"⑤。中共中央的唁电则以组织的身份对邹韬奋进行了全面的概括和评价，"韬奋先生二十余年为救国运动，为民主政治，为文化事业，奋斗不息，虽坐监流亡，决不屈于强暴，绝不改变主张，直到最后一息，犹殷殷以祖国人民为念，其精神将长在人间，其著作将永垂不朽。"⑥

由此可见，无论是作为政治组织的中共，还是中共领袖及其他高级领导者，都对邹韬奋从专业理念到政治追求给予了全面褒扬。在延安《解放日报》的历史中，对一个党外民主人士赋予如此高的评价，可谓罕见，而其热情之盛，可谓空前。为此，一些重要的事项也逐步开始规划，如提议将华北书店改名为韬奋书店，向边区政府建议设立韬奋文化奖金，编印先生著作选集。同时，基金为一千万元的韬奋出版奖金在延安市政府的倡导下建立。

在对邹韬奋给予高度评价之后，延安《解放日报》组织了规模宏大的纪念活动，中共从政治领袖到高级知识分子都积极地撰写文章，追念邹韬奋的可贵精神，以此表达一个特定政治组织对一个民主人士的哀悼与讴歌。

1944年10月7日，延安《解放日报》在头版用几乎整版的规模集中对邹韬奋的逝世进行了报道。《邹韬奋先生事略》记述了邹韬奋的生平事迹，《邹韬奋先生遗嘱》则以遗嘱的方式展现了邹韬奋的高风亮节，《中国文化界先进战士邹韬奋先生病逝

---

④ 延安《解放日报》，1944年11月22日，"邹韬奋先生逝世纪念特刊"第1版，毛泽东题词。

⑤ 延安《解放日报》，1944年11月22日，"邹韬奋先生逝世纪念特刊"第2版，朱德题词。

⑥ 社评《中共中央电唁邹韬奋家属》，延安《解放日报》，1944年10月7日，第1版。

弥留时呼唤：全国坚持团结抗战早日实行真正的民主政治》、《悼邹韬奋先生》和《中共中央电唁邹韬奋先生家属》则无不以组织的声音表达了哀悼和追念之情。

之后,1944 年 10 月 25 日,延安《解放日报》第四版刊了郭沫若的《邹韬奋先生哀词——在追悼会上讲演稿》。郭沫若饱含深情地说,"你并没有离开我们,你还活着,你还活在我们每一个人的心里,每一个青年的心里,千千万万人民大众的心里。你是活着的,永远活着的,从中国历史上,从我们人民的心目中,谁能够把邹韬奋的存在灭掉呢?"[7]

纪念规模最为隆重的要数 1944 年 11 月 22 日共 3 版的"邹韬奋先生逝世纪念特刊"了。这期特刊刊载了共 27 篇纪念性稿件,撰写者主要是中共高层领导和中共党内高级知识分子。中共高层领导中除了毛泽东和朱德的上述题词外,陈毅的《纪念邹韬奋先生》、凯丰的《纪念韬奋先生》和陈伯达的《纪念邹韬奋先生》是其代表,它们都对邹韬奋进行了高度评价。无疑,他们的评价带有强烈的组织意识和政治导向,侧重于对邹韬奋政治理念的张扬。

相比之下,纪念群体中,党内高级知识分子更具有某种主体性,他们兼具组织角色和个体知识分子的双重身份,尤其是个体知识分子的本质特征,与邹韬奋作为民主人士和新闻专业主义知识分子的身份有着高度的契合,这就在某种意义上增加了纪念的妥帖性和深刻性。其中较为突出的有续范亭的《追悼邹韬奋先生之死 想到一切人之死》、徐特立的《韬奋的事业与精神》、柳湜的《我们这一代正需要的精神》、张宗麟的《永远前进的

---

[7] 郭沫若:《邹韬奋先生哀词——在追悼会上讲演稿》,延安《解放日报》,1944 年 10 月 25 日,第 4 版。

精神》、艾思奇的《中国大众的立场》、何干之的《最可爱的人格》、徐懋庸《由服务大众到得到力量》和张仲实的《一个优秀的中国人》等。这些文章以个体知识分子的视角对邹韬奋的精神内涵进行了深度挖掘，服务大众、人格力量和精神气度是关注的焦点，而全面审视和系统阐释则是传播特征所在。党内高级知识分子的纪念还体现在《邹韬奋先生与青年》（共9篇）、《韬奋先生的生活、工作、战斗》（共6篇）栏目的开辟，一批更富人性、更具有个人色彩的文章，以生活细节的追忆呈现了一个有血有肉、生动可感的青年导师和民主斗士形象，令人动容。前者较为突出的有朱婴的《教青年认识了革命真理》、胡绩伟的《决心向你学习》、李文的《循循善诱》、鲁史的《我不敢忘记我的恩师》和徐一峰的《我怎能忘记你》等，后者有茅盾的《始终保持着天真》、沈钧儒的《一生写作劳瘁》、范长江的《大公无私　虚怀若谷》、钱俊瑞的《"我就是这样，看你怎么办？"》、艾寒松的《严拒利诱》、沙千里的《与检察官斗争》和胡绳的《在东江抗日根据地》等。可以看出，个人品德、师生情谊和生活细节等是知识分子视角的核心，还原邹韬奋作为一个个体"人"的精神气度，并加以生动展现，是其目的所在。

　　1945年7月24日第4版的《邹韬奋先生逝世一周年纪念》是另外一个纪念专刊，共有5篇文章，分别是黄炎培的《韬奋逝世一周年纪念稿》、张仲实的《不屈不挠尽善尽美的作风》、张宗麟《韬奋先生逝世周年纪念》、艾思奇的《血肉相连》和鲁果的《十一月二十二日》等。一周年之际，延安《解放日报》对邹韬奋进行了进一步的解读，值得注意的是，中共高层领导在组织定位业已成型的情况下缺席了此次周年纪念活动，所以纪念的主体就完全被高级知识分子所占据。知识分子在组织定位之下，进一步深入挖掘邹韬奋作为中国现代知识分子和专业新闻报人的深刻内涵,更加契合邹韬奋的身份特征,思考更加全面、更加系统、更加深刻。这是延安《解放日报》对邹韬奋的最后一次媒介呈现,褒扬和纪念依然是中心议题。

此外,对邹韬奋遗作的刊载,也是延安《解放日报》纪念邹韬奋的特殊形式。1944 年 10 月 8 日延安《解放日报》第 2 版刊载了邹韬奋的最后遗作《对国事的呼唤》。在这篇遗作中,邹韬奋阐述了自己对国事的主张之后,深情地说,"我个人的安危早置度外,但我心怀祖国,眷恋同胞,苦思焦虑,中夜彷徨,心所谓危,不敢不告"⑧,忧国忧民之心跃然纸上。1946 年 4 月 27 日到 5 月 31 日,延安《解放日报》在第四版共用 30 版的篇幅,连载了邹韬奋的遗作《患难余生计》,全文分为三章《流亡》、《离渝后的政治形式》和《进步文化的遭难》,共 7 万余字。用如此规模连载一个党外人士的作品,这在延安《解放日报》历史上也是绝无仅有的,足见延安《解放日报》对邹韬奋的重视。

三、传播的衍化:改写和保留

毫无疑问,延安《解放日报》对邹韬奋的传播策略是以褒扬和纪念为基调,但是在此基调之下,延安《解放日报》对邹韬奋表现了更加深刻、更为复杂的传播内涵。最为集中的表现就是遗嘱的变化,它体现了延安《解放日报》对邹韬奋的改写和保留。

1944 年 10 月 7 日,延安《解放日报》刊载了一篇名为《邹韬奋先生遗嘱》的稿件,追悼邹韬奋。这篇遗嘱也成为邹韬奋遗嘱的定版,广为流传。

---

⑧ 邹韬奋:《对国事的呼唤》,延安《解放日报》,1944 年 10 月 8 日,第 2 版。

"我自愧能力薄弱，贡献微少，二十余年来追随诸先进，努力于民族解放、民主政治和进步文化事业，竭尽愚钝，全力以赴，虽颠沛流离，艰苦危艰，甘之如饴。此次在敌后根据地视察研究，目击人民的伟大斗争，使我更看到新中国光明的未来。我正增加百倍的勇气和信心，奋勉自励，为我伟大祖国与伟大人民继续奋斗。但四五年来，由于环境的压迫，我的行动不能自由，最近更不幸卧病经年，呻吟床褥，竟至不起。但我心怀祖国，怀念同胞，愿以最沉痛迫切的心情，最后一次呼吁全国坚持团结抗战，早日实行真正的民主政治，建立独立自由幸福的新中国。我死后，希望能将遗体先行解剖，或可对医学上有所贡献，然后举行火葬，骨灰尽可能带往延安。请中国共产党中央严格审查我一生奋斗历史，如其合格，请追认入党，遗嘱亦望能妥送延安。"⑨

2004 年，一篇有关邹韬奋遗嘱的文章引起了轩然大波，延安《解放日报》版邹韬奋遗言的原始性因此受到了质疑。2004 年 7 月 20 日，《光明日报》刊登了邹韬奋女儿邹嘉骊写的《徐伯昕记〈遗言记要〉是韬奋遗嘱的原始版》一文。邹嘉骊的文章说，这份遗书是徐伯昕次子徐敏代表徐家给她的。

"簿子薄薄的，小 16 开本稿纸大小，共 33 页，薄牛皮纸做的封面、封底，簿内有五篇文稿，全是直行书写。第一篇是无格白色纸，占 1 页，正反面直行书写，题为《遗言记要》，下注"卅三年六月二日口述"。第二篇是红格稿纸，占小半张纸，题为《家属近况》，一百多字，记有祖父邹庸倩、大姑母

---

⑨《邹韬奋先生遗嘱》，延安《解放日报》，1944 年 10 月 7 日，第 1 版。

邹恩敏等八位家属的年龄、住址。按内容推测,近似简介。文后有简单记事:1、遗像,2、遗嘱,3、讣告,4、事略,5、新闻电稿。文首写有"钱处"二字。第三篇是第一篇的整理稿,占1页,下注"六月二日口述",未注年份。第四篇是一张白色无格片艳纸,占1页,末尾书"民国卅二年十月廿三日写于病榻",是韬奋《对国事的呼吁》一文的遗墨手迹。第五篇也是用的红格稿纸,占29页,是徐伯昕写的《韬奋先生的一生》,文尾缺页,全文未完。"[10]

邹嘉骊经过对簿子里《韬奋先生的一生》一文的字迹和《遗言记要》的字迹作对照,可以确认字迹出自一人之手。邹嘉骊最后断言,"由此可以推定,《遗言记要》是由父亲口述、徐伯昕叔叔手书的。它记录了1944年6月2日的情景,父亲向身边的战友们口述他最后的嘱咐,一件件,一句句,一点、两点、三点,口语化,生活化,充满着对国家、对世界的爱恋深情。整篇文稿,今日读来,仍如亲历其境,深切地感受到当时凄凉悲壮的气氛。"[11]由此可以推断,徐伯昕记《遗言记要》是韬奋遗嘱的原始版本,而延安《解放日报》版的邹韬奋遗嘱是经过改写的版本。

徐伯昕记《遗言记要》全文如下:

"我患此恶疾已达年余,医药渐告失效。头部疼痛,日夜不止,右颊与腿臀等处,神经压迫难受;剧痛时太阳穴如刀割,脑壳似爆裂,体力日益瘦弱,恐难长久支持。万一突

⑩ 邹嘉骊:《徐伯昕记〈遗言记要〉是韬奋遗嘱的原始版》,http://www.gmw.cn/03pindao/shuping/2004-07/20/content_60973.htm。

⑪ 邹嘉骊:《徐伯昕记〈遗言记要〉是韬奋遗嘱的原始版》,http://www.gmw.cn/03pindao/shuping/2004-07/20/content_60973.htm。

变,不但有累友好,且可能被人利用,不若预作临危准备,妥为布置一切,使本人可泰然安眠。倘能重获健康,决先完成《患难余生记》,再写《苏北观感录》《各国民主政治史》,并去陕甘宁边区及冀察晋边区等抗日民主根据地,视察民主政治情况,从事著述,决不做官。如时局好转,首先恢复书店,继办图书馆与日报,愿始终为进步文化事业努力,再与诸同志继续奋斗二三十年!

一、关于临终处理:

1. 万一突变时,即送医院,转交殡仪馆殡殓,勿累住处友人。

2. 消息勿外泄,以免被敌造谣中伤,或肆意利用。

3. 遗体先为名医解剖检验,制作报告,或可对医药界有所贡献,而减少后人重犯此恶疾之痛苦。继即举行火葬。

4. 即派人通知雪(注:徐雪寒)、汉(注:潘汉年),转告周公(注:周恩来),如须对外发表遗言,可由周、汉全权决定内容,电告各地。

5. 火葬骨灰,尽可能设法带往延安,请组织审查追认,以示我坚决奋斗之决心。

二、关于著作整理:

1.《患难余生记》第一部分与恶势力斗争,已在病中写完,第二部分为《对反民主的抗争》,可用香港华商报发表之专论辑成,第三部分与疾病斗争,可由沪地及苏北友人分写完成。

2. 过去著作,《萍踪寄语》《萍踪忆语》及《抗战以来》等书尚可印行,但最好能将全部著作重加整理。如能请愈之审查,可由其全权决定取舍或增删。

三、关于家属布置:

1. 家中尚有老父在平，以后可由二弟、大妹、及二妹照料，不需我全部负担。

2. 与妻共同生活二十年，不能谓短，今后希望参加社会工作，贡献其专长。

3. 大宝、二宝，从小专心机件构造，有志于电机工程，可予深造。我此次患病，感于医生亦甚重要，如二宝愿习医学，在高中毕业后，即入医科攻读。小妹爱好文学，尤喜戏剧，曾屡劝勿再走此清苦文字生涯之路，勿听，只得注意教育培养，倘有成就，聊为后继有人以自慰耳。

4. 我二十余年努力救国工作，深信革命事业之伟大，今后妻子儿女，亦应受此洗炼，贡献于进步事业，或受政治训练，或指派革命工作，可送延安决定。

四、关于政治及事业意见：

1. 对政治主张，始终不变，完全以一纯粹爱国者之立场，拥护政府，坚持团结，抗战到底，能真正实行民主政治。

2. 对事业希望能脚踏实地从小做起，一本以往服务社会与艰苦奋斗之精神，首先恢复书店，继则图书馆与日报。

3. 至于事业领导人，愈之思虑周密，长于计划，尽可能邀其坐镇书店，主持领导。仲实做事切实，亦应邀其协同努力。办报时仲华与仲持，亦可罗致。

五、关于其他方面：

1. 如能查得愈之安全消息，速设法汇款前去，以资补助。

2. 伦敦购回之英文本古典政治经济史与马恩全集，盼能保存于将来创立之图书馆中，以留纪念。"⑫

---

⑫ 邹嘉骊：《徐伯昕记〈遗言记要〉是韬奋遗嘱的原始版》，http：//www. gmw. cn/03pindao/shuping/2004-07/20/content_60973. htm

在邹嘉骊看来，徐伯昕版《遗言记要》更加"口语化"、"生活化"，更加"周到"，更加"详尽"，"既交代善后，又期盼着生的希望"，"充满着对国家、对世界的爱恋深情"，同时又渗透着"忍受'恶病'带来的巨大折磨和痛苦"时的"凄凉悲壮"，更加符合邹韬奋当时的语境。然而，原始版的遗嘱缘何衍化为延安《解放日报》版的遗嘱了呢？邹嘉骊的解释是，邹韬奋去世后，"由掩护的同志们决定：请徐伯昕和张锡荣分赴淮南和重庆向党报告。徐伯昕叔叔带着'韬奋遗嘱'于8月中旬到达苏中根据地华中局"，完成了组织手续的交接。这是为了遵守遗嘱中"消息勿外泄，以免被敌人造谣中伤，或肆意利用"的嘱托，而延安《解放日报》版遗嘱的产生则因"如须对外发表遗言，可由周（周恩来，笔者注）、汉（潘汉年，笔者注）全权决定内容，电告各地"，而获得了合法性。作为邹韬奋的家属，邹嘉骊对延安《解放日报》版的遗嘱表达了由衷的赞赏：

> "发表的《遗嘱》，简化了原始版中很多具体条款，隐去了人事上的设想和安排，变口语化为文字化，有精神，有原则，又讲究策略，文字简练，有条理。很多老同志回忆当年读《遗嘱》时的情景，犹激动不已，深切怀念，有的说是读了韬奋的遗嘱，坚定了自己的革命信心，有的说是读了韬奋的遗嘱，激励自己，申请加入了共产党。"⑬

细细品之，邹嘉骊的语言是耐人琢磨的。作为邹韬奋的家属，一方面为遗嘱原版的问世而倍感欣慰，同时，也因遗嘱原版

---

⑬ 邹嘉骊：《徐伯昕记〈遗言记要〉是韬奋遗嘱的原始版》，http://www.gmw.cn/03pindao/shuping/2004-07/20/content_60973.htm。

的失落而遗憾。出于对主流话语的迎合，邹嘉骊对延安《解放日报》版遗嘱的急切认同是可以理解的。但是这样的简单认同，在与特定语境保持一致的同时，却掩盖了改写的深刻机理。

总体而言，延安《解放日报》版的遗嘱体现出鲜明的改写话语特征，首先是外在的形式改写，由朴素真挚的口语风格转变为简洁凝练、慷慨激昂的书面语风格；其后是内容的改写，从事无巨细、情真意切、家国兼顾的周全安排，到重点分明、忧国忧民的激情表白，既有删繁就简，也有刻意掩饰和政党化改造，表达了由生活逻辑到政治逻辑的过渡，拔高和保留杂陈。其三是授权的合法性和改写裂变之间的冲突。这种演化反映的是延安《解放日报》作为中共中央机关报复杂的政党化改写逻辑。

细细究之，延安《解放日报》版的遗嘱短小精悍，格调高亢，语言铿锵有力，革命激情溢于言表。这完全契合中共的政治逻辑和表述风格。它表达的是对中共的高度皈依和强烈认同，是中共组织化改写的结果。它既是召唤，也是接纳，更是同化。此中，有意地拔高和刻意的掩饰是改写的深层逻辑。

一方面它有意拔高了邹韬奋的政治境界。徐伯昕记《遗言记要》中，邹韬奋坚持其民主斗士的政治立场，即所谓"完全以一纯粹爱国者之立场"，且"拥护政府，坚持团结，抗战到底，能真正实行民主政治"。需要强调的是，这里的"政府"是指蒋介石主政的"国民政府"，而不是"边区政府"。而且，邹韬奋心目中的关于政治及事业的理想状态是，"视察民主政治情况，从事著述，决不做官。如时局好转，首先恢复书店，继办图书馆与日报，愿始终为进步文化事业努力，再与诸同志继续奋斗二三十年"，完全是一个自由民主知识分子的口吻。尽管遗嘱中有"火葬骨灰，尽可能设法带往延安，请组织审查追认，以示我坚决奋斗之决心"的表达，同时也有"今后妻子儿女……或受政治训练，或指派革命工作，可送延安决定"的嘱托，但是这也仅仅表达的是一种特定的政治认同和奋斗决心，并非如延安《解放日报》版遗嘱中那种义薄云天、万流归海般的无产阶级革命战士形象。

另一方面，延安《解放日报》版遗嘱刻意掩饰了邹韬奋的个性追求和政治保留。邹韬奋向往个性自由的知识分子生活，他厌弃做官从政，向往著书立说，从事文化事业，追求民主自由，这是他的最大理想。究其本质而言，邹韬奋穷其一生依然秉持的是张扬个体意识的独立知识分子立场。同时，邹韬奋对其老父、妻子和子女的安排周密细致，情深意厚，字字句句，感人肺腑。这是邹韬奋作为个体最富人性的地方，然而，在延安《解放日报》中它们却被删去了。当人性的光辉，甚至生活的细致生动被冷静的政治逻辑所遮蔽，邹韬奋在获得政治资本的同时，却弱化了个性的力量，"邹韬奋"由此被固化和片面化。

此外，需要特别强调的是，延安《解放日报》还对邹韬奋进行了刻意保留。如上文所说，尽管邹韬奋对国民党政府的专制强烈不满，也因国民党政府不能有效抗日而愤慨，但是他依然拥护国民党主政的中央政府，支持团结，而且持"完全以一纯粹爱国者之立场"，这与国共激烈斗争中的中共政党立场并不吻合，在某种意义上说，还有一定的偏离甚至冲突。邹韬奋的这种立场其实也反映了邹韬奋内在的矛盾和冲突，而这却恰恰是符合当时特定社会语境的。因为无论如何，国民党政府是当时中国的合法政府，代表中国正在进行着反击侵略的民族战争，所以拥护合法的中央政府是历史语境使然。然而，国民党的腐朽统治又使邹韬奋非常失望，并对作为新生力量的中共产生了强烈的向往。这就形成了邹韬奋内在矛盾与冲突，反映到遗嘱上，就有了拥护中央政府与向往中共和延安，以及倾向政党政治与醉心独立知识分子立场之间的冲突，这种复杂性是当时民主进步人士和独立知识分子的共同特征,也是一个时代的鲜明印记。换言之,政治保留是邹韬奋独立知识分子身份的显著内涵,而遮蔽这种政治保留,则是延安《解放日报》乃至中共对邹韬奋的另一种意义上的保留。它是容纳,也是同化,它彰显了延安《解放日报》作为中共中央机关报的媒介话语特征。

结语

延安《解放日报》中的邹韬奋是作为一个典型出现的,他指代的是反对暴政、追求民主自由、民族解放的民主斗士,是出师未捷身先死的革命急先锋。延安《解放日报》用空前的规模对其进行了热情褒扬和深情追念,显示了特殊的传播策略。延安《解放日报》将表层的褒扬和纪念与深层的改化和保留结合起来,表达了政治至上、组织为本的政党传播思维。它成功地塑模了邹韬奋的光辉形象,并借此宣扬了中共的政治理念,达成了双赢的传播效果。同时,通过对遗嘱的改写,延安《解放日报》对邹韬奋进行了有效的改化,它巧妙地遮蔽了邹韬奋的政治保留和个性特征,从而将邹韬奋作为自由民主志士、独立知识分子和人性化个体的复杂性悄然删除。这样的传播策略固然可以起到拔高和美化的作用,但是它也将邹韬奋的历史复杂性和内在深刻性一并遮蔽,延安《解放日报》的传播政治和邹韬奋的历史逻辑就此产生了纠葛。究其本质而言,它反映的是特定传播机制的内在矛盾和冲突,它在彰显了传播活力的同时,也暴露了传播机制的先天贫血。它如此真切地凸显了一代新闻人的复杂命运,同时也彰显了中国现代政党化新闻宣传的传播纠结。

"救国无罪"

——七君子事件中的新闻报道

高　明

一、引言

1931年，日本帝国主义发动"九·一八"事变，迅速吞并了中国东北，随后日军继续南下，强占了热河，控制了内蒙古，并不断进攻华北与上海等地，制造了一个接一个侵略挑衅事件。中日民族矛盾开始上升为这一时期的主要矛盾。南京国民政府却一味退让，实行"攘外必先安内"与"不抵抗"的政策。所有这一切，引起了广大中国人民深深的忧虑与极大的愤怒。全国抗日救亡运动日益高涨。1935年年底，北平爆发了"一二·九"学生爱国运动，全国各地热烈响应。

1936年1月28日，上海各界救国联合会宣告成立。之后，北平、南京、武汉、天津等地也成立了各界救国会。5月31日至6月1日，在上海举行全国各界救国联合会成立大会，出席大会的有全国20多个省市60多个抗日救国团体的代表70多人。大会通过了《全国各界救国联合会成立大会宣言》《抗日救国初步政治纲领》和《全国各界救国联合会章程》，申明全国各界救国联合会是一个全国统一的联合救国阵线，以团结全国救国力量、统一救国方针、保障领土完整、图谋民族解放为宗旨，号召全国人民团结起来,反对内战,一致对外,抵抗侵略,建立统一的抗敌政权。大会选举宋庆龄、何香凝、马相伯、邹韬奋等 40 多人为执行委员,沈钧儒、章乃器、李公朴、史良、沙千里、王造时、孙晓村、曹孟君、何伟等 14 人为常务委员。

全国各界救国联合会的成立,进一步从政治上、组织上巩固和扩大了全国抗日救国运动的阵地。大会向全国各党各派建议:立即停止军事冲突,释放政治犯,各党各派立即派遣正式代表进行谈判,制定共同救国纲领,建立一个统一的抗日政权等。7 月 15 日,沈钧儒、章乃器、陶行知、邹韬奋联名发表题为《团结御侮的基本条件与最低要求》的告全国同胞书,全面阐述了救国会的立场,表示赞同中国共产党提出的停止内战、一致抗日的主张,要求国民党改变"先安内后攘外"的方针,联合红军,共同抗日。①

8 月 10 日,毛泽东致函上海全国各界救国会领导人章乃器、陶行知、邹韬奋、沈钧儒并转救国会全体成员,在这近 6000字的信中,毛泽东阐明了中国共产党对全民族抗战的建立抗日民族统一战线的诚意和基本政策,高度评价了东北人民的抗日斗争。② 11 月 12 日救国会举行了纪念孙中山的活动,担任主席团成员的史良要求国民党政府停止内战、联俄容共、扶助农工。救国会多次同情中共的举动惹恼了急于清共的国民党,也得罪了上海的日军。当时日本驻沪总领事若杉要命令领事峙寺英成

---

① 《生活知识》第二卷第六期(1936 年 8 月 5 日)

② 《苏维埃政府领袖毛泽东先生致章陶邹沈四先生》,《救国时报》1936 年 10 月 30日。刘少奇主持下的中共河北省委机关刊物《火线》于 8 月 31 日全文刊发了毛泽东的信;中共驻共产国际代表团则将此信译为英文。这封信和同一天《救国时报》第三版发表的《中国共产党致中国国民党书》一起成为《救国时报》最先以整版篇幅发表毛泽东的著作,随后苏联杂志《太平洋》也全文发表了毛泽东的信。

约见国民党上海市政府秘书长俞鸿钧,要求逮捕救国会成员。③

南京国民政府于 1936 年 11 月 23 日,以"危害民国"罪在上海逮捕了救国会领导人沈钧儒、章乃器、邹韬奋、史良、李公朴、王造时、沙千里等 7 位救国会的领导人。宋庆龄、何香凝因为她们特殊的身份与崇高的威望,南京政府未敢抓他们。1937 年 4 月 5 日,南京政府检视厅的检察官以"危害民国紧急治罪法"第六条,对"七君子"提起公诉,罗织了他们十条罪名。6 月 11 日与 6 月 25 日,苏州江苏高等法院两次开庭对"七君子"审判。"七君子"在广大人民的支持下,在法庭上进行了义正词严的斗争。审判长最后只得宣布暂时退庭评议。抗战全面爆发后,7 月 31 日,南京国民政府通过江苏高等法院裁定,具保释放"七君子",七君子于当天同时出狱。直至 1939 年 1 月 26 日,已内迁到四川重庆的国民政府,由四川高等法院第一分院宣布撤回对"七君子"的起诉。至此,"七君子"爱国冤案才最终结束。④

本文拟分成三个阶段,对报刊中七君子事件过程中的新闻报道报道做一个简单梳理。

二、被捕至提起诉讼阶段(1936. 11. 23—1937. 4. 2)

沈钧儒等人 11 月 22 日深夜被抓之后,上海市公安局曾下达禁令,不许各报刊发消息。但《华美晚报》和《立报》未按禁令行事,前者标列出被捕 7 人名单。上海当局因证据不足等原因而将七人交保,23 日深夜再度抓捕。

国民党的党报《中央日报》和中央社则是这个时期新闻报道

③《揭开"七君子"事件的内幕——日本外交档案摘译》,《档案与史学》2004 年 2 期。
④ 谢守平、王荣地、陈亮:《"七君子"案件档案选》,《历史档案》1985 年 3 期。

的主要来源。11月25日《中央日报》以《沈钧儒等昨再被逮,邹韬奋自投法院》为题刊发消息。这篇报道的内容极为简单,位于第四版的中下位置:"沈钧儒、李公朴、王造时、沙千里二十四日晨再被捕,解高二分院。二十四日下午裁定,沈李王移解公安局,沙暂押候审。又邹韬奋二十四日下午四时许偕律师亲投法院,法官谕令暂押,章乃器踪迹不明,史良已赴苏,法院限两被告辩护律师二十四日晚十一时前,将两被告交到,开庭审讯。"接下来的篇幅均不大,但动态跟踪,努力保持不漏报。譬如12月1日以《沈钧儒等仍押公安局,杜月笙等昨日往访》:"本报三十日上海专电:沈钧儒等仍押公安局优待室,杜月笙等三十日午往访,现沈等日以弈棋练拳消遣。"

作为上海滩发行量最大的报纸,《申报》自然也非常关注七君子事件。1936年11月25日以《李公朴等七人前晚保释昨又传讯》为题公开报道了七君子第二次被逮捕的消息。11月26日《申报》转载了中央社的电文《市府正式发布李公朴被捕经过》,正式发布了七君子被捕的情况。12月3日转载中央社新闻《沈钧儒等移送高法院》。12月5日,《苏州明报》刊登了《沈钧儒等6人被押解苏州》的新闻。此后,《苏州明报》《大公报》《申报》《救国时报》《东方》等报刊不断跟踪报道事态的发展变化。其中《申报》独辟蹊径,在国民政府的高压政策下,在12月13日、15日、21日、22日、26日分别以《史良有函请展期》《唐豪等劝史良投案》《史良尚未投案》《唐豪昨晨赴苏探视史良行踪》《史良仍在上海》为题聚焦于七君子中唯一的女性史良,直至其在12月30日赴苏州高院投案自首。

《大公报》12月1日以《沈钧儒等六人在公安局中之生活》则开启了七君子事件中对狱中生活的追踪。《大公报》12月2日以《七人被捕之后之家庭状况》聚焦于七君子的家人的生活情况,以期博得更多民主的关注,同日《沈钧儒等六人案杂感》则建议国民党政府采纳不同的意见。

七君子被捕的消息传出后,中国共产党中央委员会立即通电营救。延安的《红色中华》以《反对南京政府实施高压政策》为题,报道了韬奋等人被捕的消息。⑤ 作为中共在国外从事抗日宣传的机关报,在莫斯科编辑、在法国巴黎出版的《救国时报》此时则刊发了大量有关七君子的报道,包括对海外华侨反响的报道、国际社会各界反响的报道、对国内各界反响的报道、对宋庆龄及国民党左派人士的报道、对中国共产党反响的报道。⑥ 例如报道了海外友人对七君子事件的关注:1936 年 12 月 8 日刊载了《英国名流罗素等营救章乃器等七人》的报道:中国人民的朋友们对于全国各界救国联合会领袖们之被捕,非常关怀我们相信,这种逮捕是由日本主使,因为日本害怕中国的统一与自由我们希望立即释放被逮捕的抗日志士;1937 年 2 月 5 日刊载了《美国学界泰斗杜威等营救救联七领袖电》的电文;1937 年 4 月 5 日又刊载了《世界和平会议各国代表联名要求释放章乃器等七人电》。《立报》3 月 29 日刊载了《杜威博士的关怀》。

此时的舆情主要在社会上层流动,不仅中国共产党与社会各界爱国团体、爱国人士群起反对,南京国民政府上层的许多有识之士也认为欠妥。于右任、孙科、冯玉祥等 20 多人致电蒋介石,要求"慎重处理"。⑦ 张学良亲自飞往洛阳见蒋介石,要求释放"七君子"。但这些正义的呼声均为蒋介石拒绝。1936 年 12 月 12 日,张学良、杨虎城在西安发动兵谏,囚禁了蒋介石,通电

---

⑤ 周天度《救国会》,中国社会科学出版社 1981 年版,第 216 页,转引自陈挥《韬奋评传》,上海交通大学出版社 2009 年版。

⑥ 陈文胜《〈救国时报〉与七君子事件》,《兰台世界》2012 年 31 期。

⑦ 《宋庆龄冯玉祥等营救七君子电函选》,《民国档案》1985 年 2 期。

全国,再次要求释放"七君子"。南京政府方面在谈判中答允了此项要求,但在蒋介石获释回到南京后,仍坚持要对"七君子"提起公诉。国民党中央秘书长叶楚伧两次请杜月笙、钱新之出面调停,称只要七人出具悔过书即可交保释放,但都被沈钧儒等严词拒绝。

三、提起诉讼至开庭(1937.4.3—1937.6.10)

在此阶段,中共中央仍然通过各种努力营救七君子。4月15日,周恩来致函蒋介石,要求释放韬奋等爱国知识分子。在群情激愤的情况下,国民党政府慌了手脚,七君子被关押的四个多月的时间里,两次拖延侦察期。此时外埠媒体亦开始关注七君子事件,北平的《民众周报》第一卷第九期刊登署名琴南《日纱厂罢工继续扩大,上海救国会主要份子邹韬奋等再被捕》的文章,直指此次事件是日本人在背后搞阴谋。《南京新报》4月9日以《对沈章案所引起之感想》进行了评论。

1937年4月3日,检察官翁赞年提交起诉书,控告七君子"以危害民国为目的而组织团体,并宣传与三民主义不相容之主义""共犯《危害民国紧急治罪法》第六条之罪"。为了支持控罪,他还列举十大罪证。起诉书认为:全国各界救国联合会主张"建立起来一个统一的救国政权",系不承认现有政府,欲另组政府。被告所主张的"人民救国阵线"与共产党之"人民阵线"系同一名词,而且在其出版物中也有"赞成中国共产党和中国红军这一个政策"。被告向张学良拍发电报,"要求中央立即停止南京外交谈判,发动全国抗日战争",不久张学良即发动"西安事变",可见其"勾结军人,谋为轨外行动,驯至酿成巨变,国本几乎动摇,名为救国,实则害国,要属无可讳言"。

　　"七君子"的律师团、救国会的负责人以及部分社会贤达于上海香港路银行俱乐部召开辩护律师会议,历时 4 小时,最后由张志让执笔,草成一篇长达两万言的答辩书。但是,当时上海各家报纸由于受国民党新闻检查所的压力,只刊载了"起诉书",却拒不登答辩状。为了使广大读者了解真实情况,救国会决定派胡子婴到《大公报》,设法说服其把答辩状发表出来。

　　上海《大公报》6 月 8 日第一版刊登了《沈钧儒等答辩状》,因文字较多,分三天连载。《大公报》是全国影响较大的报纸,《沈钧儒答辩状》一经刊登,在广大读者中引起很大反响,"七君子"事件的真相由此大白于天下。答辩书开门见山直指起诉书"颠倒是非,混淆黑白,摧残法律之尊严,妄断历史之功罪"。律师们主张:救国会之《抗日救国初步政治纲领》明载"救国阵线的共同敌人是日本帝国主义和汉奸";救国会所主张的"和平统一"与蒋介石《统一救亡》演说中"用和平的方法,来处理一切纷乱"是一致的,与政府政策并不相左;至于勾结军人一项,"西安事变"发生之时,被告早已被捕……总之,救国会之工作"无非欲求全国上下团结一致,共御外侮,与政府历来之政策,及现在之措置,均无不合",起诉书对于救国会宗旨及政府政策多有不明之处,所列罪证无一成立,因此应当停止羁押,以雪冤狱。⑧

　　这一时期七君子事件新闻报道的一大亮点是图片报道大量出现,《良友》1937 年第 129 期《狱中七君子》、《中华图画杂志》第五十五期《救国会七君子的狱中生活》、《东方杂志》34 卷 12 期《沈钧儒等的狱中生活》、《中国少年》第 1 卷第 8 期《沈钧儒等的狱中生活》、《中华(上海)》第 55 期《救国会七领袖的狱中生活》、《国讯》1937 年 171 期《七君子偶访记》等都大量登载了七

---

⑧《周恩来书信选集》,中央文献出版社 1993 年版,第 131 页。

君子在狱中生活的照片,给读者以视觉上的冲击。

四、庭辩至出狱(1937.6.11—1939.1.26)

《中央日报》对于 6 月 11 日下午开审的报道,不仅提及公开审理因故临时禁止旁听,还将整个报道将近一半的篇幅给了被告的"供词"。沈钧儒等人的"供词",其实是自我辩护语。《中央日报》所摘要刊出的内容包括:"大会宣言表明系余等共同意见。初步政治纲领,系俞(余)等对政治法律研究所得意见。宣言发布时,正当两广事件发生,希望大家团结统一抗敌政权,一致对外。有句'实行普/选、召集国民大会',系根据孙先生北上宣言召集国民会议之主张,救国会所有文件,只说停止内战,从未提及容共。去年七月,余与章乃器发表小册,主要内容系团结御侮,余等反对中日合作防共,去年十一月通电张学良、傅作义、韩复榘、宋哲元等,请联合援绥,以西安事变责任,加诸余等,殊为奇怪,恳请审判长传张学良作证,因全救会开会时,并无西安代表,可查救亡情报及会议记录。"可见,《中央日报》只对事件动态进行跟踪,国民党当局确曾试图利用公权力钳制舆论,但时势并未允许。

《国民》周刊第一卷七期(1937 年 6 月 18 日)刊载有署名"云"撰写的评论《救国无罪》和记者郑禹采写的《"爱国无罪"案听审记》。在首篇刊发的《救国无罪》评论里,作者披露了"七君子"于 6 月 11 日第一次开审的时候,沈钧儒的供辞说:"救国会只知抗敌救国,不谈主义,救国会倘有主义,那就是抗敌主义,救国主义。"报载各被告对新闻记者的谈话,也说:"我们所争的是救国无罪,而不是为了我们的自由。"评论还披露:这次"七君子"案的开审,舆论界和各界人士都非常注意,各大报纸都用广大篇幅登载关于本案的评论和新闻。上海金融界领袖以及公团，纷纷致电政府为被告请求开释。上海和苏州第一流的名律师，自愿为各被告担任义务辩护。出庭律师多至25人，为国内历年审案所少见。评论最后说，本案倘能撤销法律起诉，而用其他方式解决，以避免造成救国有罪的恶例，却是不幸中的大幸了。本期《国民》周刊还用两个整页的篇幅，刊发了郑禹从现场采写的《"爱国无罪"案听审记》。记者首先描述了6月11日审案前的气氛，冒雨前来旁听的人很多，几位70多岁的老先生中，有特地从上海赶来的张元济、沈卫和陶家瑶等，也有苏州本地有名望的绅士等。记者从上午等到中午，法院突然贴出一张公告，称为了防止有人在法院内破坏秩序，一律不准旁听，遭来一片抗议和咒骂声，而"七君子"闻讯也强烈抗议，决定罢堂。最后，法院作出让步，允许家属和记者进入法庭旁听。下午2时正式开审，最先受讯的是"家长"沈钧儒先生，沈老先生答话很坚决，很从容，当他说着"共产党要吃饭，我们也要吃饭，共产党抗日，我们难道不能抗日？"的时候，大家都很感动，连法官也不好意思再把这一点追问下去了。接着章乃器先生回答时说得特别响亮，特别说到"国亡以后，要爱国也无从爱起，我们主张立即以抗日来爱国"；"对外求抗日，对内求统一"；"联合全民族一切力量抵抗外来侵略"等这几句话时，更加切实而有力。第三个受审的是王造时先生，他发挥了平时演说的天才，"我们需要统一的抗日政权"这是他所特别重提的一名话。以次续审李公朴、邹韬奋、沙千里、史良四位，他们的应答很坚决，也很简捷有力，条理很清晰。这一切，充分显现了，耳闻目睹日寇铁蹄在中国土地上蹂躏，虽没有亲历战火的洗礼，但爱国志士的心却与同仇敌忾的人民一并起伏跳跃。庭审经第一天审问之后，被告方面因法官不允许调查证据，申请回避，第二天后，该案即停止了审判程序。

《申报》在 6 月 12 日以将近半版配图的形式刊发了《沈钧儒等七人危害民国案开审》为题的新闻报道,首次在《申报》上以"七君子"称呼被扣押的七位救国会领袖。《妇女生活》四卷十二期刊以《全国注视下的"七君子"案在苏开审》、《周报》1937 年一卷四期以《沈钧儒等七君子出狱后与为文者合影》为题登载了大量现场的照片。《立报》此时又回归关注家属,以《其人家属访问记》作为特写进行报道,以期待更多群众的支持。此时外埠媒体关注七君子事件逐渐升温。天津《益世报》《北平民报》《北平晨报》纷纷刊文评论七君子事件。

这一时期除了《申报》《天下日报》《群众新闻》等媒体,在华的西文媒体亦开始关注七君子事件。1911 年 8 月 29 日在上海创刊的《大陆报》(*The China Press*)是当时美国在华的主要英文报纸,也是《字林西报》的竞争对手,发行数一度超过《字林西报》。《大陆报》对七君子事件的报道最为频繁,6 月 12 日以《七君子在苏州法庭上宣布救国会的目的是团结抗日,沈钧儒详细阐释救国会目的和行动》(*Salvationists Claim Unity Against Japan Object of Activities*;7 *Leaders of National Salvation Association Face Soochow Court*; *Shen Chun-ju Gives Comprehensive Resume of Aims and Activities*; *Tribunal Bars Many*)为题报道了七君子审判的具体情况,刊登了审判辩护的过程,七个人的基本资料,辩护律师的基本情况等等。如:沈第一个辩护,强烈驳回对其组织反对三民主义的指控。联合各党派,并非共党,在马相伯家开会,用事实证明,关于国民大会代表的选举,章乃器认为他们反对最近政府的选举办法是有道理的。总之该组织只有一个目标:抵抗日本。

6 月 23 日《大陆报》以《七人继续上诉:苏州七君子案被告驳回指控,否认反对政府,目的在于唤醒人们对抗日本》(*Court*

Again Petitioned by 7 Salvationists: Defendants in Soochow Case Ask Dismissal of Charges DENY OPPOSITION TO GOVERNMENT Only Aim Declared to Awaken People Against Japan）为题进行了报道：七人向江苏高级法院递交了诉状，这份 1500 字的文件要求撤销说他们暗中破坏国家安全的指控。这份诉状由 21 位律师提交，诉状声明他们的目的只是唤醒人们对抗日本经济和政治的侵略。这七人和这个组织的其他成员决不会反对政府，激起国家内部矛盾。相反，该组织的领导者的观点和政府官员是一致的。诉状中也写到：该组织反对内战的政治纲领与政府政策大致相同。更进一步说，该组织在立宪主义、全国人民代表大会成员选举和其他国内政治事件上完全一致。政府也采纳了该组织提供的一些建议。最后，诉状说该组织提倡的是和政府一样的政治追求。唯一的不同在于，该组织想要马上执行应急措施。这份诉状从政治事件进行反驳而不是从法律方面。周五早上将会在三位新法官前重新开庭。法官的改变是由被告要求的。

该报 8 月 1 日以《七人自由去南京》（*7 Salvationists Freed to Pay Visit In Nanking*）为题报道了七君子通过四名很有影响力的苏州市民获得保释。亲朋好友听到这个消息赶到苏州法院来欢迎他们。很多人打了长途电话表示祝贺。根据法律规定这七人每人交了 300 美元做保证金。目前他们待在苏州，拜访当地一些官员。接着在返回上海之前他们打算去一趟南京。沈说他还会继续他在该组织的工作。

次日，该报以《七君子的支持者在苏州监狱外等待他们出狱，沈钧儒看起来有些苍白，史良女士长胖了》（*7 Salvationist readers Here from Soochow: Big Welcome Given Group Long Held in Prison AWAIT REPLY FROM CHIANG Shen*

Chun-ju Looks Pale；Miss Liang Gained Weight）为题报道了
七君子出狱后受到的热烈欢迎。

　　1917 年 6 月 9 日在上海创刊的《密勒氏评论报》（The
China Weekly Review），是美国人在中国创办的一份年份最久
最有影响力的报纸。其专稿栏目以西安事变作为分水岭，第一
阶段：1936 年—1936 年 12 月 12 日；第二阶段：1936 年 12 月
12 日—1937 年 7 月 7 日事变，这一时期《密勒氏评论报》的专稿
主要特点是揭露日本干预中国事务，挑起事端的险恶用心；批评
中国国内政治，希望政府早日实现统一；呼吁国共寻求第二次合
作。它秉承的报道风格是尊重事实，敢于揭露事实真相，支持中
国独立。作为一份外国人创办的报纸，它对中国人民的抗日爱
国运动和日本企图灭亡中国的狼子野心进行了详细的报道，深
入揭露了日本侵华的野心和动向，警示中国政府和中国人民要
有清醒的认识，并号召中国人民团结起来一致对外。⑨《密勒氏
评论报》的影响力还扩散到海外，这对于当时中国在道义和舆论
上获得国际的支持有一定的帮助。1937 年 6 月 19 日出版的
《密勒氏评论报》第 81 卷第 3 期以《救国会七君子案在苏州开
庭》（Trial of National Salvationists Opens at Soochow）为题，
配以七君子的大幅图像，报道了救国会七君子在苏州的第一次
审判过程。⑩ 这篇专稿花大量篇幅介绍了七君子在法庭上的自
辩情况，审判只对新闻记者和亲属开放。沈钧儒第一个受审。
沈否认他的教条对三民主义不利，否认他是共产党员，否认救国
会倡导组织新政府。沈解释说去年 5 月 31 日成立的救国会的

---

⑨ 孙宝琴《〈密勒氏评论报〉对中国重大事件的报道分析（1936—1941）》，山东大学
　2014 年硕士论文（未刊稿）。
⑩ 配图中人名标注错误。

目的是动员一切资源和力量来救国，并抵抗日本。沈说，救国会的声明提到团结一切党派和信仰的组织，自然包括共产党，但声明暗示国民党无疑是领导力量。他否认任何组织新政府的说法，解释说救国会在国民党领导人民方面很有信心。沈说救国会的观点并非要废除宪法，只是强调在如今的紧急情况下，必须组织召集力量反抗侵略。沈接着说，他不能保证救国会成员中没有共产党，但是强调他自己并非一个共产主义者。他进一步否认救国会和共产党有任何从属关系，这可以从毛泽东的一封信中看出来。对于上海的工人罢工，沈说救国会毫不知情，西安事变他也不知情。但是他承认在日本棉厂罢工后曾在工人要求下组织过救济会。沈否认救国会使用过任何以下标语：人民阵线。他只用过救国团结阵线这样的标语，只是为了动员一切力量反对外国侵略。救国会的第二次委员会议在马相伯家召开，他说不认识罗清等人。最后，沈说他是名国民党党员，1911年就入党了。他的辩护持续了两个小时。王是下一个受审的，他声称不属于任何党派，救国会反对内战。其他人也和沈钧儒说的相似。李公朴和邹韬奋说他们参加这个组织的目的就是抵抗日本。敦促释放七位救国会领袖的5位大学教授和5000多人聚集要求释放这七人。主席做了长篇演说，如果救国有罪难道爱国的公民都要被关入监狱？大众高喊：释放七位领袖。最后引用了《申报》6月11号的社论文章结尾。

《北华捷报和最高法庭与领事公报》(*North-China Herald and Supreme Court and Consular Gazette*)⑪作为专业性很强的

---

⑪ 由《字林西报》的海外版《北华捷报与市场报道》(*North-China Herald and Market Report*)和1870年增加发行的《最高法庭与领事公报》(*The Supreme Court and Consular*)合并而成，1941年12月休刊。

报纸,1937年6月23日以《敦促释放银行家：上海各界团体代表救国会请愿书》(*BANKER'S RELEASE URGED：Shanghai Group Petition on Behalf of Salvationist*)为题,报道上海一些银行界领袖在一份向林森、蒋介石、汪精卫的联合请愿书上敦促释放经济学家和银行家章乃器。请愿书上有很多银行界领袖的签名：国家商业银行总经理、浙江工业银行总经理、金城银行上海分行经理、国家商会主席、上海银行家协会主席、上海商会成员等人。请愿书上说,章在银行界从业十几年,以经验和才学著称。政府要复兴经济就要靠章这样的人才。上海出版者行业工会也要求政府释放邹韬奋。这七人的审判将在苏州高级法院继续。他们被指控威胁国家内部安全。

此时日文媒体却展示出一副正义凛然的嘴脸,《日日新闻》6月12日、6月28日分别以《沈钧儒案件之公审容共确乎是事实》《"七君子"公审所告诉我们的：剥去了国共妥协的度进性》进行了报道,可谓与当时日本驻沪总领事若杉要一脉相承。

五、小结

6月25日第二次开庭,宋庆龄、何香凝、胡愈之等16位知名爱国人士为了声援支持"七君子",发起了救国入狱运动,到苏州监狱表示要和"七君子"一同坐牢,在社会上造成极大的反响,使南京国民政府狼狈不堪。七七事变之后蒋介石政府于1937年7月31日宣布具保释放沈钧儒等七人。通过对以上报刊对七君子事件的报道的梳理可以看出：以1937年4月3日国民党江苏省高等法院检察官就"七君子"提出《起诉书》为界,中外媒体对七君子事件的报道出现了大幅的增长,前期由于国民党的管控,民营报刊对七君子事件着墨不多,只有共产党的

《救国时报》对七君子进行了大量的声援报道；此后民营报刊对七君子事件的报道形式较为丰富，且更为大胆，甚至出现了整版中英文对照的七君子在苏州监狱的彩色照片；而西文媒体对七君子事件的报道也是相对客观，从侧面证明了在 20 世纪 30 年代中期，日本帝国主义对中国的狼子野心也是西方社会所不能容忍的，西文媒体也是坚定地站在中国人民的立场上来对七君子事件进行报道，"爱国无罪"是所有媒体的共识。

翻译、评介、引导等多重角色

——浅析邹韬奋进步思想在翻译出版中之体现

毕晓燕

邹韬奋在中国近代新闻、出版领域的地位和作用毋庸赘言。以往的关注点往往集中在他的著述、他的新闻观和出版管理理念上，对于他的翻译作品却关注较少。1991 年，陈福康在《中国翻译》上发表了《邹韬奋的译学见解》[1]一文，首次探讨并分析了邹韬奋的翻译思想和理论。文章所运用的材料是 1929 年艾伟在《中央大学半月刊》上发表的《译学问题商榷》一文，其中保留了 1927 年邹韬奋（当时以邹恩润为笔名）对艾伟所提译学问题的回答。遗憾的是，自陈福康这篇文章之后，鲜见归纳、分析邹韬奋翻译作品和翻译理论的论文及专著。

另外，翻译与出版是关系密切的两个活动。曾有学者指出，从传播学的角度来看，翻译出版是文字翻译成果的延续和传播，是一种文字转换成另一种或多种文字之后，在传播面上的进一步扩散。翻译与出版关系如此密切，故应当建立翻译出版学，阐明翻译出版体系的基本原理和历史演变；揭示翻译出版的运动和发展的普遍规律及其在不同状态下的特殊规律；研究和调整翻译出版全过程中各种环节的制约因素。[2] 以"翻译出版"作为

---

① 陈福康：《邹韬奋的译学见解》，《中国翻译》1991 年第 01 期，第 55～58 页。
② 李景瑞：《翻译出版学初探》，《出版工作》1988 年第 6 期。

一个整体来进行考察研究的文论迄今为止在学界并不多见，代表性作品有邹振环先生的《江苏翻译出版史略》和《20世纪上海翻译出版与文化变迁》。③

邹韬奋先生既是译述颇丰的翻译家，又是出版大家，翻译与出版是他所擅长并投入极大精力的两个活动。若能将两者置于近代历史大背景下，结合起来考察，不论是对邹韬奋研究，还是对翻译史、翻译出版研究而言，相信都是极为有益的探索。有感于此，笔者梳理了邹韬奋一生的译作，并从这些译作的诞生背景、翻译手法出发，阐析了这些译作在体现、传递进步思想④中的作用，并兼及邹韬奋对翻译作品的策划思路，以期能够共同呈现出邹韬奋翻译作品的概况和他对翻译出版的认识和运用。

一、邹韬奋翻译作品之概况

根据《邹韬奋自述》，邹韬奋的翻译活动是其文字发表生涯的开端。⑤ 在他的一生中，翻译作品以时间为序、内容为别，大致可以分为以下几类：

---

③ 参见邹振环：《江苏翻译出版史略》，江苏人民出版社1998年版；邹振环：《20世纪上海翻译出版与文化变迁》，广西教育出版社2000年版。

④ "进步"是一个宽泛的概念，而就邹韬奋个人而言，他对"进步文化"的定义是：与中国当前的进步时代的实际需要相配合；中国当前进步时代的实际需要，最扼要地说来是团结、抗战和民主（参见邹韬奋著，文明国编，《邹韬奋自述》，安徽文艺出版社，2013年，第239页）。本文所说的"进步思想"也以邹韬奋提出的"团结、抗战和民主"为标准。

⑤ 邹韬奋曾这样回忆："于是我想个办法，到图书馆里去看几种英文的杂志，选译一些东西。这选译并不是什么长篇大文，只是几百字的短篇的材料……有一天翻开报纸来，居然看见自己的文字登了出来。"参见邹韬奋著，文明国编，《邹韬奋自述》，安徽文艺出版社2013年版，第16～17页。

(一) 科学小品,完成时间为 1916 年至 1926 年。

此类作品分为邹韬奋在交通部上海工业专门学校读书时为赚取稿费所作;及供职于中华职业教育社时所作,目的是给学生以恰当的职业指导。

在此时期中,邹韬奋的翻译作品如下:

时间	翻译作品⑥	发表时署名	当时的职业情况⑦
1916 年	述李佳白先生演说辞	邹恩润	交通部上海工业专门学校中院就读。
1919 年	社会改造原理([英]罗塞尔著)	陈霆锐、邹恩润合译	上海圣约翰大学文科就读,主修西洋文学。
	为生刍言(一)、(二)、(三)	谷僧	
1920 年	社会改造原理(续)	陈霆锐、邹恩润合译	上海圣约翰大学文科就读,主修西洋文学。
	科学底基础(W. C. D. Whetham 著)	邹恩润	
	穆勒底实验方法(T. E. Creighton 著)	邹恩润	
1922 年	农村学校与社会(A. K. Getman 著)	邹恩润	担任中华职业教育社编辑股主任,负责编撰"职业教育丛刊",编辑《教育与职业》月刊。
	初级中学之职业指导问题(Frederick Schultz 著)	邹恩润	

⑥ 此时期译作的详细内容可参见:《韬奋全集》(第十一卷),上海人民出版社1995年版。

⑦ 邹韬奋的人生经历可参见:《韬奋全集》(第十四卷),上海人民出版社1995年版,第 635～660 页。

续　表

时间	翻译作品	发表时署名	当时的职业情况
1923 年	职业教育研究（ D. S. Hill, David Snedden, F. T. Carlton, F. M. Leavitt, E. Brown, H. L. Hollingworth, Meyer Blomfield 等著）	邹恩润	担任中华职业教育社编辑股主任，负责编撰"职业教育丛刊"，编辑《教育与职业》月刊。
	职业测验（ H. A. Vanderbeek 著）	邹恩润	
	伦理进化的三时期（ John Dewey, James H. Tufts 著）	邹恩润	
	英国徒弟制度之现况（译自"Skilled Employment and Apprenticement Association"提供的材料）	邹恩润	
	职业智能测验法（[美]贾伯门著）	邹恩润	
	职业指导	邹恩润	
	美国军队职业教育之特点	邹恩润	

时间	翻译作品	发表时署名	当时的职业情况
1924 年	个人在职业方面发展之步骤（［美］卜鲁尔著）	邹恩润	担任中华职业教育社编辑股主任，负责编撰"职业教育丛刊"，编辑《教育与职业》月刊。
1926 年	劳工之组织（F. T. Carton 著）	邹恩润	接办《生活》周刊。
	实施工商补习教育之一例（R. O. Small 著）	心水	
	职业分析之内容与效用（Harry D. Kitson 著）	邹恩润	
	职业心理学（［美］古力非此等著）	邹恩润	
	宜于中国之工业人材（裴以理著）	邹恩润	
	大学校之职业指导举例（Prof. George E. Myres 著）	邹恩润	
	职业指导员之训练（Prof. FrederickG. Bonser, Prof. GeorgeE. Myers, Prof. JohnM. Brewer, Prof. Emery T. Filbey 著）	邹恩润	

续　表

时间	翻译作品	发表时署名	当时的职业情况
1927 年	关于职业心理与生理的最新实验（Dr. Leon Walther 著）	邹恩润	白天在《时事新报》担任秘书主任，兼主持该报副刊《人生》，夜里则主持《生活》周刊。
	外国人嘴里的中国新式婚姻　可算闻所未闻（上）、（中）、（下）（Pearl S. Buck 著）	落霞	

　　在这段时期内，由于工作的关系，邹韬奋的主要关注点在职业教育与国民发展上，但与这类作品稍显不同的是《外国人嘴里的中国新式婚姻　可算闻所未闻》。这部译作虽然与此时期的其他作品风格迥异，却与后一段时期内邹韬奋的译作如《一位英国女士与孙先生的婚姻》、《一位美国人嫁与一位中国人的自述》等相应和。可以看出，邹韬奋对新式婚姻观念与中国传统婚姻观念的不同和冲突十分关心，对中西迥然相异的家庭观和伦理观很有探究兴趣。

　　在全国各地推广职业指导运动时，邹韬奋逐渐感到在当时的政治、社会形势下，单纯的职业修养并不能从根本上改善处境，他意识到必须从原来的狭隘视域中跳出来，转而开始关注带有现实意义的作品，其翻译活动开始转向带有教育和启蒙意义的文学作品。

　　（二）小说、传记作品，完成时间为 1928 年至 1933 年。

　　在此时期中，邹韬奋的翻译作品如下：

时间	翻译作品⑧	发表时署名	当时的职业情况
1928 年	民本主义与教育（［美］杜威著）	邹恩润	主持生活周刊社工作。
	一位美国人嫁与一位中国人的自述（［美］麦葛莱著）	邹恩润	
1929 年	用于职业指导之"预先测验"及其价值（Harvey C. Lehman and Paul A. Witty 著）	思退	主持生活周刊社工作。
	职业知识对于大学生选业之关系（R. B. Cunliffe 著）	思退	
	一位英国女士与孙先生的婚姻（［美］Louise Jordon Miln 著）	邹恩润	
	一个女子恋爱的时候（［美］葛露妩斯著）	笑世	

---

⑧ 此时期译作的详细内容可参见：《韬奋全集》（第十二卷）、《韬奋全集》（第十三卷），上海人民出版社 1995 年版。

续　表

时间	翻译作品	发表时署名	当时的职业情况
1933 年	革命文豪高尔基（〔美〕康恩著）	韬奋	参加宋庆龄、蔡元培、鲁迅等发起的"中国民权保障同盟"，当选为执行委员。因受迫害，去国外避难考察。

在生活周刊社工作期间，随着《生活》周刊的"读者信箱"的关注度越来越高，邹韬奋在与读者的交流中，越来越热心于社会问题和政治问题。他对职业教育的关注进一步减弱，并且由思考社会现实问题逐步进入到更深一层的思想问题。

在此时期，邹韬奋的思想发生了关键性转变，他"从群众抗日运动中受到了锻炼，接受了中国共产党的政策和马克思列宁主义思想的影响，他的政治觉悟，迅速提高"。⑨

这一转变，在本时期翻译作品《革命文豪高尔基》及此时期之后的翻译作品中有充分的体现和证实。

（三）读书笔记，完成时间为 1936 年至 1938 年。

在此时期中，邹韬奋的翻译作品如下：

时间	翻译作品⑩	发表时署名	当时的职业情况
1936 年	备战中的日本（节译自"The New World"）	孤峰	先后到法国、苏联、美国等国访学，因杜重远被捕而提前回国。回国后，在抗日救亡运动中表现积极，引起国民党当局的注意。11 月，与沈钧儒等六人一同被逮捕。
	苏联儿童戏院的十八周年（〔苏〕萨智著）	落霞	

⑨ 范长江：《韬奋的思想的发展》，载《韬奋全集》（第十四卷），上海人民出版社 1995 年版，第 667 页。

⑩ 此时期译作的详细内容可参见：《韬奋全集》（第十四卷），上海人民出版社 1995 年版。

续　表

时间	翻译作品	发表时署名	当时的职业情况
1937 年	读书偶译(G. D. H. Cole, Max Beer, Rebecca Cooper, Louis B. Borodin, M. M. Bober, Ernest Untermann, W. T. Colyer, Zelda Kahan-Coates, Friedrich Engels, R. Palm-Dutt 等著)	韬奋	在狱中被关押二百多天,7月底获释。创办《抗战》三日刊。
1938 年	澳洲拥护中国人民抗战(A. London 著)	韬奋	《抗战》三日刊与《全民》周刊合并,改名为《全民抗战》三日刊,任该刊主编。
	反对世界运动会在东京召开!(译自《国际新闻通讯》)	落霞	

　　1933 年,在被国民党当局迫害而不得不流亡海外之时,邹韬奋利用此机会在伦敦研读马列著作及其他社会科学书籍,深入研究马克思主义及欧洲政治思想。1935 年 8 月底,因杜重远入狱,邹韬奋决定提前回国。此时的上海,已掀起了抗日救亡的浪潮,邹韬奋也与沈钧儒、马相伯等组织成立了上海文化界救国会。救国会的抗日行动日益被国民党当局所不容,终于在 1936 年发生了震惊整个上海的"七君子"事件,邹韬奋、沈钧儒、章乃器等七人被当局无理逮捕。在被囚禁的二百四十

三天中,邹韬奋依然笔耕不辍。《读书偶译》就是在这样的情况下完成的。

《读书偶译》为邹韬奋"在伦敦博物院图书馆里所写下的英文笔记的一部分","只是一本漫笔式的译述,不是有系统的社会科学的书,但是也略为有一点贯串的线索"。[11] 本书被生活书店列入"青年自学丛书",后于1943年重印。

此时期的另外四篇译文,《备战中的日本》、《澳洲拥护中国人民抗战》、《反对世界运动会在东京召开!》是邹韬奋从抗战的角度出发,所翻译的国外媒体对于日本侵华的报道和抗议;《苏联儿童戏院的十八周年》则是他在苏联访问期间的收获,"译者按"中写道,"苏联的儿童戏院是把儿童教育和儿童娱乐冶为一炉,是苏联儿童大众教育的一个极重要的部分"[12]。从上述作品的题材可看出,邹韬奋在近两年的海外避难考察经历中,感触最深、最想译介给中国读者的不外乎此三方面内容:抗战、教育与马克思主义。

值得注意的是,在流亡时期,邹韬奋于1934年7月抵达莫斯科时,曾向高尔基去信,恳请能见面并将《革命文豪高尔基》的中译本交给他。虽然二人是否见面并无确切记载,但邹韬奋对翻译作品的重视由此可见一斑。他希望翻译作品能够得到高尔基过目和肯定的心态,证明他对译介给中国读者的作品十分在意。1942年,以国讯书店的名义重印了《革命文豪高尔基》,更名为《高尔基》。

(四) 政治、法律作品,完成时间为1939年至1940年。

在此时期中,邹韬奋的翻译作品如下:

---

[11]《韬奋全集》(第十四卷),上海人民出版社1995年版,第16页。
[12]《韬奋全集》(第十四卷),上海人民出版社1995年版,第6页。

时间	翻译作品⑬	发表时署名	当时的职业情况
1939 年	从美国看到世界([英]斯特勒彻著)	韬奋	当选为生活书店总经理。
	苏联的民主([英]斯隆著)	韬奋	
1940 年	英美禁运下的日本末路(John Ahlers 著)	木旦	继续担任生活书店总经理,多次与周恩来、秦邦宪、黄炎培、沈钧儒、章伯钧等人商谈国内时局。
1939 年	美苏在远东合作的基础(译自"Bulletin on the Soviet Union")	木旦	

在这一时期,邹韬奋对政治体制,尤其是苏联体制备加关注。1939 年 3 月,他的译作《从美国看到世界》出版,在"译者的话"中,他指出本书的翻译及出版缘由,"对于罗斯福总统的'新政'有着深刻而持平的评判;对于一般人对于社会主义的误解有着中肯而切要的解释"⑭。同年 5 月,为了使民主思想更好地在中国得以传播,他出版了译作《苏联的民主》,把"渗透于苏联全国人民各部分生活中的民主精神",介绍给中国读者。⑮ 从这些文字来看,邹韬奋的译介目的十分清楚,而他在进步作品的推广

---

⑬ 此时期译作的详细内容可参见:《韬奋全集》(第十四卷),上海人民出版社 1995 年版。

⑭ 《韬奋全集》(第十四卷),上海人民出版社 1995 年版,第 191 页。

⑮ 张仲实:《一个优秀的中国人》,载上海韬奋纪念馆编,《韬奋的道路》,三联书店 1958 年版,第 49 页。

上也不遗余力。《苏联的民主》被列入生活书店的"生活推荐书",是生活书店重点推广的作品。⑯

《英美禁运下的日本末路》一文,译自当时的一份英文报纸 *The China Weekly Review*,对太平洋战争爆发后,日本岌岌可危的贸易困境做了详实分析。《美苏在远东合作的基础》一文,译自美国纽约的美苏协会出版的 *Bulletin on The Soviet Union*,展望美苏合作的动机和前景。

可以说,太平洋战争爆发后,日本的处境及美苏是否会合作等问题,都是当时国内民众极为关注的话题。邹韬奋作为一名出版人及翻译家,他的翻译行为始终是以读者的需求为出发点来考虑的。另外,两篇原作的发表时间分别为 1940 年 11 月 9 日和 1940 年 9 月 17 日,邹韬奋译作的发表时间则分别为 1940 年 11 月 23 日和 1940 年 11 月 30 日。考虑到《全民抗战》的出版活动受国民党当局辖制,这样的翻译时间已算是十分快速的了。

(五)马克思主义理论作品,完成时间为 1941 年。

在此时期中,邹韬奋的翻译作品如下:

时间	翻译作品⑰	发表时署名	邹韬奋职业情况
1941 年	美国在国际的特殊地位(William Brandt 著)	木旦	辞去国民参政员职务,飞抵香港,复刊《大众生活》,与金仲华、茅盾等担任编委会成员。

---

⑯ 办"生活推荐书"在当时的中国是生活书店的创举,"把编书、卖书和指导读书,推动读书运动结合起来了"。参见生活书店史稿编辑委员会编,《生活书店史稿》,生活·读书·新知三联书店 2007 年版,第 160 页。

⑰ 此时期译作的详细内容可参见:《韬奋全集》(第十四卷),上海人民出版社 1995 年版。

续　表

时间	翻译作品⑱	发表时署名	邹韬奋职业情况
	社会科学与实际社会([英]崩斯著)	木旦	

《美国在国际的特殊地位》对"第二次世界大战中军事优势与经济优势的矛盾,美国的特殊地位,与一个强盛独立的中国对于世界贡献的伟大,都有很深刻的分析与卓见"。⑲ 这是与上一时期一脉相承的一篇译作,再度分析了美国在战局中的情势和作为,为民众的疑惑和渴求给予回答。

1941 年 4 月中旬,邹韬奋及生活书店听从中共南方局的安排,迁往香港。在香港期间,激流社出版了邹韬奋翻译的《社会科学与实际社会》,这本书"把社会科学的基本内容,用明晰畅达的说法,完全表现出来","可以作为研究现代社会科学的'开路先锋'"。⑳ 此处的"社会科学"并不是真正意义上的"社会科学",而是"马克思主义"的委婉译法。此书的原作英文书名为"What is Marxism?",直译过来为"什么是马克思主义"。而邹韬奋却在全书都将"马克思主义"译为"自然科学",之所以这样做,只要看看此时期生活书店分店屡屡被查封、进步书籍屡屡被扣押的现状就可以理解,从中亦可看出邹韬奋的抗争与无奈。

由上述翻译概况之梳理可知,邹韬奋的翻译步伐是与其思想发展和当时的国际局势、国内情况相同步的,翻译作品也成为

---

⑱ 此时期译作的详细内容可参见:《韬奋全集》(第十四卷),上海人民出版社 1995 年版。

⑲《韬奋全集》(第十四卷),上海人民出版社 1995 年版,第 543 页。

⑳《韬奋全集》(第十四卷),上海人民出版社 1995 年版,第 555 页。

他每一时期表达最急切观念、响应读者需求的有效形式。邹韬奋"以读者为中心"的出版理念深入人心，而他在翻译方面"以读者为中心"的译学观念却被忽略。从著作与译作主题的高度统一，又可见出邹韬奋对民主与抗战一以贯之的赤诚热心和奉献。

二、邹韬奋译介手法之探析

邹韬奋的译作有种种不同的译介形式，有依照原作直译或意译的，有根据原著内容译述的，也有以多部著作为素材编译的，其中，以编写、译述居多；[21]他还习惯在译作中附上译者所做的序言或后记，译文中也常常夹有译者附识、译余闲谈等批校形式，充分体现了翻译与介绍并重的角色特征。

而邹韬奋的译法主张除了陈福康提出的在《译学问题商榷》一文中有记录，笔者在梳理邹韬奋译作的过程中，发现在《民本主义与教育》一书的"译者序言"中，邹韬奋亦有较为直白的论述：

> 至于译法方面，现在有人主张直译；有人主张意译。但是直译往往有晦涩的弊病；意译往往有与原意不符的弊病。朱经农先生说："其实译本的好坏，不是用'文言文'或'白话文'的关系。要把各国文字特性不同的地方辨认清楚，然后体贴著者用意之所在，切切实实的逐句翻译出来。有些地方，原文非常简括，照字面译成汉文，辞句非常晦涩，不能传达著者的原意，那就文意之间不能不略有伸缩。"他这个

㉑《韬奋全集》(第十一卷)，上海人民出版社1995年版，编辑说明第3页。

意思我完全赞同;我对于本书的译法也采这个态度。㉒

邹韬奋在翻译作品中主要以下列几种方式表达和传递进步思想:

(一) 择"善"从之,对于不符合当下抗战形式的言辞选择不译,"只撷取他的精华,酌删他的糟粕"㉓。

这种翻译思想从邹韬奋供职于《职业与教育》社时就已存在,在《劳工之组织》一文中,邹韬奋认为欧美有关劳资冲突的经验可为中国提供参考,故对 F. T. Carton 的作品,"撮译其精华"㉔,供有志研究此问题的读者观览。

在此种翻译思想下,邹韬奋还采取以下两种方法编译作品。

第一种方法是将多部原作汇集起来,各有取舍,重搭框架,使译作成为一部适应于我国国民需求和理解力的"新"作品。如《职业教育研究》一书,是邹韬奋从三十多种书和杂志中"撷其精华","参酌以本国实际需要"编译而成。㉕ 书中常见"孟禄博士关于职业教育意义之意见"、"杜威博士关于职业教育意义之意见"等标题,可见译者对多部作品内容的整合。

第二种方法是以一本书为主,"复参考他书,编纂而成"㉖。如《职业心理学》一书,系邹韬奋以美国密歇根大学心理学教授 Charles H. Griffits 所著的《职业心理学》("Fundamentals of Vocational Psychology")为底本,另参考 H. O. Rugg,Katherine Blackford,J. C. Chapman,Hugo Münsterberg,B. Muscio 的文

㉒《韬奋全集》(第十二卷),上海人民出版社 1995 年版,第 8 页。
㉓《韬奋全集》(第十三卷),上海人民出版社 1995 年版,第 25 页。
㉔《韬奋全集》(第十一卷),上海人民出版社 1995 年版,第 413 页。
㉕《韬奋全集》(第十一卷),上海人民出版社 1995 年版,第 173 页。
㉖《韬奋全集》(第十一卷),上海人民出版社 1995 年版,第 437 页。

论,所完成的作品。《革命文豪高尔基》也是在原著《高尔基和他的俄国》(*Maxim Gorky and His Russia*)的基础上,于译作完成之前,"搜集了一些在此书出版后关于高尔基最近的事实加入"㉗。

(二) 以"译余闲谈"的形式,对原作中有关进步思想的内容和言辞展开论述、加以分析。

"译余闲谈"这类穿插于翻译作品中的点评/解释类文字,在民国时期其他翻译家的作品中也可见到,如伍光建就曾于翻译小说中以"译者注"的形式,表达自己对作品中某些情节的理解,再联系当时的中国社会现实,做一些评论,希望以此将进步思想清楚明白地传达给读者。邹韬奋的"译余闲谈"在频度和深度上则更有推进,留给我们探讨和分析的空间更大。

"译余闲谈"主要出现于邹韬奋的《一位美国人嫁与一位中国人的自述》、《一位英国女士与孙先生的婚姻》、《一个女子恋爱的时候》三部小说译作中。这三部译作中"译余闲谈"的格式一致,均为每小节结束时,附写若干段文字,名之曰"译余闲谈",每节的"译余闲谈"长短不一,但都与本节所述内容紧密相关。

《一位英国女士与孙先生的婚姻》和《一个女子恋爱的时候》中的"译余闲谈",讨论情感观、家庭生活的文字居多。而《一位美国人嫁与一位中国人的自述》中的"译余闲谈"则述及内容范围较广,包括中西婚恋观念、家庭观念、伦理观念的不同,邹韬奋在"译余闲谈"中并不是完全偏向西方的家庭伦理观念和行为方式,对于中国关心老人、以家族为重的观念也表示了肯定,他认为当下的中国处于"过渡时代",国人宜采取折中方式,既实现小家庭的独立,也兼顾大家庭的互帮互助,尽到照顾老人之责。

㉗《韬奋全集》(第十三卷),上海人民出版社1995年版,第720页。

此外，对于当时中国的国际地位及外国人对中国人的偏见，小说女主人公内心剖白道，"因为当时我对于章卿所属的民族，心存成见，立刻感觉痛苦"，对于此种现象邹韬奋在"译余闲谈"中是这样评述的，"民族的仇视，是世界生活不太平的导火线，真是一件大憾事，尤其是黄白两种。我们在国内大半都是糊里糊涂的，一出国门，这种感触便愈甚，在这段纪事中也很看得出。我敢说一句公道话：这两方面用不着彼此'恭维'，也用不着彼此'蔑视'；因为人类是'良莠不齐'的，各方有各方的好的，也有各方的坏的"。㉘ 邹韬奋中正持平的民族观念于此可见。

在《一位美国人嫁与一位中国人的自述》中，还有"译余闲谈中的闲谈"（共有两处，后一处是对前一处新闻报道的后续结果的介绍），邹韬奋结合刚发生的社会新闻，对自己的观点做了进一步阐述。"译余闲谈"的使用，使得邹韬奋的翻译作品不单单是译介国外现象与观念，更兼有社会评论、新闻评论之职。

（三）以读书笔记的形式介绍马克思主义和苏联等国的抗战实例。

此类作品当以邹韬奋 1937 年写于苏州监狱中的《读书偶译》为先，在这部作品中，邹韬奋夹译夹叙，以其在英国伦敦大英博物馆攻读马列著作的英文笔记为主体，为民众正确认识马克思主义、勇于抗战提供了理论指导。

对于本书的定位，邹韬奋在"开头的话"中是这样描述的：

> 这只是一本漫笔式的译述，不是有系统的社会科学的书，但是也略为有一点贯穿的线索……这本书对于这些思想家的任何一个，都不能完全包括他们的一切，乃至某一部

㉘《韬奋全集》（第十二卷），上海人民出版社 1995 年版，第 424 页。

分的一切,只是撮述尤其值得我们注意的几个要点而已。

此外还有一点,这本书所撮译的,多为其他作家对于这几个思想家的解释;要作进一步的研究,还要细读他们自己的著作,本书不过是扼要的"发凡"罢了。先看了"发凡"的解释,对于进一步的研究也许不无小补。这是译者所希望能够贡献的一点微意。㉔

邹韬奋的进步思想在这部译作中体现尤深。在"开头的话"中,邹韬奋就对卡尔(即马克思)、伊里奇(即列宁)为革命的全身心付出表示敬意。在书中,他以"译者按"和"译者注"两种形式作为原著内容之外的补充,"译者按"穿插于文中,"译者注"则作为脚注形式放在每面之下。

全书共十九章,每章"译者按"和"译者注"的数量如下表所示:

章名	"译者按"数量	"译者注"数量
开头的话	0	0
政治组织的理论和形式	5	9
卡尔研究发凡	2	1
黑格尔和辩证法	0	0
黑格尔对于卡尔的影响	1	0
卡尔所受的其他影响	0	1
卡尔的理论体系	2	2
卡尔的历史解释	0	0

㉔《韬奋全集》(第十四卷),上海人民出版社1995年版,第16页。

章名	"译者按"数量	"译者注"数量
唯物史观的解释	0	1
唯物辩证法	1	0
辩证法和将来的社会	0	0
卡尔的经济学	4	4
驱赶的工作和被驱赶的工作	1	0
关于价值论	0	0
恩格斯的生平和工作	1	0
恩格斯的自白	0	0
伊里奇的时代	0	1
伊里奇的生平	1	1
伊里奇的理论	0	1
总计	18	21

　　从上表可以看出,"政治组织的理论和形式"一章"译者按"与"译者注"的数量最多,这与此部分概念和理论论述较多,对中国读者而言最为陌生,也最难理解有关。

　　另外,笔者还对《读书偶译》中"译者按"和"译者注"的内容做了分析和归纳,大致将其分为三类:解释概念、翻译说明和延伸介绍。"解释概念"是邹韬奋对文中出现的对中国读者而言较为陌生的政治、经济概念做出解释;"翻译说明"是邹韬奋对英文译法的说明;"延伸介绍"则是指邹韬奋在文中所述内容基础之上,额外介绍给读者的相关内容。在有些情况下,某个"译者按"或"译者注"包含了双重作用。

　　下表对《读书偶译》中的"译者按"和"译者注"根据内容做了

分类简介,具体如下③:

章名	"译者按"内容	"译者注"内容
政治组织的理论和形式	① 解释概念:绝对主义;一六八八年革命;社会的有机体。 ② 翻译说明:"我"为本文著作自称。 ③ 延伸介绍:幸福存在个体性差异。	① 解释概念:形而上学与形而下学;法西斯主义;职团国家。 ② 翻译说明:a priori 为何译为"先天的";"暂时休战"所指为何;两个《五年计划》对百姓的不同影响。 ③ 延伸介绍:政党和政府的不同;苏联的普选制;美国左翼政党的情况已与书中所述不同。
卡尔研究发凡	① 解释概念:利润率。 ② 延伸介绍:"小的利润"和"大的售卖"会加剧矛盾。	① 解释概念:资本的有机构成。
黑格尔对于卡尔的影响	① 解释概念:扬弃。	
卡尔所受的其他影响		① 翻译说明 & 延伸介绍:工业革命的起源和作用。
卡尔的理论体系	① 解释概念:不变资本;可变资本。	① 翻译说明:广义政治经济学和狭义政治经济学的研究目的及范畴。 ② 延伸介绍:卡尔对价值的看法超越了传统经济学的狭隘。

③ 此表中的序号①、②、③并不是指"译者按"或"译者注"在书中出现时的序列,而是笔者对"译者按"和"译者注"的内容归纳之后,根据所起作用的不同做了分类,所以一个序号之后可能包括若干个"译者按"或"译者注"的内容。在表中,一个";"或"。"前的内容对应正文中的一个"译者按"或"译者注"。

章名	"译者按"内容	"译者注"内容
唯物史观的解释		① 翻译说明：civil society 为何译为"公民社会"。
唯物辩证法	① 延伸介绍：原文作者曾公开批评过卡尔的《政治经济学批评》。	
卡尔的经济学	① 延伸介绍：举例说明什么是工银劳动者；土地私有权造成地租增加。 ② 翻译说明：流通指运输售卖等；"各种土地"所指为何。	① 解释概念 & 延伸介绍：卡尔的"级差地租"和"绝对地租"理论。 ② 解释概念：平均利润率；较多生产的农业资本和最少生产的农业资本；企业利润和资本主义地租。
驱赶的工作和被驱赶的工作	① 翻译说明：经理和监督在本文的特定指称。	
恩格斯的生平和工作	① 翻译说明：帮助读者理解西方人的讲话语气。	
伊里奇的时代		① 延伸介绍：英国宪章运动。
伊里奇的生平	① 延伸介绍：文中出现的刺客身份。	①解释概念 & 延伸介绍：解释文中出现的二月革命，并延伸介绍十月革命。
伊里奇的理论		① 解释概念：辛狄加和托辣斯。

从上表可以清晰地看出，邹韬奋在《读书偶译》中，为介绍西

方(包括欧美和苏联)的政治体制、马克思和列宁的生平及思想做了大量翻译之外的工作。作为一名译者,他能够站在读者的角度,解释他们所不熟悉的政治概念、经济概念,并对关键概念和问题做必要的延伸说明。这种真诚而恳切态度,足以体现邹韬奋不单单是优秀的译者,更是卓越的进步思想的宣传者和传播者。

《读书偶译》还有两个地方值得注意。

其一,在"黑格尔对于卡尔的影响"一章中,"译者按"做了这样的解释:"扬弃"译自德文 Aufheben 或译音为"奥伏赫变",意思是说弃去陈旧的部分,升扬到更高的阶段,并综合成为新的主体。[31] 这是否是 Aufheben 在中国首次被译为"扬弃"?

其二,在"伊里奇的理论"一章中,"译者注"的内容为:"辛狄加"原文为 syndicate,是资本主义的一种联合方式,由各企业联合组成的,加入的各企业,出卖制成品,购买原料,都须经过"辛狄加"总机关之手;出品数量和提高价格等等,都由"辛狄加"来规定,虽则每一企业仍继续着独立的生产。"托辣斯"原文为 trust,联合的程度更大,各企业都完全合并起来;从前每一个企业的老板,参加后都做了托辣斯的股东。[32] 这是否是辛迪加、托拉斯两种资本主义经营方式在中国的首次译介?

上述两个问题若深入展开,相信对马克思主义、列宁思想在中国的传播研究不无裨益。

三、邹韬奋翻译策划之阐析

如果说在译作中,邹韬奋扮演了翻译和评介的角色,那么在

---

[31]《韬奋全集》(第十四卷),上海人民出版社 1995 年版,第 79 页。
[32]《韬奋全集》(第十四卷),上海人民出版社 1995 年版,第 171 页。

翻译作品的策划过程中,他更多地则是扮演了引导的角色。这种引导效用,可以从以下两个方面来理解。

一、主动与原作作者联系,策划应和国内社会现实的作品。

就职于《职业与教育》社时,邹韬奋在翻译贾伯门博士的《职业智能测验法》后,看到此书谈到美国军队中所含之职业达四百余种之多,联系当下中国正在提倡军队职业教育的现实,遂致信贾伯门询问。"贾氏为审慎起见,复为转询现在美国主持军队职业教育事务之莱斯博士"[33],根据莱斯的回函,邹韬奋翻译了《美国军队职业教育之特点》一文。邹韬奋既是译者,同时又是期刊编辑的特殊身份,决定了他在翻译活动中具有较强的主动性。

二、作为生活书店的领导者,通过与生活书店同仁的交流和合作,共同策划、翻译进步作品。

在介绍、宣传俄国革命与马克思主义方面,邹韬奋有一位十分重要的挚友——张仲实。邹韬奋与张仲实交往极深,而张仲实也在生活书店贡献了身兼译者、著者、编者和出版者多重角色的作用。

张仲实是一位翻译家、马列主义宣传者。1934年9月他在《时事类编》上发表的文章《给初学写作者的一封信》引起了胡愈之的注意。胡愈之邀请张仲实到他创办的《世界知识》当编辑,1935年2月,张仲实进入生活书店工作。同年11月,邹韬奋请张仲实出任生活书店总编辑。从进入生活书店到升任总编辑,只有不到一年的时间,足见邹韬奋对张仲实的信任和倚重。

当然,其中最重要的原因当归于张仲实精通俄语、在马克思主义方面研究颇深。关于邹韬奋对张仲实的延请原因,张仲实的儿子张复这样认为:"韬奋要父亲做生活书店的总编辑,可能是为了适应形势和广大读者的迫切要求,传播进步文化思想,坚

---

[33] 《韬奋全集》(第十一卷),上海人民出版社1995年版,第403页。

持宣传抗日救亡,大力推进社会科学图书的出版。"㉞因为此时的邹韬奋,对苏联的政治体制和进步思想十分关注,已经将越来越多的出版资源和著译精力放在了马列作品的出版上,他希望能够充实生活书店在此领域的出版力量,所以力邀张仲实执掌生活书店,为读者带来新知识与新思想。

张仲实也不负邹韬奋的期望,"主持生活书店的编辑工作后把出版范围扩大,有计划地出版了《青年自学丛书》《黑白丛书》《救亡丛书》《世界名著译丛》《百科小译丛》等进步思想的社会科学系列图书"㉟。其中,"世界名著译丛"、"百科小译丛"为翻译丛书。

此外,邹韬奋在马克思理论著作的编译方面,也得到了张仲实的许多帮助。在《读书偶记》的"后记"中,邹韬奋这样感谢张仲实:"张仲实先生的学识湛深,尤其是对于政治经济学的造诣,是我所非常敬佩的,我的这本书的第二次校样还请他很仔细地看过一遍。承他给我不少切实的指教,有好几处的名著译文,还承他对俄文原本仔细对了一下。本书里用的画像,有许多都是承张先生替我从各处搜集拢来的。他为了我的这本书,费了不少时间和功夫,这都使我非常感谢的。"㊱短短一段话,反映出二者在出版马列作品方面的志同道合和相互协作。

四、结束语

邹韬奋的翻译作品在其发表的作品中所占比例并不高,但

㉞ 张复,《父亲张仲实与三联书店》,载《传记文学》2013年第01期(总第272期),第83页。

㉟ 同上。

㊱《韬奋全集》(第十四卷),上海人民出版社1995年版,第175~176页。

仍是不容忽视的重要组成部分。对于如火如荼的抗战热潮而言，翻译作品起到的是打开国人视野、介绍他国情况、给予理论指导的重要作用。通过梳理和分析邹韬奋的翻译作品，笔者认为其主要有以下几方面的意义。

首先，邹韬奋的翻译作品与他的著述作品互为启发、互为补充，例如在《读书偶译》中，关于苏联普选制的内容，邹韬奋在"译者注"中写道，"参看拙著《坦白集》第一四二页"㉗。说明他所阅读的外国作品，促成了他进一步的思考和写作；而在译作中无法展开的内容，他就在著述中进行深入探讨。从这个意义上看，研究邹韬奋的思想，不可不重视其译作。

其次，邹韬奋的翻译题材呈现多样性的特色，而这种多样性正与他的思想发展密不可分。从早期的科学小品到欧美小说，再到《读书偶译》，以及《苏联的民主》、《社会科学与实际社会》等马克思理论作品，邹韬奋在翻译题材上的广泛，放眼整个民国时期少有人能够匹敌。

题材多样的背后，折射出的是邹韬奋思想观念的变迁轨迹。早期的社会改造、职业教育等社会学译作和科学基础、实验方法等科学小品，基本上属于资产阶级话语系统；而从《革命文豪高尔基》开始，邹韬奋的思想倾向逐渐转向了俄国革命、社会主义和马克思主义。《读书偶译》中对苏维埃制度、马克思理论体系、恩格斯生平、列宁理论的介绍，《从美国看到世界》中对资本主义走向穷途末路的揭示，《苏联的民主》对苏联国家制度、民主概念、人民生活的阐述，以及《社会科学与实际社会》中对资本主义本质的揭露、对马克思主义从理论到行动的普及，无一不显示了邹韬奋对资本主义理论的日趋背离，对马克思主义、俄国革命和

㉗《韬奋全集》(第十四卷)，上海人民出版社1995年版，第84页。

理论的逐步肯定。

翻译题材广泛，并非是因为邹韬奋兴趣广泛，而是因为他译介作品的初衷是改变中国现实、改善民众生活。因此，他所选择的翻译作品题材，才会随着国内局势和抗战形式的变化而改变。邹韬奋的翻译出版理念，从另一个侧面体现了他作为一名爱国民主志士，将全部的精神和热血贡献给民族的高尚品格。

再次，翻译作品发挥了著述作品不可替代的作用。翻译作品展现了其他民族的历史与经历，提供的是他国的抗争过程与事例，具有鲜明直观的宣传、动员效果。在邹韬奋的翻译作品中，不乏以故事、真实经历作为底本，然后在此基础之上抒发己见的译介方式。邹韬奋积极编译马克思主义读物、苏联政治作品及欧美小说等，并引导生活书店同仁编译相关读物，使进步思想在中国大地迅速传播开来，而这些作品也为他表达和宣传进步思想发挥了不可替代的作用。

最后，作为生活书店总经理，邹韬奋与生活书店同仁策划的一系列有关苏联和马列主义的翻译作品，成为中国近代有关马列主义的启蒙读物，虽然屡屡遭到国民党当局查禁，出版和发行波折不断，但依然受到广大知识青年的热烈欢迎。如果说严复以他的一套译作在近代中国建构起了资产阶级理论基础，那么邹韬奋及以张仲实为代表的生活书店的译者和出版者，则共同建构了马克思主义理论基础。张仲实是邹韬奋在翻译、出版方面的挚友。两人的交往及沟通，充分展现了邹韬奋作为一名出版家如何以翻译作品作为宣传进步思想的武器，如何通过系列出版物将马列主义及进步思想，向社会、民众及国民政府发出振聋发聩的鼓舞与号召。

邹韬奋逝世后，毛泽东为他题词："热爱人民，真诚为人民服务，鞠躬尽瘁，死而后已，这就是邹韬奋先生的精神，这就是他之所以感动人的地方。"以往对邹韬奋的评价主要集中于他在新闻、出版、著述等方面的工作和贡献，通过梳理邹韬奋的译作和翻译手法、策划思路，使他"以读者为中心"的精神从另一个角度得到展现；他在翻译上的付出和成就，也使我们对他的崇高有了更丰厚而全面的理解。

　　本文在梳理和分析邹韬奋翻译作品、翻译思想及翻译出版方面还属粗浅，邹韬奋的很多译作，如《一位英国女士与孙先生的婚姻》、《读书偶译》、《社会科学与实际社会》，甚至他早期对《科学底基础》、《穆勒底实验方法》的译介，都值得更加详细且深入的剖析，从这些作品的译法和语言及作品的传播过程，可以反映出近代中国对西方科学理念、家庭伦理观念，对马列主义的接受过程。本文所期待达到的效果，是通过从翻译出版角度的考察，对邹韬奋个人的品格有更为全面的认识，对他为民族独立解放毫无保留的努力和付出有更加深刻的理解。

鞠躬尽瘁，奋斗不屈

——记著名记者、爱国民主知识分子邹韬奋先生

口述　邹嘉骊（邹韬奋女儿）

整理　叶松亭

主编　李文祺

对于所有喜欢邹韬奋、研究邹韬奋的人来说，今年是个有特殊意义的年份：既是韬奋先生诞辰 120 周年，又是抗日战争胜利 70 周年。两个时间点"手挽手"走到一起，使我们格外怀念韬奋。

如果先生泉下有知，能够看到中国如今的文明富强，看到中国百姓如今的富裕安康，看到中国社会如今的民主开明，一定会非常高兴吧！

女儿邹嘉骊谈父亲邹韬奋

出生于 1930 年的邹嘉骊女士是邹韬奋先生之女。如今已 85 岁高龄的邹女士，说话时语调平和，音量不高，思维却依然清晰敏捷。她向记者娓娓道来，在那个战火纷飞的年代，韬奋先生怎样顶着巨大的压力，实践新闻理想、宣扬抗日理念。

父亲的一生心血都花在他的工作和他的事业上。包括他主编的《生活》周刊、《大众生活》周刊、《抗战》三日刊、《全民抗战》等进步刊物，宣传抗战文化。1944 年 9 月 28 日中共中央的唁

电是这样写的："韬奋先生二十余年为救国运动、为民主政治、为文化事业，奋斗不息，虽坐监流亡，决不屈于强暴，决不改变主张，直至最后一息，犹殷殷以祖国人民为念，其精神将长在人间，其著作将永垂不朽。"

而由他和胡愈之、徐伯昕等同事在原来生活周刊社"书报代办部"基础上发展起来的生活书店，则团结兄弟单位新知书店、读书出版社等，在国民党黑暗统治下坚守岗位，出版进步书刊，虽遭种种压迫却不妥协。

生活书店从创办起，宗旨一直是推动进步文化、为社会服务。书店对内采用民主集中制，由全体员工选举产生理事会作为领导机构，父亲担任理事会主席一职。

父亲的战友徐伯昕1941年发表在《新中华报》上的文章说，生活书店"自抗战爆发后，对于抗战国策之宣传与前方精神食粮之供应，尤竭尽心力，不敢懈怠，凡遇党政当局号召，无不争先响应，向不后人。所设分支店办事处前后共达55处，遍及14省、满布于大后方，并深入战区及游击区，努力为抗战文化而忠心服务。"

父亲临终前所写的《患难余生记》中对此也有详尽的记载。他写道，"1937年全面抗战发生以前，生活书店总店在上海，分店仅广州及汉口两处。全面抗战爆发以后，为适应抗战期间全国同胞对于抗战文化的迫切，本店特派高级干部数十人，分往内地各重要地点创设分店，由于负责干部的艰苦奋斗，业务更一日千里，异常发达，不到一年，全国分店已达五十余处。"

在书店的人才培养上，父亲不太看重文凭，提出的录用标准是要有实在的本事和一定的政治认识。像在1935年10月，他曾主持过一次招聘，先从数百名应聘者中挑出28人参加笔试，试题包括作一篇题为"文化与社会的关系"的文章，一些时事知识题，还有把短文翻译成英语。笔试完毕再做口试，父亲作为书店总经理，亲自参加评判，择优录取。

为了向全国各处分店及时传达一些关于进步文化的重要问题，以及一些书店运营管理的好经验、好做法，父亲特别注重对分支机构员工的教育，每周都会出一期油印的内部刊物《店务通讯》，是本小册子，分发到所有分店，供工作人员传阅。

曾经有人这样评价生活书店，说它是韬奋同国民党反动派进行政治斗争、文化斗争的阵地。生活书店的出版物，对于冲破蒋介石政府的文化"围剿"，提高国统区青年和人民群众的政治觉悟，起了巨大的作用。

举个小例子。

1939 年 3 月，生活书店出版了一本《蒋委员长抗战言论集》。这本集子有两部分内容，第一部分是蒋介石公开发表过的抗战言论，第二部分是有关国共合作实行抗战以及承认陕甘宁边区政府和改编红军为国民革命军第八路军等宣言。

出版这本书，不知道背景的人会认为，生活书店是进步书店，怎么会出蒋介石的书？但知道背景的人会明白，这是一步"高手棋"，是充满智慧的斗争艺术的举措。

毛泽东主席曾对周恩来说过："在国民党地区，还应该出版蒋介石主张抗日救国的言论集，这比我们自己宣传抗日救国的主张，有时候还要有用，因为我们自己的宣传在国民党地区常常是不合法的，而宣传蒋介石的言论则是合法的；国民党顽固派如果反对我们做这样的宣传，那么他们就是非法的了。"还说："许多共产党员还不知道，利用蒋介石的抗战言论，去作为动员人民和揭露顽固派的武器，应该懂得这个策略。"

讽刺的是，这本书居然很热销，再版了四次，最后却被宣布为禁书。为什么？书禁了，蒋介石的抗战言论，蒋介石曾经承诺的关于国共合作实行抗战、承认陕甘宁边区政府、改编红军为国民革命军第八路军等宣言，就都成了欺骗和谎言。都是正式的言论和文件，在全国民众面前公示过，又怎能抵赖得了呢？

在当时的社会上，生活书店的影响力很大，一个有力的证明就是，从早到晚，凡是生活书店分店的门口，都挤满了热心读者，很多分店不得不"清晨赶着开门，晚间难于关门"，那样热闹的场景让人十分感动。

《患难余生记》当中有记载，国民党将领白崇禧有一天带着秘书坐车路过生活书店桂林分店，看到人山人海、拥挤不堪，还以为那是哪家戏院，观众在排队抢购戏票。秘书告诉白崇禧，那里是生活书店，人们排队买的是书报，不是戏票。

"皖南事变"前后，国民党反动派掀起反共高潮，对父亲和生活书店也进行了残酷的压迫，更妄图胁迫父亲同意将生活书店和当时国民党官办的正中书局合并，遭到了严词拒绝。

在国民党举行的五中全会上，有人公开宣称，"生活书店的书籍，虽在乡村僻壤，随处可见，可谓无孔不入，其势力实在可怕，而本党的文化事业却等于零，不能和它竞争，所以非根本消灭它不可。"

这种压迫很快付诸行动。根据相关资料，有位个性忠厚的老者，因为喜欢珠算，从重庆去桂林的路上，随身带了一本生活书店出版的《珠算速记法》，不料途中被特务盘问，为什么要看这本书。老先生实话实说，告诉特务他对研究算学有兴趣，结果被特务怒目呵斥道，"不管你对研究算学有多少兴趣，生活书店出版的书是不可以看的。"

这样仍然不能让国民党反动派"安心"，他们又出了毒招，决定封店捕人，将生活书店的各处分店尽行铲除净尽，企图完全毁灭这部分他们认为势力"可怕"的进步文化事业。

徐伯昕在《生活书店横被摧残经过》里写道，国民党反动派以生活书店接受共产党津贴为由，在13个月内，"被封或迫令停业之店有天目山、西安、南郑（汉中）、天水、沅陵、金华、吉安、赣州、宜昌、丽水、屯溪、曲江、南平（福建延年）、衡阳、宜川、立煌等达16处之多，被拘工作人员共达28人之众，西安分店经理周名寰被拘二年，迄未释放。此外尚有兰州、乐山、万县、酆都、南城（闽）等各分支店，则被一再横遭搜查并没收非禁售书刊，以及寄递邮包，时遭无故扣押，以致被迫结束。"

特别在查封生活书店西安分店时，不仅扣押了近2000册经国民党内政部审查注册准予发售的书刊，还驱逐书店工作人员、拘捕患有严重疾病的书店经理，将店里所有的现金、货物、账本予以没收，甚至连租店铺的押金都问房东取了回来，形同劫掠。

父亲刚接到西安分店被封的消息时，还以为只是偶然发生的地方事件，并没有想到在国民党中央党部已有人决定要将生活书店一网打尽。于是，父亲主动前往国民党中央党部，拜访宣传部长叶楚伧和副部长潘公展。

叶楚伧推说自己不知道西安发生的事情，要打电话去问，接着便谈到整个生活书店，说生活书店事业发达，但总有一部分不肯公开，所以国民党对它不放心。

父亲当即反问有什么部分不肯公开，他说不出。父亲告诉他，生活书店光明磊落，没有任何部分不可以公开，没有任何部分不肯公开的。生活书店的人可以公开，经济可以公开，有何疑问尽管提出，必能给他以充分的答复。

经过一番激烈的交涉，叶楚伧和潘公展两人均无话可说，但这也无济于事。几天后西安方面传来一纸回复，上面罗列了"售卖禁书"、"为某方作通讯机关"、"店内同人有小组织，显有政治训练性质"、"店内出版物诽谤山西当局"等四个"莫须有"的罪名。

1941年震惊中外的皖南事变发生后，生活书店除重庆以外的50多处分店，或惨遭查封或被迫令停业，父亲也被人诬陷说他企图组织暴动。

看到生活书店陷入风雨飘摇的地步，周恩来代表共产党及时向父亲和生活书店伸出援手。

《生活书店是怎样接受党的南方局领导的》一文记载，周恩来当时会见父亲，希望他能为了维护进步出版事业，继续与国民党在文化战线上进行斗争，改变方法，采取化整为零的办法，分一、二、三条战线的原则和办法分别部署，并指示书店领导机构迁往香港以保存力量。

根据周恩来的指示，生活书店采取了紧急行动。工作人员有的转移，有的疏散。父亲也秘密离开重庆，辗转抵达香港。1941年5月，在香港恢复出版《大众生活》周刊，号召全国人民从根本上消灭分裂危机，巩固团结统一，建立民主政治，使抗战坚持到底，以达到最后的胜利。

生活书店的领导机构迁往香港不满一年，太平洋战争爆发，香港沦陷。局势动荡，父亲在地下党组织的掩护下，撤退到了广东东江抗日游击区。

临终写下三个字"不要怕"

父亲是个政论家、新闻记者、出版家，因此一般人想象他的性格一定不苟言笑、严肃古板。其实不然，他的性格是多侧面的：紧张工作时，通过他的事业竭诚为广大读者服务，工作之余，也有活泼的一面。

上世纪30年代，办《生活》周刊时期，逢周日他会去电影院看一场歌舞片或喜剧片。卓别林的《大独裁者》不仅看了，还能模仿。1941年由东江纵队掩护撤离香港途中，在纵队组织的联欢会上，父亲就有精彩的表演。一些战士、同志，原以为父亲是名人，是大人物，有距离，通过节目，都没有想到是这样的容易亲近。

纪念集《忆韬奋》中有一篇记载了一个小故事，某次一群文化人聚在一起开会，会前大家先交流，参加会议的作家廖沫沙发现身边有个戴着圆眼镜的人特别活跃，说了很多笑话，逗得大家笑个不停，自己也开怀大笑。这个特别会说笑话的人是谁呢？正式开会后廖沫沙才知道，原来是大名鼎鼎的邹韬奋。

生活方面，父亲更像一个大孩子，全靠妈妈理家，每月交回工资，妈妈先按不同用途一个个信封装好，计划使用。不过，作为家中的"顶梁柱"，父亲又尽量保护妈妈和子女，不管外面局势有多凶险，工作上遇到多大的困难，他从来都"报喜不报忧"。这样固然让妈妈少了很多烦恼，但当"七君子"事件发生后，妈妈对于父亲的被捕有了心理准备，警觉起来。

当时我还小，对于早年全家生活的场景，没有太多的记忆。记得全家曾在屋子附近的弄堂口一起拍过照片，父亲穿了一套中式衣裤；还有一张父亲穿着长衫，我在后背紧紧拉着他的衣服，可惜现在找不到了。

1941年初，父亲从重庆来到香港。香港的政治环境比较宽松，他在工作之余，缠着妈妈学交谊舞，学在床上做保健操，开初妈妈不肯，他就抱着凳子，一边看书一边学舞步。父亲说了，要身体好两个人都要好。这件事我至今还有印象。在爹妈的卧室里，看到桌上有两本英文版的精装书，书里有走舞步和运动的图画。可见他的乐观、活跃、幽默。

日军攻陷香港后，我们全家撤退到广东东江抗日游击区。

在那里的两个多月,是全家过得最幸福的日子。父亲情绪高、活跃。早晨醒来先做头部按摩,躺在统铺上做保健操,后来又把这套保健操传授给同寮友人,有时还带我们去小溪边捉虾摸小鱼。借着为父亲过生日,在一个春光之夜,大家围坐在山下一丘农田里,各人高举一碗又辣又甜的姜汤代酒,祝他健康长寿。

遗憾的是,这样幸福的日子太短暂。很快,父亲在中共地下党的安排下隐居到广东梅县,妈妈带着我们去了广西桂林。等再次与父亲在上海重逢时,那时他已重病在身,住在医院接受治疗。

妈妈很快学会了打针,每天几次用棉签从父亲鼻腔里卷出浓浓的污物。随着病情不断恶化,1944年7月24日清晨,父亲已经说不出话,病室里除了妈妈低低的哭泣外,寂静无声。我和大哥在病床边,曾耀仲医师和一直照顾父亲的几位生活书店同仁也站在床边,默默而沉重地等待着那残酷的时刻。父亲瘦如枯柴的躯体躺在床上,神智还很清楚,胸脯却急促地上下起伏。妈妈给了父亲一支笔和一本练习本,父亲用仅有的微力,颤抖地写出了三个不成形的字:"不要怕。"

妈妈哭泣着问曾医师:"还有什么办法嘛?"曾医师沉重地摇了摇头。随后,父亲的手脚开始渐渐凉下来,7点20分,他永远离开了我们,离开了他的亲人、他的同志、他的事业。

父亲走后,留下两份不同版本的遗嘱。

其中一份题为《邹韬奋先生遗嘱》,于1944年10月7日公开发表在延安《解放日报》,全文如下:

"我自己(愧)能力薄弱,贡献微少,二十余年来追随诸先进,努力于民族解放、民主政治和进步文化事业,竭尽愚钝,全力以赴,虽颠沛流离,艰苦危难,甘之如饴。此次在敌后根据地视察研究，目击（睹）人民的伟大斗争，使我更看到新中国光明的未来。我正增加百倍的勇气和信心，奋勉自励，为我伟大祖国与伟大人民继续奋斗。但四五年来，由于环境的压迫，我的行动不能自由，最近更不幸卧病经年，呻吟床褥，竟至不起。但我心怀祖国，惓念同胞，愿以最沉痛迫切的心情，最后一次呼吁全国坚持团结抗战，早日实行真正的民主政治，建设独立自由幸福的新中国。我死后，希望能将遗体先行解剖，或可对医学上有所贡献，然后举行火葬，骨灰尽可能带往延安。请中国共产党中央严格审查我一生奋斗历史，如其合格，请追认入党，遗嘱亦望能妥送延安。我妻沈粹缜女士可参加社会工作，大儿嘉骅专攻机械工程，次子嘉骝研习医学，幼女嘉骊爱好文学，均望予以深造机会，俾可贡献于伟大的革命事业。"

另一份则是父亲口述、徐伯昕记录的《遗言记要》，一直没有公开发表，直到父亲去世60周年时，才由徐伯昕次子徐敏整理遗物时发现并给我看了。全文如下：

"我患此恶疾已达年余，医药渐告失效。头部疼痛，日夜不止，右颊与腿臀等处，神经压迫难受；剧痛时太阳穴如刀割，脑壳似爆裂，体力日益瘦弱，恐难长久支持。万一突变，不但有累友好，且可能被人利用，不若预作临危准备，妥为布置一切，使本人可泰然安眠。倘能重获健康，决先完成《患难余生记》，再写《苏北观感录》、《各国民主政治史》，并去陕甘宁边区及冀察晋边区等抗日民主根据地，视察民主政治情况，从事著述，决不做官。如时局好转，首先恢复书店，继办图书馆与日报，愿始终为进步文化事业努力，再与诸同志继续奋斗二三十年!"

一、关于临终处理:

1. 万一突变时,即送医院,转交殡仪馆殡殓,勿累住处友人。

2. 消息勿外泄,以免被敌造谣中伤,或肆意利用。

3. 遗体先为名医解剖检验,制作报告,或可对医药界有所贡献,而减少后人重犯此恶疾之痛苦。继即举行火葬。

4. 即派人通知雪(徐雪寒)、汉(潘汉年),转告周公(周恩来),如须对外发表遗言,可由周、汉全权决定内容,电告各地。

5. 火葬骨灰,尽可能设法带往延安,请组织审查追认,以示我坚决奋斗之决心。

二、关于著作整理:

1.《患难余生记》第一部分与恶势力斗争,已在病中写完,第二部分为《对反民主的抗争》,可用香港华商报发表之专论辑成,第三部分与疾病斗争,可由沪地及苏北友人分写完成。

2. 过去著作,《萍踪寄语》、《萍踪忆语》及《抗战以来》等书尚可印行,但最好能将全部著作重加整理。如能请愈之审查,可由其全权决定取舍或增删。

三、关于家属布置:

1. 家中尚有老父在平,以后可由二弟、大妹、及二妹照料,不需我全部负担。

2. 与妻共同生活二十年,不能谓短,今后希望参加社会工作,贡献其专长。

3. 大宝、二宝,从小专心机件构造,有志于电机工程,可予深造。我此次患病,感于医生亦甚重要,如二宝愿习医学，在高中毕业后，即入医科攻读。小妹爱好文学，尤喜戏剧，曾屡劝勿再走此清苦文字生涯之路，勿听，只得注意教育培养，倘有成就，聊为后继有人以自慰耳。

4. 我二十余年努力救国工作，深信革命事业之伟大，今后妻子儿女，亦应受此洗炼，贡献于进步事业，或受政治训练，或指派革命工作，可送延安决定。

四、关于政治及事业意见：

1. 对政治主张，始终不变，完全以一纯粹爱国者之立场，拥护政府，坚持团结，抗战到底，能真正实行民主政治。

2. 对事业希望能脚踏实地从小做起，一本以往服务社会与艰苦奋斗之精神，首先恢复书店，继则图书馆与日报。

3. 至于事业领导人，愈之思虑周密，长于计划，尽可能邀其坐镇书店，主持领导。仲实做事切实，亦应邀其协同努力。办报时仲华与仲持，亦可罗致。

五、关于其他方面：

1. 如能查得愈之安全消息，速设法汇款前去，以资补助。

2. 伦敦购回之英文本古典政治经济史与马恩全集，盼能保存于将来创立之图书馆中，以留纪念。

对比两份遗嘱，《遗言记要》口语化，生活化，充满对人间、对世界的爱恋深情。《邹韬奋先生遗嘱》则简化了很多具体条款，隐去了人事上的设想和安排，变口语化为文字化，有精神，有原则，又讲究策略，文字简练，有条理。

很多老同志回忆当年读《邹韬奋先生遗嘱》时的情景，至今仍然激动不已。有的说是读了韬奋的遗嘱，坚定了自己的革命信心，有的说是读了韬奋的遗嘱，激励自己申请加入了共产党……

而我对《遗言记要》看得尤其重要,因为父亲在这份遗嘱中,对妈妈和三个子女的安排更详细些,其中对于我的叮嘱又最多,其实我那时候还远远算不上"爱好文学,尤喜戏剧",充其量就是比较喜欢看书罢了。

通过比较可以看出,《邹韬奋先生遗嘱》是在《遗言记要》的基础上精炼而成的。《遗言记要》也许父亲原本没有打算公开发表,所以那样真挚直白地提到他结交的很多革命者和共产党人,并把遗愿托付给共产党。在1944年那样险恶的环境下,若是公开发表《遗言记要》,就是自我暴露,给敌人提供"明靶"。父亲很清楚,所以明确嘱咐"消息勿外泄,以免被敌造谣中伤,或肆意利用",又嘱咐死后"即派人通知雪、汉,转告周公","如须对外发表遗言,可由周、汉全权决定内容,电告各地。"

只是,最后公开发表的遗嘱,究竟是由谁精炼而成的呢? 是"周公"还是"汉"? 能够回答这个问题的先辈已先后作古,这个疑案只好留给后人去研究解答了。

父亲和共产党人的来往

秘密党员胡愈之曾经说过:凡是有中国人的地方,那里只要有知识分子,几乎没有不知道邹韬奋和《生活》周刊的。可见当年父亲声望之隆、影响之大。而他在抗战炮火的洗礼中,最终选择了共产党,走上了革命道路,其在当时的榜样和示范作用不可低估。

在"邹韬奋生前和共产党的关系"这个问题,我曾听过两种说法,但都不太认同。

一种说法认为,父亲在1933年第一次流亡以前,还未树立唯物主义世界观，还没有完全转到无产阶级立场上来，直到1935年返回祖国时才完成这个转变。

还有一种说法则认为，在与共产党人的互动中，父亲处于相对被动的状态，更多是共产党人和地下党组织，为父亲、我们全家及生活书店，提供了帮助与支持。

我们所学的哲学原理，在推动事物发展各种因素中，外因只是条件，内因才是根本。因此在我看来，父亲不仅是一位坚定的共产主义者，还是一位自发、主动、积极向马列主义靠拢的共产主义者。

根据近年来我搜集整理的资料，和一些专家学者的研究成果，早年父亲一度受胡适思想的影响，赞同"多研究些问题，少谈些主义"，1927年提出振兴中国的根本要策还是"力求政治的清明"和"实业的振兴"，虽然欢迎民众运动，但强调法制和秩序。这种政治主张，虽然表达了一些对现实的不满，但对国民党政府还抱有幻想。

"九·一八"事变后，父亲对奉行"不抵抗"及"攘外必先安内"政策的国民党政府的态度发生了巨大变化，在看清靠国民党反动政府既不能解决个人问题，更不能解决民族问题后，父亲和《生活》周刊开始以毫不妥协的姿态，高举抗日救国的大旗，并在文章中"大胆警告当局"，"政府所恃者，不过几支枪杆子，'民不畏死，奈何以死惧之'，民众为自卫及卫护民族计，随时有爆发的机会，起来拼命！"

与此同时，父亲开始接触苏联的社会主义运动。1931年，当时已是中共地下党员的胡愈之从国外考察回来，写了《莫斯科印象记》，父亲读后专门写了篇书评介绍，发表在《生活》周刊第6卷第40期上，并拜访胡愈之，从此两人结成知交，邀请胡愈之为《生活》周刊写国际问题的文章，还请他参加周刊和生活书店的编辑工作。

从 1933 年起，《生活》周刊系统地发表了一系列宣传社会主义、介绍辩证唯物主义与历史唯物主义的文章，从而成为宣传社会主义的活跃阵地。

等到父亲第一次流亡时，他在国外看到苏联社会主义与西欧北美资本主义两种社会制度的迥然不同，特别是在美国南部目睹黑人的非人生活后，感受很深，从中受到教育，在政治方面更加成熟。

在这段时期，不管是他写的《萍踪寄语》，能够自觉运用阶级斗争的观点分析欧洲纺织女工等所见所闻；还是他后来摘译在英国伦敦博物院图书馆读书时记下的英文笔记编成的《读书偶译》，向国内读者介绍辩证法及马克思恩格斯等人的生平和学说，都表明在他的脑海中，马克思主义观点已经取代民主主义观点，占据了支配地位。

大概是因为名字比较朴实或其他什么原因，在父亲的诸多作品里，《读书偶译》长期被人们有些忽略了。

自踏上共产主义道路后，父亲与周恩来、胡愈之等共产党人建立了密切的联系，对共产党抗日救国的坚定决心和方针政策，有了更深刻的认识。

1938 年，父亲在武汉结识了周恩来。后来到重庆，他又成了八路军办事处的常客，并在此后多次流亡等事情中，得到了周恩来和党组织的帮助。父亲曾说过，"在我毕生所结交的朋友中，他们两位（周恩来和胡愈之）是我最敬佩的。"

在东江抗日游击区时，父亲曾做过一次演讲，大意是：我邹韬奋是一个凡人，人生四十七年，只想在苦的酸的辣的时代里干一点苦事业！后来偶然的机会，认识了潘汉年，我眼睛一亮！由于他，我跟胡愈之、鲁迅、宋庆龄、沈衡老等人多了来往！再后来跟周恩来、董必武、王稼祥等几位的相处，我才认识自己太弱、太浅、太不够、太差了。

《生活书店是怎样接受党的南方局领导的》一文，提到了父亲在九年半的时间里，多次要求入党的事情。

第一次提出请求在 1935 年，他从美国南部回到纽约，和徐永焕谈如何加入共产党的问题，后因《新生》事件"匆促回国。

第二次则是于 1938 年，在汉口向党的长江局负责人提出入党要求。周恩来鼓励他还是以党外人士的身份工作为好，并亲切地说，"目前党还需要你这样做。"周恩来表示，这是党给予他的任务，而且已经把他看作是党的一份子。父亲入党的要求虽然未能如愿，但在精神上得到很大的鼓舞和安慰。

第三次要求入党是在 1942 年，父亲当时来到了苏中抗日根据地，在即将转移至苏北地区前，他坦诚地对全程陪同的苏中区党委委员刘季平说："国民党已经通缉当地将我'就地惩办'，今后我不可能再在国统区公开露面，希望你向苏中党委反映，并转报华中局批准我入党。"而到他病危的时候，又在遗嘱中请求党中央审查他的历史，吸收他入党。

九年半，父亲再三要求入党，表现出他对中国共产党深厚的感情和坚韧不拔的意志。尽管直到 1944 年 9 月 28 日父亲才被追认为共产党员，但是他对民主革命做出的贡献，他对革命文化出版事业进行的创造性实践，无愧于"党外布尔什维克"的称号。

在父亲的带动和影响下，尽管位于国统区，生活书店仍克服重重困难，通过单线联系等各种办法，一直受到周恩来和中共中央南方局其他负责人的重视、关怀和领导。

一方面，部分党的领导骨干和进步文化人进入书店工作。钱亦石、张仲实、金仲华、钱俊瑞、柳湜、艾寒松等党与非党在文化工作方面的领导骨干力量，先后担任生活书店编辑部和期刊编辑的主要负责人,他们在日常工作中有意识地宣传马列主义,体现和贯彻党的方针政策。

另一方面,书店常常邀请中共办事处的一些负责同志来讲话做报告。1938年2月,周恩来应邀来汉口生活书店做《关于当前抗战形势和青年的任务》的报告,这是党中央领导人首次对生活书店工作人员直接进行政治教育。1939年6月,周恩来又针对汉口、广州失陷后的形势,在重庆生活书店总管理处做《抗战第二期的文化工作》的报告。此后,来生活书店做报告或讲话的南方局领导同志还有董必武、叶剑英、博古、凯丰等。这些报告和讲话使书店同人及时地受到党的教育,听到党的声音,不断提高自己的政治觉悟,增强了为革命做好本职工作的精神动力。

抗战中后期,毛泽东的《论持久战》、《新民主主义论》、《论联合政府》和朱德的《论解放区战场》等书陆续出版,生活书店得到样书后在上海、重庆秘密重印,有的还是按照延安的版式装帧重印后秘密发行。

1940年以后,负责生活书店图书编审工作的依次是胡绳和张友渔。他俩与党的领导机构关系密切,无异于党派在书店的代表,除了编审工作,还过问书店人事以及干部教育等方面的问题,使得党对书店的领导加强了。特别是韬奋出走及逝世以后,有一位相当于党代表常驻书店,对书店工作有很大的好处。

附:三位当年的中学生回忆1942年12月6日邹韬奋到学校演讲的内容和情景。

"我看到,希望就在这里"

南通市韬奋小学的旧址,坐落在离市区20多公里的地方,校园操场中间，有一棵树龄已达数百年的银杏。树旁有一块碑，上面写着"一九四二年底民主战士韬奋在此演讲，疾呼团结、抗战、进步；抨击分裂、投降、倒退。"1942 年 12 月 26 日，就在这棵银杏树下，正在苏中抗日民主根据地考察的邹韬奋先生，给当时在此办学的南通县立中学师生发表了一次慷慨激昂的演讲。记者联系上三位当年聆听演讲的南通县中学生：朱剑、徐希权、季茂之。面对着熟悉的银杏树，三位耄耋老人互相搀扶、相互回忆，那段久远的画面随之渐渐清晰……

我们中学原来不在这里，日本军队占了南通城后才搬过来。别看这里距离南通城不远，但以前没有大路，位置很隐蔽，不好找。我们的学校是根据地的学校，搬过来之后条件很艰苦，教室什么都是借老乡的草屋，但始终坚持教学。

韬奋先生来之前好几天，学校就和我们说了，说著名的爱国民主人士邹韬奋先生要来。这个消息让我们很激动，天天盼，因为邹韬奋的名字我们都听说过，"七君子"之一，因为宣传抗日被国民党反动派抓去坐牢的名人。还有人看过他主编的杂志和书，逢人就讲里面的内容，听完之后，虽然还没看到真人，但我们对韬奋先生已经充满了敬仰之情。

学校没说他具体哪天来，我们就天天等着。1942 年 12 月 26 号那天上午，大约 9 点，我们正在上课，有眼睛尖的同学突然发现学校东北角过来了一群人，是我们的人，前面三四个战士小跑带路，中间俩人骑着马，不是疾驰，一看就是文人骑马缓缓而行，后面还跟着大概一个加强班。那个加强班的战士装备特别好，火力比一般部队猛，配有两挺轻机枪。

后来有人认出，两个骑马的人，留胡子的是刘季平，戴眼镜的就是韬奋先生。老师也顾不得上课了，马上派同学去通知校长。虽然学校只组织了部分老师,没有组织学生去欢迎,但学生全都自发涌出教室,当时县中没有校门,大家就站在操场上,排成两列迎接韬奋先生。

到了操场,俩人下了马,我们这才看清韬奋先生的长相,和之前学校发的宣传资料上印的画像差不多,戴着灰色礼帽,穿长衫,不过耳朵上裹了块白纱布。县政府文教科科长吴浦云和校长李伯平迎上去,同两位先生握手,韬奋先生脸上始终带着微笑,向所有人致意,很和蔼。

中午吃过饭,又休息了一会儿,当天下午,韬奋先生在学校操场的银杏树下,面朝北站,面前摆了张桌子作为讲台开始演讲,题目是《团结抗日的形势》。

当时来听演讲的人很多,除了全校师生,还有根据地的干部民兵、各界代表,不少人是赶了几十里路来的,有的专门从敌占区突破封锁线偷偷跑来。大家全都围着银杏树,或站或蹲,有人甚至站到附近的麦田里去了。现场具体有多少人我们也说不清,后来看有的资料说有几千人,可能没那么多,但起码有几百上千人。

因为没有麦克风和音响,韬奋先生就靠自己的嗓子很大声地演讲,前一半是我们听他说,后一半我们递条子上去他回答问题。

一点不夸张,演讲的第一句话就把我们全吸引住了。他说,"鄙人是从大后方来的……"皖南事变之后,在解放区的人对大后方的情况几乎一无所知,感觉就像另一个世界,先生的第一句话就让我们很感兴趣,全都竖起耳朵听,后来过了很久,班上还有调皮的同学模仿这句话。

韬奋先生讲了很久,大概可以分成两个部分。

第一部分是他介绍大后方的情况,尤其是重庆的情况。他在大后方生活的时间长，了解得多，讲得也多。

他给我们描述了大后方人民群众生活上的艰苦和经济上的困难，虽然日本军队的飞机对重庆轰炸得很厉害，但重庆的老百姓不怎么害怕，反而激起了民愤，使得大后方的抗日意志很坚决，这是主流。

不过，他又说起，大后方也存在严重的黑暗、腐败，不少政府和军队将领搞消极抗日，顽固派制造分裂，破坏国共合作，特务横行，迫害民主人士和爱国学生。

此外还有一小撮投降派，他们早有悲观论调，虽然不敢公开大讲，但四处散布抗战难以取胜的思想。好在有陈嘉庚等一批爱国华侨，在国民党参政会上拍案而起，对这种言论予以了严厉驳斥，告诉民众抗战一定会胜利。

第二部分则是先生到根据地之后的所见所闻，他特别提到了根据地军民抗日的决心，还有群众的生活和民主的建设。

他说对根据地有两个最深刻的印象，"第一是共产党对于抗日民族统一战线的忠实，充分而周到地照顾各阶级、各阶层人民的利益，使全根据地人民紧密地团结起来，坚持了敌后抗战；第二是民主政治的实现和'三三制'的彻底执行，使民主政治真正成为人民大众自己的政治。"他说，"我亲眼看到敌后的民主政治像一朵奇葩似的在强敌环伺、围攻下开放出来。"

他谦虚地说，"我到根据地来不久，对一切都很生疏，就像一个刚进学校的小学生一样，懂的东西是很肤浅的，然而使我感到兴奋的是，我从事民族解放、民主政治和进步的文化事业，虽然有了20多年，可是看到真正的民主政治和进步文化，还在今天开始。"他动情地说了这么一句，"我看到了新中国的未来，希望就在这里。"

演讲中，先生讲到三句口号：坚持抗日，反对投降；坚持团结，反对分裂；坚持进步，反对倒退。演讲结束时，他打着生动的比方说，"抗战已到了恭贺新禧的阶段。我目睹中国人民的伟大斗争，使我看到新中国的光明已经在望了。努力吧！我向大家恭贺新禧！"

听完演讲，说实话我们都很激动，觉得信心更足了。在根据地，虽然平时也能看到报纸，但毕竟很难知道大后方乃至全国、全世界的大形势，现在听韬奋先生连续讲了两个小时，我们这样的初中生虽然说很难有什么特别深刻的认识，但至少都明白了一点：韬奋先生说，跟着党走就对了。

演讲过后，先生回屋休息，后来我们听说，当时先生耳病正在发作，像针刺一样痛，后来还是学校出面从敌占区请来一位医生给他打了止疼针。

第二天上午，韬奋先生和部分师生代表开了一个小规模的座谈会，我们没能参加，很可惜。听参加的同学说，先生回答了很多问题，虽然大致内容仍是前一天演讲的东西，但更加细致。

座谈会后，我们看到先生坐在休息室里给同学们写字题词，休息室门口排了大约三五十人的长长的队伍。之前因为没能参加座谈会有些不高兴，可看到先生这样的"大人物"竟然愿意给我们写字，立刻把不高兴忘得干干净净。有的同学跑出去买纸，我觉得那样太浪费时间，拿着平时用的练习簿就去排队了。

排在我前面的是个初一的小同学，我认识他，叫季林森，人很机灵，长得又好看。轮到他的时候，韬奋先生问他，"你叫什么名字呀？"季林森连忙拿出一张事先准备好的小纸条，上面写着他的名字，然后韬奋先生就用毛笔蘸墨，为他写下了"有志者事竟成"六个字，并加上他的名字和"韬奋"的落款。等轮到我的时候，因为事先没有准备小纸条，又担心先生耳朵不好听不清，就没有报自己的名字，先生拿过我的簿子，在上面写下两句话：读书不忘救国，救国必须读书。落款一样是"韬奋"。这个簿子后来我一直珍藏着，直到"文革"期间不慎散失，实在可惜。

（本文在整理过程中，除上述被访对象，还得到了上海韬奋纪念馆的许多帮助，在此向纪念馆相关工作人员表示感谢）

浅谈生活书店的核心价值观兼及践行者徐伯昕

徐　虹

　　生活书店在中国现代出版史上具有重要地位,她是民国时期出版业界进步出版力量的领跑者,是文化抗战中的坚强堡垒,她在抗战中宣传发动和鼓舞民众,发挥过巨大的作用。她传播的新思想、新文化对我国的社会和文化进步产生过巨大的影响。生活书店的创始人邹韬奋和徐伯昕先生共同培育、践行的"竭诚为读者服务"的精神,是生活书店的核心价值观和办店宗旨,也是生活书店得以生存和发展的基石,并由此出发打造了名传海内外的生活书店,也奠定了其在中国现代出版史上的特殊地位。

　　生活书店不是一般的出版社和民营的商业机构。是否可以说,她在中国出版史上第一次将"竭诚为读者服务"作为办刊物、经营出版社的指导思想,并明确规定为办刊、办店的宗旨,成为生活书店为我们留下的精神遗产——"生活精神"中最重要、最核心的部分,也是生活书店成功的最重要的经验之一。起源于《生活》周刊社书报代办部的生活书店,其宗旨是:非为私人谋利,而是致力于进步文化出版事业,置身于国家民族的大局之中,为民族解放、民主政治和向读者提供精神食粮,如韬奋先生所说就是"努力为社会服务,竭诚谋读者便利","以促进文化,服务社会为宗旨"(生活书店1933年《生活出版社章程修正草案》)。正是由于这样的核心价值观作为书店的宗旨,在上个世纪三四十年代,生活书店出版了众多有价值的传播新思想新文化的图书、期刊。如:"世界学术名著译丛"中有:《资本论》、《价值、价格与利润》、《政治原理与经济原理之关系》等;"青年自学丛书"中有:《思想方法论》、《新人生观讲话》等;"抗日救亡论丛"中有《中国不亡论》、《全面抗战论》等,以及那个时代著名的政治家、活动家、文学家涉及政治、经济、哲学、军事、外交、文学、教育、科学技术等多门类多学科的著作译著,如《鲁迅全集》、《世界文库》、《历史唯物论讲话》、《中国经济的现状与对策》等等;著名的刊物有:《生活》、《新生》、《世界知识》、《妇女生活》、《全民抗战》、《民主》周刊三十余种之多,这些高品质的图书和刊物,服务于那个时代的需要,为大众提供了优质的精品文化食粮,滋养了一代知识分子和进步青年,唤起民众,开启民智,影响深远。

在生活书店核心价值观的思想指导下,生活书店的两位创始人,自其前身的《生活》周刊始,到生活书店创办发展的实践,不以谋求个人私利、不以盈利为目的,并由此产生了生活书店特有的企业股份制组织模式,其所有制是合作社性质,这是生活书店在核心价值观指导下的创举。生活书店没有老板和雇员,所有同仁都是合作社的主人,在经济上靠集体的智慧和自力更生,靠所有同仁的劳动,获取合理的利润积累,作为股本金和部分的流动资金。同样在这个核心价值观指导下的企业机制,是随此而来的题中之意——民主集中制的管理,它从组织形式和企业制度上使书店在根本上有了良性发展的保证。"竭诚为读者大众服务"的核心价值观,既是这个制度得以产生的前提,又是制度得以稳固的思想基础和重要保证。纵观民国时期的众多出版社,都没有明确提出过这样的价值观和宗旨,企业非全员所有,和员工是雇佣关系。而生活书店,在竭诚为读者服务的核心价值观及办店宗旨的引领下,每一位加入的成员,试用合格后,都拿出工资的10％作为股本金，并以此分红，管理民主化，盈利靠大家，利润归集体。但实际上只第一年分过红，以后都投入了企业发展中做为流动资金使用，没有再分过红。相反，在生活、读书、新知三家书店合并前，由书店另一创始人徐伯昕提议通过，所有股本金全部捐出作为纪念和筹建韬奋图书馆的资金。建一个大众图书馆，为大众，尤其是为青年读者大众服务，是韬奋先生的生前遗愿，也是他的继承者和同仁们对企业核心价值观的高度认同。这是生活书店在长期为读者为大众服务的实践中，其核心价值观所培养起来的思想作风的必然。

生活书店的核心价值观起源于创办人之一的邹韬奋先生，发端于生活书店的前身《生活》周刊社。1926年韬奋先生接手《生活》周刊主编，开始了对读者的服务工作。最初的服务内容和方式，是答复读者来信。为解决读者来信中提出的各种问题，大到人生修养、婚姻家庭，小到医药卫生、代购衣物。韬奋先生认真答复读者来信的服务精神是非常感人的。他认为青年是社会的未来，他把对青年进步的人文关怀，推及到对社会进步的深切关心和殷切期望，并倾注在每一封复信中，如他自己所说，就像"写情书"那样，把信写的委婉恳切，"一点不肯马虎，鞠躬尽瘁，写而后已！""读者和我们真做成了好朋友，不但大大小小的事要和我们商量，在海外的侨胞和内地的同胞，还时常寄钱来托我们买东西，买鞋子，买衣料，都在'义不容辞'之列，这当然需要跑腿，选择包寄，买得不十分对还要包换；麻烦是麻烦，但是寥寥几个同事却没有丝毫烦躁或不高兴的意识，简直跑得愉快，麻烦得愉快！"（邹韬奋《事业管理与职业修养》）《生活》周刊社的人员，由最初的韬奋、徐伯昕和兼职会计孙梦旦两个半人逐步增加，第一位加入《生活》周刊社的黄宝询女士的工作，就是协助韬奋先生处理读者来信，为此最多的时候有十几个人。但是即便如此,韬奋先生为对读者负责,仍然亲自阅读来信,口授答复大意或处理原则。复信必须经他审阅后,才能签名发出,而这竟坚持了十几年。一时一事易做,而十几年的坚持难能可贵。韬奋先生面对刊物的编辑重任,仍然不放弃对读者来信的重视,这种长期坚持的对读者极端负责、极端热忱的服务精神,在今天更是尤为可贵。这种精神不仅服务读者,还影响到作家。1933年左右,作家柯灵写信《与韬奋、柳湜先生谈电影与消遣》,批评《生活》周刊上一篇谈青年问题的文章,把电影列入浪费时间的一种。很快,《生活》公开更正自己的观点。韬奋这种认真负责的精神深深打动了作家柯灵,1946年,柯灵先生在他主编的《文汇报》上开设了《读者的话》专栏,并把"生活精神"概括成简明的口号:"有话大家说,有事大家商量,不论男女老少,人人可以投稿",并以此作为刊物的宗旨。三十多年后,他在纪念文章中还提及这件事对他的影响,更是明确地把这种精神概括为:韬奋"生命的全部基石是全心全意为群众服务的思想",这在出版界可谓影响深远。这种思想来源于韬奋先生对社会理想追求的崇高和真诚,来源于韬奋先生自己就是个至纯至真至诚的人。这种精神和我们党一贯倡导的全心全意为人民服务的精神是完全一致的,我们在今天讨论生活书店的核心价值观,有着特别重要的现实意义。

《生活》周刊社对读者的服务,发展到生活消费品的代购,甚至为外地读者代购车票、安排住宿、代购代定书刊,以至于后来成立了专门的书报代办部,最多的时候有十几个人。这种看上去非但没有直接收益,只有支出的工作,在一般人看来是十分琐碎和繁杂的,或许在当时和今天会被很多人不屑于做,但在周刊社和书店,只要读者有求,都莫不热诚周到、不厌其烦地去做。当时的《生活》周刊社在邹徐两位的主持下,十分重视对读者的服务工作。这两位分工合作得天衣无缝的领头人,并没认为一家无疑应该以编辑工作为重的刊物,为读者服务的工作可有可无,不但成立了专门的书报代办部,并配备了工作人员十数人之多。"韬奋、伯昕对代办部的工作十分关注。强调发扬服务精神,办事认真负责,一丝不苟,件件有着落。"(《生活书店史稿》第23页)如此,竭诚为读者服务的精神就在这些看似琐碎的长期的服务工作中萌生和生发起来,成为刊物的工作作风,成为后来生活书店的核心价值观和优良传统。而生活书店通过对读者的热诚服务,在书报代办部的基础上脱胎而立,并在和读者的互动中成功的壮大了自己。小小的《生活》周刊创造了民国时期的发行量之最,资本金也并不雄厚的一家民营书店创造了民国时期发展最快、分支店超过老牌商务印书馆的佳绩,也实现了周刊社和书店为社会进步、为时代需要服务的构想。这些今天想来在一个刊物和出版社或许是不可能的事,但是在上个世纪二三十年代确确实实的发生在《生活》周刊和一家完全是民营企业的生活书店。生活书店发展到全盛时期的抗战初期,进步的青年朋友信任书店到把自己的前途交给书店,到书店要求将他们送往延安参加抗日,这是书店竭诚为读者服务赢得的最高的信任,也是书店为读者服务工作达到的最高境界。有前辈回忆:"在抗战时期,后方各地任何一个大小城市,只要有一家生活书店开办起来,它的对外门市立刻会涌来当地热烈向往抗战救国的大批爱国青年,他们找到了书店,就会找到投身抗战的门路。"在今天这是任何一家书店和出版社都不可想象的。

与时代同行的服务精神,是生活书店核心价值观的体现,也是生活书店的核心竞争力所在。1931年"九·一八"事变的爆发,是《生活》周刊服务内容的重要转折。《生活》周刊社由综合性的青年大众读物转变为以抗日救亡为中心的时事政治刊物。

"要和国人共赴国难，要为民族解放做出贡献"成为周刊的主题。《生活》号召为马占山在黑龙江抗战发起捐款，一呼万应；为支援十九路军抗战在淞沪参加抗日募捐，办伤兵医院；为《生活日报》征股，短短数日集得 15 万元之多。这些都得到广大读者和社会人士极其热烈的响应和支持，这正是刊物与书店为时代的需要服务，和读者在为国家利益共同的互动中产生的新型关系。而多年竭诚的为读者服务是这种关系产生的前提和基础。

竭诚为读者服务是《生活》周刊和生活书店经营管理成功的重要经验。而把竭诚为读者服务发展创新到全面的经营管理中，不能不提到生活书店的另一位创始人徐伯昕先生的突出贡献。韬奋先生是生活书店的灵魂和旗帜，徐伯昕先生是韬奋先生的亲密战友和长期合作者，他们二人的精诚团结和相得益彰的合作，成就了那个时代的《生活》周刊和生活书店。徐伯昕是生活书店的实际经营管理者，也是生活书店核心价值观的倡导者、培育者和实践者。他把由《生活》周刊社在最初的实践中逐渐生发起来的竭诚为读者的服务精神，无时无刻不渗透在周刊社和书店的经营管理中。用今天的话说，徐伯昕是个成功的企业家。《生活》周刊社白手起家，没有任何外来资金的支持。生活书店无任何政治背景，也无任何社会资金支持，但能发展起来，"经营管理对于事业的兴衰成败，具有决定性的意义"。而徐伯昕经营管理的成功，不仅仅是他有运筹帷幄的魄力，经营管理的才华，精明过人的头脑，更重要的是他和韬奋先生有着共同的核心价值观，他同样视竭诚为读者大众服务，以推动社会进步，是刊物和书店经营的最高利益和宗旨所在。他在晚年谈到书店竭诚为读者服务的精神时，曾说"生活"是靠服务起家的，他把这视为生活书店成功的最重要的经验和法宝，也是他本人实践的经验和总结。在他从事出版工作的数十年间，他从《生活》周刊时为读者服务中起步,在强化服务中发展,在服务指导下经营,在经营管理中服务,总之将服务贯穿于出版工作的所有环节,使《生活》周刊社及书店的社会价值和经济效益在服务的基点上得到统一,因而徐伯昕先生能在他的经营管理实践中"年年有新招,时时有创新"。

从《生活》周刊社起,和韬奋先生一样,徐伯昕先生为读者的服务精神同样十分感人。《生活》周刊社起家时一穷二白,用韬奋先生在话是"惨淡经营"。"有一次遇着开运动会,由一位茶博士带了一大堆立在门口分送,在当时是不敢想到卖得出的。"(《生活史话》第150页)。但是靠着徐伯昕一心贴着读者,不谋任何私利,周刊社的经济状况逐年好转。徐伯昕曾回忆,当年相同于当局强加给书店的迫害而外,就是经济的十分困难。"1930年生活周刊社设立书报代办部时,只用二十元印了一份书目,就这样开展了业务,此外并无其它资金和开办费用"。周刊初创时,资金拮据,请不起社外专业人员作画稿,为提高刊物的生动可读性,徐伯昕常常白天奔忙在外,晚间灯下伏案,发挥自己的美术特长,用吟秋等笔名为韬奋的文章配插图作漫画。为自己的刊物作画是无偿的,但徐伯昕不计报酬,乐此不疲,只要回报他的是周刊社的发展壮大。为周刊社有足够的流动资金,他提出在周刊上划出篇幅,为优质国产商品刊登广告,以此增加收入,弥补经济超支,解决经费不足。韬奋说"真正为我们大拉广告的还是伯昕先生",但是,"那个时候,我们的经济基础是异常薄弱的,要请一位同事设计广告,是绝对不可思议的事情,幸亏有了多才多艺的伯昕先生"。徐伯昕白天除正常的经营管理工作,还要出去大拉广告,晚上精心设计广告,安排版面。"他当时替薄薄一本《生活》周刊所拉的广告,每期登载五六十家以上……引起整个广告界的震惊。"更值得一提的是,他为厂商无偿服务的精神。凭借他在职校打下的美术功底,加上天赋,能对各家厂商的广告文字和式样给以很好的建议或代为设计画样,使广告做得美观适用而又经济。如梁新记牙刷广告,他以"一毛不拔"的成语来形容它的质量优良,受到工商界赞誉。有不少厂商,"每次总是迫切地期待着我们的设计,把登在周刊上的广告底稿送到别的报刊上刊出",既满意又省一笔设计费。徐伯昕竭诚为读者服务的精神还体现在既要为周刊的生存发展广开财源,但是必须坚守服务的原则,为之做广告的商品,质量必须证明是靠得住的,否则宁可放弃,这就是韬奋先生说的:"凡略有接近妨碍道德的广告不登,接近招摇的广告不登,花柳病药广告不登,接近滑头医生的广告不登。"正是这种竭诚服务的广告原则,和他完全的服务精神,为周刊社赢得了社会声誉,并"广结善缘,创造了无量的同情和友谊"。"在上海报界做广告业务的,往往最初替报馆工作,等到发达,总是宣告独立,自搞广告公司,大发其财。"当时做广告工作,都有佣金可拿,但徐伯昕从不提取。其时有大报馆老板,非常欣赏他的才干,以高薪聘请,但徐伯昕不为所动。而他的月薪当时只有二十几元,也已结婚,有了子女,菲薄的收入都不能把夫人和孩子接到上海来住。"但是伯昕先生始终没有丝毫替他自己打算,始终涓滴归公","他的满腔心血都灌溉到本店的经济基础上去;为了集体的文化事业忘记了他自己的一切要求"。徐伯昕坚定地选择了和韬奋先生艰苦与共,为读者大众服务,为推动社会进步的人生之路。

徐伯昕竭诚为读者服务的核心价值观还贯穿在他经营管理中的创新。提到生活书店,熟悉它的读者大众就会很自然地想到它周到的服务。由服务宗旨和服务精神而生发,徐伯昕创造了一系列服务读者、服务社会的行之有效的方法,这些方法极好地体现和蕴含着竭诚服务的精神,被韬奋先生和书店同仁,及后世研究者称为："创举"。

徐伯昕首创开架售书,书店陈列图书馆化。生活书店有自己的门市部,一般的书店用柜台隔开读者,选书通过店员,而生活书店门市部四周放书架,按图书的分类法存放图书,使走进书店的读者耳目一新,极大地方便了读者选书购书,书店对一天不买一本书的读者都不干涉。后来在店面比较宽敞的门市部,干脆准备长凳和椅子,供读者坐着看书。徐伯昕还利用门市部中间的两根水泥柱,设计了贴在四周的挂柜,分别陈列新书、新刊,并专门设有推荐书台,有相应的告示牌,介绍被推荐书的主要内容。开架售书的出现,"给书业界带来一种把为读者服务作为工作准则的新作风"。这在今天看似常态,当年却是创举,以后成为生活书店门市的传统模式。开架售书,方便了读者,但也带来不少问题,首先是麻烦,其次书会受损,还有易丢书,因此,是否开架售书,就是在新中国成立以后的若干年中还一直是个有争议的问题,但早在三十年代的生活书店已很好的解决了这个问题,徐伯昕的书店门市陈列模式,源于为读者服务的精神,"是书店工作中不怕麻烦,克服麻烦的代表作"。

坚持服务原则,好书皆备。生活书店的老人们自豪地说,书店没有出过一本低品质的书。而好书赔钱也出,1936年,鲁迅逝世,生活书店用预定方式出版《鲁迅全集》。到印刷出版时,费用涨价,徐伯昕和韬奋先生两人商量后,决定不提价,超出部分由生活书店承担。不仅如此,经销其他出版社的书,利润虽丰,也坚持品质标准:凡是内容低劣的书一概不进,而努力于向上的精神文化食粮,则根据抗战需要,进货销售。出好书,售好书,这是书店对读者、对社会服务的良心。有些书当局强硬要销售,书店宁可报损都不出售。对于代办读者求购的书,亦坚持同样的原则。徐伯昕后来回顾那个时期说:除了秽淫海盗和含有毒素的以外,全国各种书刊都为读者代办。

本地可登记购买和电话购书,外埠开展邮购业务。门市部没有的书,读者可登记购买,并不因利小而不为。书店开辟了电话购书项目,路远无时间,来电话即送书上门,不另收费。生活书店从事外埠邮购业务的人员多达20多人,邮购客户6万多,邮购存款十多万。既方便读者,又为书店吸收了一笔流动资金。徐伯昕还根据不同的读者采取多层次的办法,对投入各种预付款的读者给予周到的服务,并真诚地将钱款负责到底。有时邮购投递失误,只要读者来信查询,徐伯昕都要求补寄。在处理这类问题上,徐伯昕为读者服务的拳拳之心,被同人视为楷模。由此,刊物和书店信誉越来越高,获得的支持自然越来越多。书店办的每种刊物订户都在数万户,有订一年、三年、五年以至十年的以表示支持。由此,书店常有一大笔资金在流动中。刊物被当局勒令停刊时,书店通知读者收退订费,很多读者不愿收回,要求长期存在书店,今后再出刊物时继续用作订费。这也是生活书店能以极少自有资金,在战时运作如此大规模出版发行事业的"秘密武器"之一,这是书店在服务中的一大收获,书店资本金虽薄,流动资金却常有。当局不信生活书店没有党派的资金支持,曾派出武装警察一旁严守,查账三天,一无所获。

全国十大银行免费汇款业务。鉴于外地读者,尤其边远地区和海外华侨读者订阅书刊的困难,除刊登新书广告,寄发书刊目录等,徐伯昕还与中国银行、交通银行、上海银行等十大银行签约,一律免汇费购书。读者填写一张生活书店特制的免费汇款申请单,免收汇费,手续简单。书店和银行扩大了业务,推广了进步文化,又是一举三得。

创制全国出版物联合广告,使读者及时了解新书出版动向。大型日报或有名刊物上登广告,费用昂贵,一般登出的广告又不显眼，由生活书店出面，包下全国著名大型日报的第一版或上半版，精心设计成大小若干板块，邀集中小新出版业参加，广告费按占版面大小收取，书店还帮助代售图书。这样的广告醒目突出，不仅读者受益，连自费印书出售的专家学者都受益，既有利于他们所印书籍的发行，又方便了读者购买；既开拓了自己的业务，又互惠互利节约了广告费，还团结和扶持了新出版业，此举既是服务又是销售，又一举三得。

编印生活《全国总书目》。书店常常通过编印书目，向读者推广宣传本版书刊和经销的外版书刊。伯昕约请平心先生编辑、蔡元培题字《全国出版物目录索编》，以便于指导读书活动。这为图书目录的编制开创了先河。作者平心先生花了很大精力，在五四以来出版的图书中，选了两万多种能买到的书，用科学的图书分类法编排，并在后面附上各种专题书目。

开展图书流动供应。1939年，由于日寇的疯狂进攻，许多大城市相继沦陷，重庆也一再遭到日寇的轰炸，一些市区人民转移到郊县，前方军民和内地郊区人民阅读书籍报刊成了难题，书店成立了流动供应站，带上读者最需要的图书，在前方和沿途城镇临时设点供应，把文化食粮深入到每一个角落里去。徐伯昕把流动供应分为巡回流动和突击流动，充分发挥各自优势，为战时的军民输送精神文化食粮。

创办服务部。抗战期间，为了更好的为广大军民服务，书店结合新情况，特别成立了一个服务部。工作主要包括战地的文化服务，设立文化工作问讯处，举办为海外华侨的服务等。

创设读者顾问部，出版生活推荐书。徐伯昕敏锐的意识到，需要读书指导。由此，设立了读者顾问部，组织"图书推荐委员会"，拟定"生活推荐书发行办法"，把编书售书和指导读书，推动读书运动结合起来，竭力形成读书风气，推动社会进步，推动救国运动,传播进步文化,提高大众的文化素质。这是生活书店核心价值观的升华。这一思想超过了一般意义上的出版,十分可贵,且贯穿了徐伯昕的一生。此外徐伯昕绞尽脑汁,在纸张不断涨价的情况下,坚持低定价为读者为抗战服务等等。徐伯昕先生这些有创意的举措,在当时的作用是举足轻重的,成为推动书店发展的巨大动力,很好的体现了书店的服务精神,在宣传抗战的同时,塑造了生活书店的社会形象和品格,也使书店声名鹊起,反响巨大。这种先进的经营理念和经营方式,所展现的长远眼光和创造精神,在出版界做出了表率。而徐伯昕从不居功,他只是脚踏实地,殚精竭虑地实践着书店的核心价值观,他是这些创新的设计家,也是竭诚服务的实干家。

竭诚为读者服务、顺应时代潮流,服务时代需要,从《生活》周刊到生活书店,是韬奋先生和徐伯昕先生坚定不移的指导思想和服务宗旨。韬奋先生曾对当时的服务对象做出全面深刻的阐述。他说:"为配合抗战建国伟大时代的需要,把我们的服务范围扩大到整个民族的各阶层。只有汉奸卖国贼不是在我们的服务范围之列。"他指出抗战期间生活书店的服务宗旨是:促进大众文化,供应抗战需要,发展服务精神。书店因此做出重大战略决策,"将一切力量分散于各省市重要城镇,并尽可能深入内地和邻近战区地带,使抗战时期的精神食粮得以普遍。"为此,在徐伯昕的策划和实施下,从 1938 年春到 1939 年短短的一年多时间里,生活书店发展成为全国性的出版社,工作人员增至 400 余人,56 家分支店遍及中国大地,除青海、宁夏、新疆、西藏外,包括边远的甘肃天水、海外的香港和新加坡都有了生活书店的分支店,位居同业第一。韬奋先生还分析说:"我们应该顾及到大多数的落后群众。""我们深信中华民族的光明前途的基础是寄托在最大多数的群众身上的。""必须是最大多数落后群众的文化水准尽量提高。"生活书店自 1932 年 7 月成立起，到"七·七"抗战的五年间，编辑出版了大量鼓吹爱国、抗日、反对投降和传播进步思想的书刊，据统计，有近 17 种期刊杂志，各种丛书 13 种；抗战期间出版如《全民抗战》等战时刊物和丛书近百种，成为当时书刊市场上战时读物的主要供应者；生活书店在其 17 年间，先后出版 1200 多种图书，用书刊互动的经营方针，出版 30 多种刊物，涉及政治、经济、哲学、学术、时政、文化教育等十多个领域。生活书店按照韬奋先生所分析的服务对象，按不同文化层次人群的需要出书，既有高级读物，有适合占大多数的中等文化程度读者需要的读物，也有初级读物，如《黑白丛书》《大众读物》《战时读本》等丛书，其中，仅《战时读本》一种就多次再版，印数达千万册。

1944 年 7 月 24 日，伟大的爱国者，著名的记者、民主斗士韬奋先生逝世。他的继承者徐伯昕先生，在抗战胜利后，不仅领导复业的生活书店出版了大量的马列毛泽东的著作、韬奋等论民主宪政法律的书籍，同时指出新时期的出版方针是："第一是促进大众文化，第二是发扬服务精神"。他在此时对竭诚为读者服务的核心价值观有深刻明晰而通俗的分析，他说："服务精神是'生活精神'的主要内容之一，我们是以'服务'起家的，把读者看作自己最亲密的朋友一样，不怕麻烦，办事惟恐不周到，对读者绝对忠诚，绝对负责。这一优良的传统精神，必须发扬光大。只有人民的文化事业，为人民忠心服务，对大众负责办事的，才能得到人民的信任，大家的爱护，才会生长而发展。""在今天全中国百分之七十以上是工农劳苦大众，这是最大多数的同胞，就是我们的服务对象，也只有与工农劳苦大众血肉相连的，为工农劳苦大众服务的文化，才是进步的文化。""我们也不要忘记职业青年，一般知识分子，以及中小资产阶级的读者。我们也必须供给他们进步的思想和新的知识。"(《认清目标努力准备》)徐伯昕先生在这里明确提出生活书店竭诚为读者服务的核心价值观是"忠心为人民服务"。按照这个出版方针和原则,生活书店出版了《青年自学<u>丛书</u>》、《大学<u>丛书</u>》、《新中国百科小<u>丛书</u>》等等。其中着力编辑出版的《新中国百科小<u>丛书</u>》,是为全国解放做准备的以工农大众为对象的启蒙读物。同时坚持了生活书店一贯书籍出版的高效率,《青年自学<u>丛书</u>》每种五万字上下,生产周转只有五天左右。

"在事业的经营中,以很少的资金运营着在大后方具有深远影响的文化出版事业,这样的事业在当年既有政治风浪的冲击,经济上又容易折本。"(张友渔)"在那个特定的历史时期,进步的新文化事业,既受到严重的政治压迫,又苦于种种物质条件的限制,其处境的困难是现在的人们难以想象的。伯昕在这种处境中千方百计地从事进步的书刊发行工作,不因任何挫折而气馁,不为任何困难所压倒。他不仅主持在读者群众中有广泛影响的生活书店,而且支援和协助其他进步的出版单位;在生活书店备受摧残以致无法生存的时候,仍通过各种灵活的方式,运用各种力量,在国民党地区散播革命文化的种子。在他身上,既有生意人的精明,又有革命家的胆略和远见,他把这两者结合起来,在任何情况下都能找出有效的斗争方式",也可以说这些"有效的斗争方式"就是为读者、为社会服务的有效方式。(胡绳)而这种"胆略和远见"来源于徐伯昕在长期竭诚为读者的服务中冶炼出的对生活书店核心价值观的深刻理解和真诚的追求,来源于他对核心价值观的坚定性和高度的自觉性。1944年春,徐伯昕按照周恩来的意见,化名留在日伪统治时的沦陷区上海,在随时可能发生危险的情况下,秘密主持生活书店的工作,同时陪伴韬奋先生到他生命的终点。韬奋先生去世,徐伯昕先生带着他最亲密战友的嘱托——他在韬奋先生临终时记录的遗言，前往苏北解放区，在那里他沿着韬奋先生的足迹，和韬奋先生同年加入中国共产党。1945年，抗日战争胜利后，他为实现韬奋先生"书店还是要办的"遗嘱，留在白色恐怖日益严重的上海，主持恢复生活书店的工作，并奋身民主运动，创办《民主》周刊，积极参与创办中国民主促进会。韬奋先生用他全部的生命写就和诠释了生活书店竭诚为读者服务的华章，徐伯昕先生也自《生活》周刊始，到生活书店由小到大，在一步步艰难走来的荆棘丛生的路上，曾三次洒下热血，其中一次因韬奋先生流亡，徐伯昕独撑书店过劳大吐血，危及生命，是韬奋先生流亡归来，派人硬"押送"去养病。直到徐伯昕生命即将终结的前一年，还对上海来京看望他的老同志说：非常惦念建立韬奋图书馆的事，并对此提出了具体的建议，他说"这是我的一大心愿"。这不仅仅是为了完成韬奋先生建立一个大众图书馆的遗愿，更体现了韬奋先生和徐伯昕先生这两位出版界前辈，以他们共同赤诚的情怀，对他们以身践行的生活书店核心价值观的实现和传承的永久期待。他们所展现的内涵和服务精神的长远眼光，为中国的出版事业做出了表率。他们树立起的经营理念、经营模式和行为规范，煅造出一份高贵的精神。在中国出版界树立起一个标杆，至今无人逾越。这是一份珍贵的历史文化遗产，在当今中国的出版界弥足珍贵。

生活书店的核心价值观无疑是书店最大的凝聚力所在。两位带头人对其核心价值观的实践，无疑是最好的榜样。他们所倡导和实践的核心价值观，滋养培育了一支压不垮、打不烂的生活书店的队伍。生活书店的同仁，绝大部分是公开招考录取的年轻练习生，从招考时起，书店的两位领军人物，就注重考察未来的青年同仁对书店工作意义的认知，这是他们进入书店，能够在书店核心价值观培育下健康成长的内因。在韬奋先生和徐伯昕的一手培育下,这些进步青年逐渐成长。在短短一年多的时间里,生活书店发展成为全国性的出版社,56家分支店遍及中国大地。此时的生活书店急需要大批的干部,他们发挥了作用,成为骨干调往各地。生活书店在抗战期间出版如《全民抗战》等战时刊物和丛书近百种,成为当时书刊市场上战时读物的主要供应者。1939年,在当局对进步出版事业的重重摧残迫害下,在战争的环境中,仍然奋力争取出版了图书240种。书店的所有期刊,按期出版,从不脱期,书籍的出版周期也很短,对教育士兵和青少年影响深远。这是生活书店核心价值观指导下的团队战斗力。那时生活书店的年轻同仁们,无论在日军对重庆的大轰炸中,为保护书店牺牲;还是在55家书店被封,四十多位同仁被捕的情况下,不被吓倒担起重任;或是在狱中为保护书店和同仁受尽折磨坚贞不屈;在抛头颅洒热血的重庆歌乐山刑场献身;在随时会付出生命代价的抗日战场上英勇牺牲……他们都经受住了在书店形成的核心价值观的考验和战火的洗礼。书店同仁们所表现出的无畏气概、牺牲精神感人至深。生活书店可谓满门忠烈,据不完全统计,以韬奋先生为代表的生活书店英烈们,在1949年前牺牲、殉职的有20位。其中被正式评定为烈士身份的书店同仁有11位,英勇牺牲未能查明烈士身份的2位,由于条件艰苦,积劳成疾,以身殉职的7位。除两位众所周知的国家级知名烈士韬奋先生和杜重远先生外,他们中多是招考入店的青年,有的加入书店时年仅十四五岁。书店在业余时间组织他们读书学习,在进步思想的熏陶下,在书店竭诚为读者服务的核心价值观的教育影响下,在长期竭诚为读者服务的工作中,这些名不见经传的青年,成长为时代需要的人才和英雄,逝世时平均年龄26岁,最年轻的只有20岁。这其中除了自身的主观因素外,不能不说,生活书店的核心价值观,凝聚着他们的热血,铸造了他们的灵魂。生活书店的核心价值观曾经培育和"造就了整整一个时代的进步文化战士和优秀的出版家"，这是不争的事实。经过"生活"服务精神熏陶的书店同仁和作家，后来在出版界做出成绩者不在少数。他们中许多在 1949 年后成为新中国出版事业的中坚。

生活书店是时代的产物，顺应时代潮流，服务时代需要，是韬奋先生和徐伯昕们坚定不移的核心价值观。出版界前辈们用他们的生命和热血，培育灌溉和践行的为大众服务的精神，为后世留下一份弥足珍贵的精神遗产，成为一种时代精神，将随着历史的前行持续影响着昨天和今天的出版界、文化界。我们在今天研究它发生、发展的历史和作用，既是历史研究和理论探讨，更是社会实践的需要。

徐伯昕早年生平

叶　舟

徐伯昕先生是邹韬奋先生编纂《生活》周刊的重要助手，同时也是生活书店的创办者和主要管理者，更是著名的民主人士。然而提及徐伯昕先生的早年身世，有许多不甚清晰之处。[①] 笔者近日搜寻到徐伯昕先生所在的《小留徐氏宗谱》，并对徐伯昕先生的故地进行了走访，希望能对徐伯昕先生的早年生平作出一些补充和纠正，以见教于诸方家。

一、小留徐氏

常州小留徐氏自称本族始祖为北宋宣州南陵人（即今安徽芜湖南陵）徐绩，据《宋史》本传，中进士，选桂州教授。宋徽宗时迁中书舍人，以正直闻名。宋徽宗曾言："朕每听臣僚进对，非诈则谀；惟卿鲠正，朕所倚赖。"后诏其与蔡京同校《五朝宝训》，徐绩不耻与之为伍，坚辞不就。徽宗未称帝之前，徐绩和何执中便在其王府为臣，蔡京曾言："元功遭遇在伯通（何执中）右，伯

通既相矣。"徐绩笑言："人各有志,吾岂以利禄易之哉?"终其一身,未获大用。②

徐绩玄孙徐富字茂良,入元后,终身不仕,隐居于无锡阳明山,后徙居武进小留,是为小留徐氏始迁祖。小留村在常州南门外,明清属定安乡,现属武进区湖塘镇,村南为长沟河,亦称永安河,当时绿树成荫,竹园茂密,水井密布,故又称十井里,解放前这里一直为徐姓居住,至新中国成立以后方有外姓迁入。③ 到了第七世徐崙,字南瞻,又从小留村迁居武进前塘后塘,是为小留徐氏第五房,徐伯昕便是出自第五房。④

前塘后塘又称塘里,离小留不远,同在湖塘,新中国成立后与小留同属一公社。当时西傍长沟河,东面是千亩宽广的田野,徐氏族人最多时达三百余人。1994 年,这里进行城市建设,全村拆迁,目前是武进区中心地带,已经是马路宽广的繁华商业区,有大型商业综合体。

常州在明清两代文化异常繁盛,名门望族的数量与成就放眼全国也堪称出众。小留徐氏虽不及城中著姓望族,但也是科举世家,尤以三房、四房为最显赫,明代徐絃为弘治三年(1490)进士,官至云南按察司副使,徐廷信为天启七年(1627)进士,官至知县。清代徐可先为顺治四年(1647)进士,官至山东提学副使。徐人凤为康熙二十一年(1682)进士,官至户部郎中(卷二科第仕宦)。⑤ 其中尤以徐可先为最知名,他任山东河间知府时曾纂修有《河间府志》,其妻谢瑛曾删定中国现存最早的一部韵书

---

② 脱脱等:《宋史》卷 348,中华书局 1977 年版,第 11024—11025 页。

③ 《小留徐氏宗谱》卷 1《谱序》,民国三十六年垂裕堂木活字本、2014 年重修铅印本。

④ 《小留徐氏宗谱》卷 5《统宗世系》。

⑤ 《小留徐氏宗谱》卷 2《科第仕宦》。

阴时夫著的《韵府群玉》，名《增删韵府定本》。更有意思的是，一度有人认为《红楼梦》开篇楔子所言"东鲁孔梅溪则题曰《风月宝鉴》"这个东鲁孔梅溪便是徐可先。

同时，小留徐氏和其它望族一样，也依靠其资源、人际网络和早已积累起来的财富，从事地方性的公益活动，为地方造福，成为地方上的领袖。如前所述，小留徐氏所在地紧邻永安河，永安河为当地乡人人工开凿的河流，因此永安河是整个城南最为浅狭的一条河流，而定安乡地势又较高，"地势高则受水难深，河形窄则浮沙易塞"，因此必须经常疏通，沿途居民便形成类似于水利共同体的组织，分段负责，经常疏通，并留有名为《永安河簿》的地方文献，而在其中起主要作用的便是徐氏家族。⑥

只不过相对而言，小留徐氏五房却在晚清之前一直默默无闻。

二、徐伯昕家世

徐伯昕是小留徐氏第二十五世，也是迁居塘里的第十八世，他的祖父徐煜宝（1841—1911），字三保，一字玉和，在地方上以孝友闻名。他少年丧父，1860 年，太平军攻陷常州，他奉母至靖江四墩子，在当地为小贩谋生。常州被清军收复后，他在城中经商发迹，家境渐成小康，全家也迁居湖塘镇居住。⑦ 徐煜宝有四子，第四子徐辰便是徐伯昕的父亲。徐辰（1881—1967），字元龙。徐辰毕业于武进县立师范学校，后又在常州名儒钱振锽门下学习。钱振锽（1875—1944），民国初年在其所居寄园授徒，培

---

⑥ 徐可先：《重疏永安河碑记》，《小留徐氏宗谱》卷 2。
⑦ 徐辰：《先府君玉和公暨王太夫人孝行纪略》，《小留徐氏宗谱》卷 4。

养了谢觐虞、谢稚柳、程沧波、马万里等一大批民国名流。徐辰拜钱为师之后,正式进入常州的文化圈。徐辰此后历任遥观小学校长、城中冠英、育志小学教员、定西乡议会议员、武进临时参议会参议员等职。

光绪二十八年(1902),徐辰娶了壮乐天(1882—1942)。壮氏居于武进马杭,与湖塘相隔不远,也是晚清民国苏南著名的手工业大镇。壮氏历代经商,"家素封厚"。壮乐天的弟弟壮琛,字树正,曾留学日本,宣统三年(1911)钦赐内阁中书,民国后曾任武进县立初级中学校长、武进教育会会长,新中国成立后任常州政协副主席。

徐辰与壮乐天结婚之后,夫妻感情深厚,徐辰曾言:"元龙执鞭舌耕,终身在外,家庭晨昏之职,田园耕作之事,悉孺人任之。"民国元年,祖父徐煜宝去世时,徐家家道已经开始中落,徐辰只分得二亩地及一些债务。徐辰本人一心以笔耕为业,收入不高,再加上父亲的债务负担,家境日益贫寒。生于富室的壮乐天"处之怡然,未尝一改其色。荆钗布裙,入主中馈,勤纺织,习稼穑,以为事畜之助"。徐辰不仅教书育人,而且由于其有一定的社会地位,当地的一些社会公益事业也均由其担当。其中最重要的便是徐氏家族世代相传的疏通永安河。永安河"此时淤塞太甚,偶遇天旱,立见饥荒,故地方人士有劝元龙出为开浚者"。徐辰以为责任重大,颇有难色,壮乐天和他说:"人生何为,要能为社会服务,以谋福利耳。况开浚河道,整顿水利,灌溉农田,民食攸关,较诸其它公益犹为紧要,此千载一时之机会也。"⑧从此亦可见壮乐天见识之一斑。

徐辰与壮乐天共生六子,长子和三子、幼子均早夭,次子即

---

⑧ 徐辰:《先室壮孺人乐天事略》,《小留徐氏宗谱》卷4。

徐伯昕,四子徐章,字明道,上海艺术学校毕业,曾任上海商务印书馆稽核员,五子徐亢,字季谦,一字明德,又字锡恩,上海同德医学大学硕士。[9]

三、徐伯昕早年活动

《小留徐氏宗谱》在宣统三年(1911)进行了第九次修纂,在这本宗谱中第一次有当时仅六岁的徐伯昕的记载,当时谱名为徐亮,字文明,一字明圣,生于光绪三十一年乙巳正月二十九。[10]徐时中在回忆少年时的徐伯昕时曾提到,他的小名是"明圣",其实从上面的记载可知,"明圣"是他父亲给他取的表字。而"伯昕"这个字号则当是以后成年之后才使用的。到了民国三十六年《宗谱》再次重修时,其记载已经改为徐亮,字伯昕,一字明圣,又字吟秋。

徐伯昕至读书年龄时,家境已经开始贫寒,但由于父亲和舅舅均是当时地方上的名师,故而其教育一直未曾中断。他童年时期最初随父在私塾读书,后又在马杭桥舅家附近的牛塘小学读书。民国五年(1916),在父亲任校长的遥观小学读完小学课程。

据相关人士的回忆,他父亲对他要求极高,责罚也很严。另外,他的父亲和舅父均是著名的教育家,学识渊博,思想新颖,在这种家庭的熏陶下,徐伯昕虽然生性朴实,沉默寡言,与此同时也眼界开阔,积极追求进步思想,并且在很小的时候就已经表现出富于领导精神。他的同学和同乡徐时中家中本来不想再资助

---

⑨《小留徐氏宗谱》卷 11《五房世表》。
⑩《小留徐氏九修宗谱》卷 9,宣统三年礼耕堂铅印本。

其读书,徐伯昕便对徐时中的母亲说,要刨活家产,就得尽量给儿子读书,提高知识,以后做事就会方便很多,徐时中的母亲受了他的启发,便同意让儿子读书。⑪护国战争期间,中华革命党人在江阴发动反袁起义,成立了江苏护国军,反对袁世凯复辟称帝,并拟南进。当时任江苏督军的冯国璋派兵镇压民众的独立活动,时称"锡澄之战"。当时报纸报道称,自江阴独立后,"常人处风声鹤唳中,其一种惊惶状态,笔亦不忍描述","各城门及紧要地方均派兵防卫,县公署关防亦异常严密。"⑫当时常州乡村农民也发起保卫家乡的活动,本乡的少年便由徐伯昕负责组织,他常头戴童子军帽,项结红领带,身着童子军服,腰扎皮带,手握军棍,口吹军笛,与村民一道高呼"保卫家乡"的口号,游遍三都四围。

1917年,徐伯昕又进入父亲曾经任教的"市立第二国民学校"(即冠英小学,后改名为武进县立第三高等小学校)就读。冠英小学最早成立于1905年,是武进最早的小学之一,民国被称为模范学校,瞿秋白是这个学校百年历史中最著名的学生,并且曾经产生过多名院士,至今仍是常州地区质量最好的小学之一。徐伯昕就读时,校长张沂便以"处理校务有方,颇有精神"著称。张沂对徐伯昕非常欣赏。⑬

1918年3月,武进职业补习学校创办,由刘宪任校长。武

⑪ 徐时中:《回忆少年时的徐伯昕》,江苏省政协文史资料委员会、常州市政协文史资料委员会联合编撰《新文化出版家徐伯昕》,中国文史出版社1994年版,第439—440页。

⑫ 《澄警声中之常州防务》,《申报》1916年4月27日,第3版;《澄事平后之常州琐讯》,《申报》1916年5月4日,第6版。

⑬ 陈吉龙等:《徐伯昕年谱》,江苏省政协文史资料委员会、常州市政协文史资料委员会联合编撰《新文化出版家徐伯昕》,中国文史出版社1994年版,第444—445页。

进职业补习学校的章程由著名出版家、时任商务印书馆总管科长的庄俞起草，据章程称，该校以"对于已未从事工商业者补习必须之知识技能并普通教育，俾养成适于各种职业人材"为宗旨，开设科目有修身、国文（读法、作法、书法）、算术（笔算、珠算）、簿记、英语、商业、制图、工业理化等。⑭ 武进市职业补习学校并不是一个普通的职业学校，其创办人庄俞、江上达等和负责人刘宪都是中华职教社的成员，⑮因此武进职业补习学校当时在职业教育界影响很大，1921 年，正是由于刘宪在中华职教社年会中提议，才推动了中华职业学校联合会最终的成立。⑯

正是由于这一层与中华职教社的关系，当 1920 年武进职业补习学校预备开设珐琅科时，便决定选送一人去上海的中华职业学校学习。经冠英小学校长张沂推荐，徐伯昕作为候选人赴上海，旋即考入上海中华职业学校学习珐琅，开始了他在上海的历程。

1925 年，徐伯昕毕业后不久即进入《生活周刊》社。1926 年，邹韬奋先生接任《生活周刊》主编，徐伯昕则承担整个《生活周刊》的印刷、发行、广告、总务等工作，此外还有一个兼职会计孙梦旦，史称"两个半人办周刊"，徐伯昕从此成为邹韬奋先生最得力的助手和合作者，由此也开始了他和《生活周刊》半个多世纪的不解之缘。⑰

<hr>

⑭ 庄俞：《创立武进职业补习学校之旨趣及简章》，《教育杂志》第 9 卷第 8 期，1917 年。

⑮《上海中华职业教育社志》，上海古籍出版社 2007 年版，第 60—61 页

⑯《上海中华职业教育社志》，第 79 页。

⑰ 陈吉龙等：《徐伯昕年谱》，江苏省政协文史资料委员会、常州市政协文史资料委员会联合编撰《新文化出版家徐伯昕》，第 445 页。

四、徐伯昕早年生平与其日后成就之关系

徐伯昕先生出生于乡间,日后之所以能够取得卓越的成就其实并非偶然。首先,近代特殊的社会背景加速了新兴家族的发展。在晚清工商业得到发展,清政府开始推行"新政"的背景下,一些有从商经验,处事相对较理性务实的中下市民群体适应时代的要求迅速崛起,进入政治文化的核心层。在江南,便出现了大量的这种新兴绅商家族,他们的共同点是之前家族有经商史,只是中下层小本经营的小商贩,甚至是小学徒,虽然"诗礼传家",却从未进入文化精英阶层。到了晚清以降,他们抓住机遇,迅速崛起,家族在一二代之内出现多名精英,形成了全国性的影响。究其原因,在近代之前,他们即使有天纵之才,但没有强大家族的支撑,没有良好的社会环境,仍然不可能进入城市文化精英的核心圈。但是在近代,原有的资源获取机制虽然依旧存在,但新的机制也已逐渐产生。这使得他们以"孤寒无所凭藉之身",经过努力,而终于跻身文化精英之列。徐伯昕便是其中典型的个案。

其次,常州湖塘桥地区的发展在其中扮演的角色也不容忽视。湖塘桥周边地区纺织业历史悠久,民国时已经成为常州农村织布工业的中心地,也是江南农村织布工业的中心地,[18]徐氏家族所在的小留更是湖塘的纺织业中心。据统计,民国初年湖塘周边方圆十里,机户拥有的布机已经达到一万台,[19]据上世纪50年代的调查,湖塘和另一个常州家庭手工纺织业中心马杭镇

---

⑱ 张千里:《湖塘桥农村织布工业》,《纺织建设月刊》第二卷第四期,1948年。

⑲ 湖塘镇编史修志领导小组:《湖塘镇志》,1983年内部出版物,第85页。

共有机户 18000 户。⑳ 可以说这里的大部分农户都参与到纺织的生产和经营中去,而从小生活在这里的徐伯昕,耳濡目染,便在经营和管理上面具备了一定的天赋。他日后在《生活周刊》负责广告业务工作,获得引人注目的成就,除了凭借他在中华职业学校学习打下的美术功底之外,很大程度上和他擅长在广告服务工作中善于交朋友、拉生意有关。邹韬奋曾称赞他:"在拉广告中,也替本店广结善缘,替本店创造了无量的同情和友谊! 他完全用服务的精神,为登广告的人家设计……,独出心裁替登广告的人家作义务设计,做得人家看了心满意足,钦佩之至。""因此,我们的广告多一家,便好像多结交一位朋友,他们对于我们的服务精神,都得到非常深刻的印象,在平日固然连续不断地登着长期的广告,遇着要出特号,需要增加广告的时候,只要伯昕先生夹着一个大皮包,在各处巡回奔一番,便'满载而归'。"㉑正是靠着徐伯昕的这种特殊才能,《生活》和许多广告客户建立了一种相互信任、真诚合作、互惠互利的伙伴关系,《生活》也因此拥有了广泛的社会信用和一批忠诚可靠的老客户,为其长久持续的发展奠定了坚实的基础。有人称《生活》是一份在经济上充分自主自立的杂志,能做到这一点,徐伯昕居功至伟。㉒

第三,近代常州在中国教育史上具有突出的地位,这里不仅培养出了一大批优秀的教育家,而且拥有一大批高质量的学校。历史学家严耕望曾经感叹道:"清末民初之际,江南苏常地区小学教师多能新旧兼学,造诣深厚,今日大学教授,当多愧不如。

⑳ 参见《常州手工业 1954 年行业普查资料》,转引自常州轻工业局编史修志办公室:《常州市轻工史料》第一辑,1983 年内部出版物。

㉑ 邹韬奋:《生活史话》,《韬奋新闻出版文选》,学林出版社 2000 年版,第 338—339页。

㉒ 赵文:《生活周刊与城市平民文化》,上海三联书店 2010 年版,第 70 页。

无怪明清时代中国人才多出江南!"㉓徐伯昕虽然学历不高,但他的父亲和舅父都是本地著名的教育家,他所就读的学校如冠英和常州职业学校也均在当时名噪一时,这都为他日后在生活书店的成功打下了伏笔。

㉓ 严耕望:《钱穆宾四先生行谊述略》,《治史三书》,上海人民出版社 2011 年版,第 218 页。

邹韬奋《我的母亲》
中的社会文化意蕴略论①

周锡山

邹韬奋《我的母亲》一文,亲切回忆其生母,感情深厚,描写细腻,是研究其生平和人生观、社会思想的极为重要的资料。

《我的母亲》回忆:其母"十五岁就出嫁,十六岁那年养我""我的母亲在我十三岁的时候就去世了。我生的那一年是在九月里生的,她死的那一年是在五月里死的,所以我们母子两人在实际上相聚的时候只有十一年零九个月。我在这篇文里对于母亲的零星追忆,只是这十一年里的前尘影事。"

邹韬奋生于1895年,此文介绍,其母虚龄十六生养韬奋,故而生于1880年;于他十三岁,即实足十二岁时去世,此乃1907年,其母二十九岁,实足才二十七岁。其母生活于清朝末年,也即19世纪最后二十年和20世纪初。此文记叙其两三岁开始有记忆时起,至母亲去世,共约10年,即1897年至1907年。此文回忆的当年景象,具有丰富的社会文化意蕴。本文结合其他文化大家的有关回忆和论述、文艺名著中的有关描写,梳理此文的丰富社会文化意蕴,并作简要述评。

综观此文,可以梳理为以下六个社会文化问题。

---

① 本文受"上海高校高峰高原学科建设计划"资助

一,妇女的社会地位

旧时代妇女的社会地位,总体上比较低下,这在同期世界各国是大致相同的。韬奋此文说:"说起我的母亲,我只知道她是'浙江海宁查氏',至今不知道她有什么名字!"又说:"在我的母亲的时代,简直根本就好像没有名字!我说'好像',因为那时的女子也未尝没有名字,但在实际上似乎就用不着。""像我的母亲,我听见她的娘家的人们叫她做'十六小姐',男家大家族里的人们叫她做'十四少奶',后来我的父亲做官,人们便叫做'太太',始终没有用她自己名字的机会!我觉得这种情形也可以暗示妇女在封建社会里所处的地位。"

邹母的名字,连长子韬奋也不知;有一个阶段,女子婚后用本姓和夫姓的双姓,皆可以看出妇女地位总体上比较低下。但是西方和日本的妇女婚后皆取夫姓,还须放弃己姓,比中国更甚,至今犹然,这在西方不作为妇女地位低下的象征,但确包含着妇女地位低于男子的意向。因此从姓氏的使用上,民国至今的中国妇女要优于西方和日本。韬奋此文说,"我觉得这种情形也可以暗示妇女在封建社会里所处的地位",他是知道西方和日本这个情况的,却不做批判,这是新文学作家的通病。

中西同期妇女社会地位低下的共同点是,一般女子都没有从事职业工作、尤其是参政的权利,没有在社会上舒展才华的机会和权利。

相比西方,中国古近代妇女的地位要比西方高,例如中国有43个执政太后——女皇或女皇式的人物②,即女性国家最高领

---

② 参见拙著《临朝太后——从吕太后到慈禧》,上海锦绣文章出版社2004、2012。

导人,远远超过西方诸国的总和;女性文艺家(尤其是诗人和画家)③,更远远超过西方诸国和全世界的总和,可见女子受教育和发挥才华的机会大大超过西方。

二,妇女的婚姻状况

此文回忆:其母"十五岁就出嫁,十六岁那年养我"。"那时我的父亲还在和祖父同住,过着'少爷'的生活;父亲有十来个弟兄,有好几个都结了婚,所以这大家族里看着这么多的孩子。"

古近代的中国,为保持婚姻的门当户对,成婚对象放弃地域限制。邹母查氏是浙江海宁人,其父邹国珍乃江西余江人,两人隔省成婚,是优婚的一种表现。他们成婚后未能独立,依附韬奋在福建当官的祖父邹舒予生活,这是早婚的必然结果。因此韬奋出生于其祖父当时任职的福建永安,孩子有多地生活的经历,对其成长有正面作用。

邹母龄年仅十五即已成婚,次年生长子即韬奋,二十七岁即不幸去世,已经生育三男三女之多。邹母无疑是早婚早育的牺牲品。

当今不少学者将我国古代定性为独特的"早婚国家",这是完全错误的。古代世界各国都早婚,《格林童话》的故事中,十一至十三岁的女子已经谈婚论嫁了。莎士比亚《罗密欧与朱丽叶》中的朱丽叶,也只有十三岁,她已与罗密欧相恋,秘密成婚。

古代社会与当今完全不同,当时的早婚有两个原因。一是为了早生育,二是因为古代人寿命短,50 岁已是老年,活过 60 岁的已经不多,"人生七十古来稀",70 岁以上极少。所以结婚早,生子早,及时保持家族生命的延续。旧时代女子的青春短

---

③ 参见拙文《江南:元明清民的绘画中心与其重大意义》,《中国文史上的江南——从"江南看中国"学术研讨会论文集》,上海辞书出版社 2014。

暂，当时"女子十八一朵花，三十已是豆腐渣"。（因古今社会的生活环境不同，当代女子年虽三十，多面目姣好，活力依然）女子在婚后容颜变老的速度上，处于劣势。而女子则在寿命上有很大的优势，即男子的寿命普遍比女子短，于是女子到中晚年，寡居的多，她们只有青春年代可以享受夫妇的人伦之乐。所以古代盛行早婚。但是又如花草"开得早，败得早"。也正因为结婚太早，生育太早，身体没有充分发育好，就进入婚姻和生育状态，故而反过来又严重影响寿命，因此古人大多短命。韬奋的母亲十五出嫁，身体远未发育好，接着连生六个孩子，劳累过度，二十七岁过世，真是苦命。女子的寿命一般都长于男子。

至于"父母之命，媒妁之言"的制度，中西相同。莎士比亚《罗密欧与朱丽叶》即因此而逼死追求自由恋爱的男女主角，法国莫里哀《斯卡班的诡计》也描写青年婚姻必须遵循父母之命。剧中人非常强调这一婚配原则，"阿尔刚特：作儿子的，不经父亲许可，就娶媳妇？"（第一幕第四场）"皆龙特：这到底是怎么一回事？比他儿子还糟！叫我看，再糟也不过如此；不经父亲许可就结婚，我认为已经岂有此理到极点。"（第二幕第二场）

受五四新文化反传统思潮的影响，人们误以为中国事事落后，西方事事先进，实际上西方直至近代，婚姻不自由，妇女的地位很低，等等，都与中国相同或相似，甚至还更严重。关于包办婚姻，主要以父亲的许可为主，中西皆同。

三，妇女的教育和文化

《我的母亲》回忆："母亲喜欢看小说，那些旧小说，她常常把所看的内容讲给妹仔听。她讲得娓娓动听，妹仔听着忽而笑容满面，忽而愁眉双销。章回的长篇小说一下讲不完，妹仔就很不耐地等着母亲再看下去，看后再讲给她听。往往讲到孤女患难，或义妇含冤的凄惨的情形，她两人便都热泪盈眶，泪珠尽往颊上涌流着。那时的我立在旁边瞧着,莫名其妙,心里不明白她们为什么那样无缘无故地挥泪痛哭一顿,和在上面看到穷的景象一样地不明白其所以然。现在想来,才感觉到母亲的情感的丰富,并觉得她的讲故事能那样地感动着妹仔。如果母亲生在现在,有机会把自己造成一个教员,必可成为一个循循善诱的良师。”

韬奋的母亲能看长篇章回小说,在当今不少大学生看不懂也不爱看《红楼梦》的情况下,反观其母亲不仅爱看、看懂,还能复述和评论,其文化程度和审美水平,是比较高的。

四,儿童教育的成败真相

《我的母亲》还记叙韬奋自己幼年的学习经历:

我六岁的时候,由父亲自己为我“发蒙”,读的是《三字经》,第一天上的课是“人之初,性本善;性相近,习相远。”一点儿莫名其妙! 一个人坐在一个小客厅的炕床上“朗诵”了半天,苦不堪言! 母亲觉得非请一位“西席”老夫子,总教不好,所以家里虽一贫如洗,情愿节衣缩食,把省下的钱请一位老夫子。……我到十岁的时候,读的是“孟子见梁惠王”。到年底的时候,父亲要“清算”我平日的功课,在夜里亲自听我背书,很严厉,桌上放着一根两指阔的竹板。我的背向着他立着背书,背不出的时候,他提一个字,就叫我回转身来把手掌展放在桌上,他拿起这根竹板很重地打下来。我吃了这一下苦头,痛是血肉的身体所无法避免的感觉,当然失声地哭了,但是还要忍住哭,回过身去再背。不幸又有一处中断,背不下去,经他再提一字,再打一下。呜呜咽咽地背着那位前世冤家的“见梁惠王”的“孟子”!

我自己呜咽着背,同时听得见坐在旁边缝纫着的母亲也唏唏嘘嘘地泪如泉涌地哭着。

　　我心里知道她见我被打,她也觉得好像刺心的痛苦,和我表着十二分的同情,但她却时时从呜咽着的断断续续的声音里勉强说着"打得好"! 她的饮泣吞声,为的是爱她的儿子;勉强硬着头皮说声"打得好",为的是希望她的儿子上进。由现在看来,这样的教育方法真是野蛮之至! 但于我不敢怪我的母亲,因为那个时候就只有这样野蛮的教育法;如今想起母亲见我被打,陪着我一同哭,那样的母爱,仍然使我感念着我的慈爱的母亲。背完了半本"梁惠王",右手掌打得发肿有半寸高,偷向灯光中一照,通亮,好像满肚子装着已成熟的丝的蚕身一样。母亲含着泪抱我上床,轻轻把被窝盖上,向我额上吻了几吻。

　　这一段回忆真实地反映了旧时代幼少儿读书的两个史实:一,背《三字经》和《四书》;二,背不出要体罚。邹韬奋受新文化运动影响,指责此乃"野蛮的教育法",是错误的。

　　笔者又于《论文化自觉与文艺人才的培养》一文中指出④:

　　中国宋明清的教育取得了遥遥领先于世界的重大成就,宋明清的社会和文化、经济发展遥遥领先于世界。

　　文化自信和文化自觉,要以教育为基础。中国古代和同期的西方一样,没有大众的普及教育,但精英教育则处于同期世界最合理、最高级的地位,所以培养了众多人才,出现不少杰出人才⑤,因而社会的文化风气浓郁,文化、经济和科技发展长期领

④ 周锡山《论文化自觉与文艺人才的培养》,中国文联"第六届当代文艺论坛文集"《文化自觉与当代文艺发展趋势》,中央文献出版社 2012 年 12 月第 1 版。
⑤ 拙著《流民皇帝——从刘邦到朱元璋》第四章第 6 节和拙编《金圣叹全集》第七册前言等多篇拙文多有论及,兹不展开。

先于世界。

当时中国精英教育"最合理"和"最高级"体现在学生自幼年启蒙开始,就学习最合理、最高级的教材:《三字经》、《弟子规》,然后很快即学习、背诵四书五经,兼学古典诗文、作诗方法,在青年阶段兼学道家经典《老子》、《庄子》甚或佛经等。这些教材,将人应该具备的道德和性格的修养,爱国和爱民的志向,既中庸、谨慎又自由、大胆、形象与抽象结合的思维方式,和历史、文化知识、语言训练、文采追求,全套提供给学生,所以学生自小得到文史哲等人文诸学科和作文写诗,全面精深的训练。因此从总体上说,中国知识分子和民众历来有着爱国爱乡、热心公益、忠心报国为民的传统,心理和性格是健康向上的,忧郁症患者和非理性的自杀几近于零。⑥

韬奋此文谈及他被迫背《孟子》,巧得很,杨振宁也说其父"发现他有数学方面的天分,不但没有极力地把他向那个方向上推,反而找人来教他念《孟子》,扩展他历史古籍方面知识的层面,是使他终生都大为受用的一件事情。"⑦

古代和近代,家教和私塾,学生主要是男生。针对男生心理成熟慢,控制力差,顽皮好动贪玩怕苦的特点,对学生正面教育、鼓励表扬、反复规劝和批评、责骂、体罚相结合。

中国一直流行这样的格言:"不打不成器","棍棒底下出孝子"等等。这种打,不是"毒打",而是薄惩。有的毒打,或像绍兴周家(周树人、周作人所在的家族)有一教师,抓住孩子的耳朵用门来轧,是个例,他被发现后,立即遭到辞退。

---

⑥ 拙著《流民皇帝——从刘邦到朱元璋》第四章第6节和拙编《金圣叹全集》第七册前言等多篇拙文多有论及,兹不展开。

⑦ 《教育、科学、创新,光明日报记者对话杨振宁先生》,《光明日报》2012年7月5日。

古代直至清末民国,不少家长和教师对男生采用教育与适当体罚相结合的方式,逼迫智商高的男孩刻苦读书,取得很好的教育效果。钱锺书和朱光潜等大学者幼少年时都受过体罚。朱光潜作于1980年、时年八十有三的《作者自传》介绍说:"我笔名孟实,一八九七年九月十九日出生于安徽桐城乡下一个破落地主家庭。父亲是个乡村私塾教师。我从六岁到十四岁,在父亲的鞭挞之下受了封建私塾教育,读过并且大半背诵过四书五经、《古文观止》和《唐诗三百首》,看过《史记》、《通鉴辑览》,偷看过《西厢记》和《水浒》之类旧小说,学过写科举时代的策论时文。"[8]他在清末受到的家教和私塾教育,其家长用鞭子抽,是非常过分的,一般只是用戒尺打手心和屁股而已。

另如钱锺书与其夫人杨绛都总结说,钱锺书自小挨打,是他读书成功的必要条件。钱锺书成年后对夫人杨绛详细介绍自己受体罚的经历,杨绛晚年津津乐道,再三再四地回忆夫君早年体罚教育的经验和教训。

钱锺书幼时过继给其伯父,其伯父是宠爱孩子的慈父,生父——国学大师钱基博教授则是一个严父:

> 妙的是他(按指钱锺书)能把各件兵器的斤两记得烂熟,却是连阿拉伯数字的1,2,3都不认识。锺韩下学回家有自己的父亲教,伯父和钱锺书却是"老鼠的哥哥同年伴儿。"……他父亲不敢得罪哥哥,只好伺机把锺书抓去教他数学;教不会,发狠要打又怕哥哥听见,只好拧肉,不许锺书哭。锺书身上一块青,一块紫,晚上脱掉衣服,伯父发现了不免心疼气恼。锺书和我讲起旧事,对父亲的着急不胜同

---

⑧《朱光潜美学论集》第一卷,前言第5页,上海文艺出版社1982。

情,对伯父的气恼也不胜同情,对自己的忍痛不敢哭当然也同情,但回忆中只觉得滑稽又可怜。我笑说:"痛打也许能打得'豁然开通',拧,大约是把窍门拧塞了。"⑨

> 锺书小时候最乐的事情是跟伯母回江阴娘家去;……可是一回家他就担忧,知道父亲要盘问功课,少不了挨打。父亲不敢当着哥哥管教锺书,可是抓到了机会,就着实管教,因为锺书不但荒废了功课,还养成了不少坏习惯,如晚起晚睡,贪吃贪玩等。⑩

当钱锺书年已十四,其父还要予以痛打,而且在家中众人面前公开痛打:

> 锺书十四岁和锺韩同考上苏州桃坞中学(美国圣公会办的学校)。……那年他父亲到北京清华大学任教,寒假没回家。锺书寒假回家没有严父管束,更是快活。……(暑假)他父亲回家第一事是命锺书锺韩各做一篇文章;锺韩一篇颇受夸赞,锺书的一篇不文不白,用字庸俗,他父亲气得把他痛打一顿。锺书忍笑向我形容他当时的窘况:家人都在院子里乘凉。他一人还在大厅上,挨了打又痛又羞,呜呜地哭。这顿打虽然没有起"豁然开通"的作用,却也激起了发奋读书的志气。锺书从此用功读书,作文大有进步。

---

⑨ 杨绛《记钱锺书与〈围城〉》,《将饮茶》122页,生活·读书·新知三联书店1987。《将饮茶·记钱锺书与〈围城〉》,《杨绛作品集》第二卷第142页,中国社会科学出版社1993。

⑩ 杨绛《记钱锺书与〈围城〉》,《将饮茶》123页,生活·读书·新知三联书店1987。《将饮茶·记钱锺书与〈围城〉》,《杨绛作品集》第二卷第143页,中国社会科学出版社1993。

我常见锺书写客套信从不起草，提笔就写，八行笺上，几次抬头，写来恰好八行，一行不多，一行不少。锺书说，那都是他父亲训练出来的，他额角上挨了不少"爆栗子"呢。⑪

即使像钱锺书这样的文化昆仑式的大天才，按照金圣叹的说法，是"读书种子"，幼少年时如不加严厉责打，他不但荒废了功课，还养成了不少坏习惯，如晚起晚睡，贪吃贪玩等。

新文化运动人物认为只有中国体罚学生，施行野蛮的教育方法。

反传统者将中国古代各方面都妖魔化，似乎中国古近代教育特别落后，体罚即其一例。实际上西方也是一样的，周作人《体罚》一文介绍：

斯替文生《儿童的游戏》谈到儿时读书，"须天天怕被责罚"。美国人类学家络洛威在所著《我们是文明么》第十七章论教育的一节内说，"直到近时为止，欧洲的小学教师常用皮鞭抽打七岁的小儿，以致终身带着伤痕。在十七八世纪，年幼的公侯以至国王都被他们的师傅所凶殴。"譬如亨利第四命太子的保姆要着实地打他的儿子，因为"世上在没有别的东西于他更为有益"。太子的被打详明地记在帐上。例如：

一六〇三年十月九日，八时醒，很不听话初次挨打。（附注：太子生于一六〇一年九月二十七日。）

一六〇四年三月四日，十一时想吃饭。饭拿来时，命搬

---

⑪ 杨绛《将饮茶·记钱锺书与〈围城〉》，《杨绛作品集》第二卷第147页，中国社会科学出版社1993。

出去，又叫拿来，麻烦，被痛打。

到了一六一〇年五月正式即位，却还不免于被打。王曾曰："朕宁可不要这些朝拜和恭敬，只要他们不再打朕。"但这似乎是不可能的事。

罗素的《教育论》第九章论刑罚，开首即云："在以前直到很近的时代，儿童和少年男女的刑罚认为当然的事，而且一般以为在教育上是必要的。"西洋俗语有云："省了棍子，坏了孩子"就是这个意思，据丹麦尼洛普教授的《接吻与其历史》第五章说：

不但不是恭敬，而且表示改悔，儿童在古时常命在被打过的棍子上亲吻。凯撒堡在十六世纪时曾说过：儿童被打的时候，他们和棍子亲吻，说道，——

亲爱的棍子，忠实的棍子，

没有你老，我哪能变好。

他们和棍子亲吻，而且从上面跳过，是的，而且从上边蹦过。

这个教育上的打，自天子以至于庶人，从上古直到近代，大约是一律通行，毫无疑问的。听说琼生博士很称赞一个先生，因为从前打他打得透而且多。卢梭小时候被教师的小姐打过几次屁股，记在《忏悔录》里，后来写《爱弥儿》，提倡自由教育，却也有时主张要用严厉的处置，——我颇怀疑他是根据自己的经验，或者对于被打者没有什么恶意，也未可知。据罗素说：安诺德博士（即是那个大批评家的先德）对于改革英国教育很有功绩，他减少体罚，但仍用于较幼的学生，且以道德的犯罪为限，例如说谎，喝酒，以及习惯的偷懒。有一杂志说体罚使人堕落，不如全废，安诺德博士愤然拒绝，回答说：

我很知道这些话的意思,这是根据于个人独立之傲慢的意见,这是既非合理,也不是基督教的,而是根本地野蛮的思想。⑫

西方也因此而教育出众多的人才,可见教育成果的基本原理和方法是东西一致的。举世闻名的英国诺顿学校执行体罚,即是显例。

五,古近代官员的经济生活的一种真相: 贫穷

《我是母亲》回忆:

后来祖父年老告退,父亲自己带着家眷在福州做候补官。我当时大概有了五六岁,比我小两岁的二弟已生了。家里除父亲母亲和这个小弟弟外,只有母亲由娘家带来的一个青年女仆,名叫妹仔。"做官"似乎怪好听,但是当时父亲赤手空拳出来做官,家里一贫如洗。

我还记得,父亲一天到晚不在家里,大概到"官场"里"应酬"去了,家里没有米下锅;妹仔替我们到附近施米给穷人的一个大庙里去领"仓米",要先在庙前人山人海里面拥挤着领到竹签,然后拿着竹签再从挤得水泄不通的人群中,带着粗布袋挤到里面去领米;母亲在家里横抱着哭涕着的二弟踱来踱去,我在旁坐在一只小椅上呆呆地望着母亲,当时不知道这就是穷的景象,只诧异着母亲的脸何以那样苍白,她那样静寂无语地好像有着满腔无处诉的心事。

---

⑫ 周作人《体罚》,《周作人散文全集》第 5 册 757 页,广西师范大学出版社 2009 年版。

邹韬奋此文回忆当年贫困生活的真实景象,其母贫累交加和贫病交加的困苦景象,描绘真切生动,表现了下层官员的贫困生活。

正因底层官吏的贫困,所以韬奋的母亲,不仅辛苦制作自家衣裤鞋袜,还要为人家做女红,以贴补家用:"当我八岁的时候,二弟六岁,还有一个妹妹三岁。三个人的衣服鞋袜,没有一件不是母亲自己做的。她还时常收到一些外面的女红来做,所以很忙。我在七八岁时,看见母亲那样辛苦,心里已知道感觉不安。记得有一个夏天的深夜,我忽然从睡梦中醒了起来,因为我的床背就紧接着母亲的床背,所以从帐里望得见母亲独自一人在灯下做鞋底,我心里又想起母亲的劳苦,辗转反侧睡不着,……我眼巴巴地望着她额上的汗珠往下流,手上一针不停地做着布鞋——做给我穿的。这时万籁俱寂,只听到滴搭的钟声,和可以微闻得到的母亲的呼吸。我心里暗自想念着,为着我要穿鞋,累母亲深夜工作不休,心上感到说不出的歉疚。"

也因穷而缺医少药,韬奋的母亲才会早夭:"母亲死的时候才廿九岁,留下了三男三女。在临终的那一夜,她神志非常清楚,忍泪叫着一个一个子女嘱咐一番。她临去最舍不得的就是她这一群的子女。"这个凄惨的景象,催人泪下。

韬奋感慨:"我的母亲只是一个平凡的母亲,但是我觉得她的可爱的性格,她的努力的精神,她的能干的才具,都埋没在封建社会的一个家族里,都葬送在没有什么意义的事务上,否则她一定可以成为社会上一个更有贡献的分子。我也觉得,像我的母亲这样被埋没葬送掉的女子不知有多少!"这是旧时代中外一律的现象,不能独责中国。但应看到,家务总要有人承担,当今也是年轻人的大难事和众多家庭的困惑。而不少在社会上有贡献的知识分子包括不少名家,也不得不做家务。因此韬奋提出的是一个复杂的问题,到目前还是很难有好的答案。

六,女主人和女仆的关系

《我的母亲》回忆:"妹仔和母亲非常亲热,她们竟好像母女,共患难,直到母亲病得将死的时候,她还是不肯离开她,把孝女自居,寝食俱废地照顾着母亲。"

从邹母与女婢妹仔的生死情谊,表现了旧时代女主人与女仆关系的一种真相。拙著《红楼梦的奴婢世界》对此早有阐发,此书的两篇导论——《〈红楼梦〉独有的奴婢世界》和《〈红楼梦〉中奴婢的性灵世界》收入"中国社会科学院文学研究所百年红楼精选论文"。韬奋此文为拙著拙文提供了一个珍贵实证。

我认为妹仔的表现,犹如《红楼梦》中的奴婢,其中有两个原因,一是"在古代,奴婢一般没有仇富的心理,他们认命,认为自己生来命运不好。他们并不梦想一朝发迹,而是老老实实的听从主人,有一口饭吃,有衣穿,已经上上大吉了。在主人的院子之外,天灾人祸,没有衣食的,流离失所的人很多。太平岁月,种地的农民极其辛劳,他们要比在风吹雨打日晒中埋头苦耕的农民,要舒服得多。至于做小生意,摆小摊贩,做工匠,这些当仆人的做不来,也没有本钱,所以他们只能安心当奴婢"。因此女婢妹仔不肯离开,她到别处也只能当婢女。韬奋的母亲待她好,好如亲人,是第二个原因。别的主人家,不会待她这么好,甚至也有欺负奴婢的凶恶主人。反过来,"封建社会中的奴婢都只能认真干活,求得生存而已。但也有的奴婢生性凶恶,不仅常常凌辱同类,也敢于欺凌和暗算主人,《红楼梦》生动地描写了这样的恶仆。"现实生活中,以明末为例,还有一些奴婢,靠人多势众或乱世为王(尤以清兵南下时为甚),欺凌、压迫、残杀善良、弱势的主人,发生了一些"奴变"事件。

这都是特殊的,"少数奴婢有特殊性。一种是忠义之仆,在生死关头,救助主人的生命,如焦大;在危急关头,救助主人的生命和财产,如包勇;有的在漫长的岁月中兢兢业业侍侯好主人,任劳任怨地关心和帮助主人,如袭人,书中也都写到了。另一种是奴婢中的歹徒或者愚蠢的闯祸者,例如少数坏的奴婢,结交匪类,打劫主人家;或者平时偷盗主人家的财物,或者干活不负责任,给主人家带来重大损失,如霍启丢失主人的独生幼女,自己仓惶逃走。"妹仔像袭人一样,属于忠仆。

而韬奋父母善待婢女,当然也由此可见。关系的亲密是双方的,有时是非常难得的缘分。主人家欺负婢女的现象也很普遍。例如杨绛谈及——

> 锺书因此回忆起旧事说,有个女裁缝常带着个女儿到他家去做活;女儿名宝宝,长得不错,比他大两三岁。他和钟韩一次抓住宝宝,把她按在大厅隔扇上,锺韩拿一把削铅笔的小脚刀作势刺她。宝宝大哭大叫,由大人救援得免。兄弟俩觉得这番胜利当立碑纪念,就在隔扇上刻了"刺宝宝处"四个字。[13]

钱锺书兄弟是天性善良的少年,他们是读书辛苦之余,寻求刺激而与漂亮可爱的底层少女开开玩笑,故意吓唬而已。但大户人家有不少即使不是恶少,也会欺凌和性侵漂亮的女孩。

故而奴婢的生活、待遇和处境好坏,也因人而异,不能一概而论。

综上所述,《我的母亲》虽然篇幅不长,但内涵丰富,此文还被收入中学语文教材。我们从中可以看到中国古近代社会的生活和文化的众多意蕴。本文于此略作阐发,不当处敬请与会者指正。

---

[13] 杨绛《将饮茶·记钱锺书与〈围城〉》,《杨绛作品集》第二卷第 144 页,中国社会科学出版社 1993。

《世纪人物》数据库韬奋传记文献资料的整理与研究①

——以《20世纪中国人物传记资料索引》②为中心

傅德华

  《世纪人物》数据库是指由复旦大学历史系资深教授姜义华为首席专家承担的国家社会基金重大项目（代码10&ZD097）《20世纪中国人物传记资源整理与数据建设研究》课题的简称。本人系本项目的子项目负责人之一。本项目从2010年11月立项，迄止2015年7月，历时近5载。数据库收录各类人物传记5.8万余人，传记文献资料20余万条（含港澳台地区）。计划按国家社科基金重大办要求，将其制作成工具性、资料性、公益性，可任意检索和下载，供国内外学术界同仁共享的全文数据库。

  《世纪人物》数据库所导入的数据是以笔者主编的《20世纪中国人物传记资料索引》（以下简称《世纪索引》）所收录的人物数据内容为依据，笔者通过对该数据库的搜索，发现其中共收录有关韬奋传记文献资料240篇（本），本文拟就数据库

---

① 本文系国家社科基金重大项目"20世纪中国人物传记资源整理与数据库建设研究"（批准号10&ZD097）阶段性成果之一。

② 上海辞书出版社2010年。

涉及韬奋传记文献资料的篇目内容进行诠释，以飨学术界同仁。

一、研究概述

《世纪人物》数据库从搜索到的 1937 年出版的由韬奋自己撰写、重庆生活书店出版的《经历》开始，迄至 2000 年由中国韬奋基金会等编的《韬奋自述》，中国的学术界、出版界共发表、出版报刊文章及研究专著 240 余篇(本)。其中专著 29 部，报纸上的文章 70 余篇。最早在报纸上发表的有关韬奋的传记是沈钧儒先生撰写，刊载在 1944 年 10 月 1 日《新华日报》上的《邹韬奋先生事略》，最晚的一篇是 1990 年 11 月 16 日由李铁映撰写的发表在《人民日报》上的《在邹韬奋九五诞辰纪念会上的讲话》。期刊上的文章 70 余篇，最早的一篇是《群众》杂志社，以"本社"署名发表在 1944 年 9 卷 19 期上的《悼念民主战士韬奋先生——韬奋先生事略》，最晚的一篇，是 1999 年陈挥撰写，发表在《上海师范大学学报》第二期上的，题为《论韬奋和胡愈之的友谊》。收录论文集中的文章共 60 余篇，最早是莫洛编著，1949 年 1 月由上海人间书屋出版的《陨落的星辰》，题为《韬奋》，最后一篇是由李维民主编的，2000 年由人物年鉴出版社出版的《中国人物年鉴》(2000)，题为《20 世纪中国著名出版家邹韬奋(1895—1944)》。

上述所发表和出版的韬奋传记，概括起来，主要有以下几种类型。

一是传记(含自传、画传、年谱、遗嘱等)方面的文章，共约有

70 余篇③(详见图表一)。代表性的有：杨明作的《韬奋先生的流亡生活》、黄逸之的《邹韬奋》、上海韬奋纪念馆编的《韬奋的道路》、穆欣的《邹韬奋》、复旦大学新闻系研究室编《邹韬奋年谱》、曹辛之编《韬奋画传》等。最具影响力的是穆欣的《邹韬奋》,该书自 1958 年 1958 年 10 月出版后,先后有(香港)三联书店(1959)、(上海)三联书店(1962)、湖北人民出版社(1981)再版。

经历	邹韬奋	重庆生活书店 1937 年版 303 页,三联书店 1979 年 12 月 6 版 524 页
患难余生记	邹韬奋	韬奋出版社 1946 年版 80 页,北京三联书店 1958 年版 78 页、1980 年影印本 252 页
韬奋先生的流亡生活	杨明作	民主社印行 1946 年版 83 页,三联书店 1951 年 3 月版 86 页
邹韬奋	黄逸之	商务印书馆 1950 年 12 月版 61 页
韬奋的道路	上海韬奋纪念馆编	三联书店 1958 年 6 月版 284 页
邹韬奋	穆 欣	中国青年出版社 1958 年 10 月版 355 页,三联书店 1962 年 9 月版 131 页,湖北人民出版社 1981 年 6 月版 392 页,(香港)三联书店 1959 年 1 月版 355 页
韬奋的流亡生活	胡耐秋	三联书店 1979 年 12 月版 160 页

---

③ 本表格原有 70 余篇(本)韬奋传记文献资料,限于篇幅只择其二分之一,余者可通过笔者主编的《20 世纪中国人物传记资料索引》,上海辞书出版社 2010 年版,第 1 册,第 983—987 页;第 3 册,第 1292—1293 页。

续　表

邹韬奋年谱	复旦大学新闻系研究室编	复旦大学出版社 1982 年 4 月版 172 页
韬奋画传	上海韬奋纪念馆供稿 曹辛之编	三联书店 1982 年 8 月版 94 页
韬奋	穆　欣	人民出版社 1985 年 6 月版 164 页
忆韬奋	邹嘉骊	学林出版社 1985 年 11 月版 582 页
韬奋论	俞月亭	河北教育出版社 1991 年版 386 页
邹韬奋传	俞润生	天津教育出版社 1994 年版 521 页
邹韬奋传记	马仲扬 苏克尘	重庆出版社 1997 年版 589 页
邹韬奋	张之华	人民日报出版社 1998 年版 262 页
邹韬奋传	沈谦芳	山东人民出版社 1998 年版 487 页
邹韬奋：大众文化先驱	陈　挥	上海教育出版社 1999 年版 274 页
韬奋自述	邹韬奋　中国韬奋基金会等编	学林出版社 2000 年版 225 页
邹韬奋先生遗嘱及其它		北京图书馆藏 1 册 51 页
邹韬奋先生事略	沈钧儒	《新华日报》1944 年 10 月 1 日,《解放日报》1944 年 10 月 7 日
韬奋先生的道路	胡　绳	《新华日报》1944 年 10 月 1 日

续　表

韬奋先生的最后一段生活		《新华日报》1944 年 12 月 25 日
"经历"——韬奋先生的自传		《新华日报》1945 年 1 月 8 日
韬奋在列宁格勒的时候	沈粹缜	《文汇报》1957 年 11 月 6 日
邹韬奋同志生平事迹介绍		《文汇报》1984 年 5 月 6 日
邹韬奋同志一生的工作和斗争	胡　绳	《新华月报》1954 年 8 期,中国青年 1954 年 15 期,枣下论丛第 36 页
邹韬奋	邹耕生	《社会科学研究资料(江西)》1983 年 4 期
邹韬奋生平史实辨证	朱受群	《争鸣》1983 年 4 期
韬奋小传	丁淦林	《新闻记者》1984 年 7 期
韬奋自述		《人物》1985 年 5 期
韬奋编辑思想述论	赫　戈	《贵州师范大学学报》1990 年 3 期
试论邹韬奋从民主主义者向共产主义者的转变	陈　挥	《福建学刊》1993 年 1 期
邹韬奋与中国共产党	沈谦芳	《学术月刊》1995 年 12 期

从南洋到圣约翰——邹韬奋在上海的求学生涯	陈　挥	《档案与史学》1996 年 1 期
邹韬奋在上海	陈　挥	《上海师大学报》1996 年 1 期
论邹韬奋的宪政主张	吴志刚	《浙江师大学报》1998 年 4 期
韬奋	莫　洛	《陨落的星辰》第 186 页

图表一

二是新闻出版的文章,共约 50 余篇(详见图表二)。代表性的有：王益的《韬奋和生活书店》、钱小柏和雷群明的《韬奋与出版》、柳湜的《"最大的愿望是办好一个刊物"——学习韬奋的编辑工作经验》、徐雪寒的《韬奋同志对中国出版事业的伟大贡献》、丁淦林和谭启泰的《珍贵的遗产——韬奋的办报思想》、俞筱尧的《邹韬奋战斗在新闻出版战线上——从〈生活〉周刊到〈大众生活〉述要》、庄志龄和陈正卿的《邹韬奋创办〈生活日报〉史料选》、邹嘉骊的《韬奋的新闻道路》等。其中最具影响力的是李维民主编的《中国人物年鉴》(2000)中的《20 世纪中国著名新闻出版家邹韬奋(1895—1953)》。

韬奋和生活书店	王　益	山东新华书店 1948 年 7 月版 86 页
韬奋与出版	钱小柏雷群明	学林出版社 1983 年 6 月版 246 页

续　表

韬奋和生活书店	王　益	山东新华书店 1948 年 7 月版 86 页
琐忆韬奋与出版工作	袁信之	《新闻与出版》1957 年 12 月 25 日
韬奋主编的报纸和刊物		《文汇报》1958 年 7 月 24 日
"最大的愿望是办好一个刊物"——学习韬奋的编辑工作经验	柳　湜	《人民日报》1962 年 7 月 24 日,《新华月报》1962 年 9 期
韬奋与生活书店	周保昌	《光明日报》1964 年 7 月 24 日
邹韬奋与"生活"传统	刘景华	《文汇报》1978 年 7 月 24 日
韬奋同志对中国出版事业的伟大贡献	徐雪寒	《光明日报》1984 年 7 月 5 日,《出版史料》1984 年 3 辑
"出版事业的模范"——邹韬奋	绍嗣等	《湖北日报》1984 年 7 月 25 日
为言论出版自由而奋斗的战士——邹韬奋	邵公文	《新观察》1954 年 15 期
韬奋和《生活日报》	穆　欣	《新闻业务》1957 年 5—7 期
珍贵的遗产——韬奋的办报思想	丁淦林 谭启泰	《社会科学（上海）》1980 年 4 期

邹韬奋对中国新闻事业的贡献	钟　紫	《暨南大学学报》1981 年 1 期
韬奋与出版（选载）	钱小柏等	《出版史料》1982 年 1 辑
邹韬奋与《生活日报》	谭启泰	《新闻大学》1982 年 3 期
韬奋办报刊（1—3）	刘景华	《新闻记者》1983 年 1—3 期
韬奋同志与生活书店的编审工作	雷群明	《出版史料》1984 年 3 辑
邹韬奋和新闻摄影	武素心	《新闻战线》1984 年 7 期
从改良走上革命的道路——探讨邹韬奋主编《生活》的经验之一	丁淦林等	《新闻大学》1984 年 7 期
韬奋的采访之道	俞月亭	《新闻大学》1984 年 7 期
韬奋与《大众生活》	章玉梅	《新闻传播》1985 年 2 期
邹韬奋的办报思想	俞月亭	《新闻业务》1985 年 4 期
邹韬奋和《生活》周刊	王承云	《新闻知识》1985 年 71 期
邹韬奋对出版发行学的研究与实践	邓以宁	《安徽大学学报》1986 年 3 期

续　表

出版业的先驱	汪太理	《瞭望》1987 年 5 期
杰出的新闻出版家邹韬奋	范兆琪	《争鸣》1989 年 6 期
试论邹韬奋报刊言论的大众观与自由观	尹长虹	《山西大学学报》1991 年 2 期
邹韬奋的"生活出版合作社"概述	史一兵	《学海》1992 年 1 期
邹韬奋创办《生活日报》史料选	庄志龄、陈正卿	《档案与史学》1995 年 1 期
邹韬奋战斗在新闻出版战线上——从《生活》周刊到《大众生活》述要	俞筱尧	《新文化史料》1995 年 6 期
韬奋和生活书店	毕云程遗著	《上海文史资料选辑》第 23 辑第 21 页
韬奋同志主编的期刊和参政会提案		《上海文史资料选辑》第 23 辑第 39 页
邹韬奋著名新闻工作者和政治家传记电视剧播出	李方诗等主编	《中国人物年鉴(1989)》第 177 页
著名政论家、出版家"七君子"之一邹韬奋《七君子传》出版	李方诗等主编	《中国人物年鉴(1990)》第 190 页

续 表

20世纪中国著名新闻出版家邹韬奋(1895—1953)	李维民主编	《中国人物年鉴(2000)》第30页
新闻界名人介绍：邹韬奋（1894—1944)		《中国新闻年鉴(1984)》第672页
韬奋(1895—1944)与编辑	程浩飞	《中国出版年鉴(1983)》第70页
韬奋与出版（选载）	钱小柏 雷群明	出版史料第1辑第57页
新闻出版工作的先驱——邹韬奋	刘景华	《他人集》第15页,《编辑杂谈》第2集第236页
新闻出版战线上的英勇战士邹韬奋	宗志文	《民国著名人物传》第4卷第674页
韬奋的新闻道路	邹嘉骊	《编辑记者一百人》第252页
韬奋在香港创办《大众生活》	程浩飞	《编辑杂谈》第1集第62页
韬奋在香港复刊《大众生活》	钟 紫	《新闻研究资料》1986年1辑

图表二

三是抗战与解放战争方面的文章,共约20余篇(详见图表三)。陈汉辉的《韬奋伯伯在江村的时候》、杨瑾琤的《韬奋与抗战》、戈宝权的《忆韬奋同志从香港到东江》、陈挥的《抗战时期邹韬奋的思想发展和革命实践》、王庭岳等的《忆韬奋在苏北抗日根据地》。其中最具代表性的是于伶的《韬奋同志在东江游击区》。该文最早刊载在《解放日报》(1984年5月6日)上,之后

又收录《出版史料》(1984 年 3 辑)和《上海文史资料选辑》第
47 辑。

韬奋伯伯在江村的时候	陈汉辉	《光明日报》1959 年 7 月 24 日
韬奋同志在苏北的片断	信 之	《光明日报》1959 年 11 月 5 日
韬奋与抗战	杨瑾玲	《解放日报》1962 年 8 月 13 日
韬奋同志在江头村	陈启昌	《羊城晚报》1964 年 7 月 25 日
忆韬奋同志从香港到东江	戈宝权	《羊城晚报》1980 年 3 月 25 日
邹韬奋最后的生活	赵德玲	《广西日报》1980 年 7 月 23 日
韬奋同志在苏北的生活片断	袁信之	《文汇报》1980 年 7 月 27 日
邹韬奋大杨庄历险记	陈允豪	《解放日报》1982 年 7 月 21 日
韬奋同志在东江游击区	于 伶	《解放日报》1984 年 5 月 6 日,《出版史料》1984 年 3 辑,《上海文史资料选辑》第 47 辑第 10 页
韬奋为实现第二次国共合作的努力	袁信之	《解放日报》1984 年 7 月 18 日
为民族解放奔走呼号——邹韬奋抗战初期在武汉	闻 驿	《长江日报》1984 年 7 月 25 日
邹韬奋在桂林	魏华玲	《桂林日报》1984 年 9 月 20 日
护送邹韬奋同志	杨绪亮	《解放军报》1984 年 11 月 15 日
邹韬奋到玉林	苏瑾能	《广西日报》1984 年 12 月 6 日

续　表

护送邹韬奋赴沪就医	王晓晴	《人民政协报》1985 年 2 月 15 日
韬奋脱险记	郑展口述 刘百粤整理	《中国青年报》1985 年 11 月 8 日
忆韬奋同志——记从香港到东江的日子	戈宝权	《人物》1980 年 1 期
韬奋与一二九运动	胡炎生	《上海青运史资料》1983 年 4 期
艰险旅途中的一站——韬奋同志到达新四军根据地的往事补记	徐中民	《新闻记者》1984 年 7 期
护送邹韬奋脱险记	郑展回忆 刘百粤整理	《名人传记》1988 年 1 期
邹韬奋离渝亡港原因略论	陈仁溥	《学海》1990 年 4 期
邹韬奋苏北脱险记	陈宗彪	《名人传记》1990 年 9 期
论邹韬奋的抗日救国主张	朱允兴、 沈谦芳	《抗日战争研究》1992 年 2 期
抗战时期邹韬奋的思想发展和革命实践	陈　挥	《学术月刊》1995 年 12 期
韬奋在苏中解放区的片断	游云遗著	《上海文史资料选辑》第 23 辑第 35 页
回忆韬奋离苏北返沪就医	王于耕	《上海文史资料选辑》第 47 辑第 32 页

续　表

韬奋在梅县江头村隐蔽的日子里	陈启昌遗著	《中国现代文艺资料丛刊》第8辑第173页
忆韬奋伯伯在江头村	陈汉辉口述加力整理	《中国现代文艺资料丛刊》第8辑第187页
邹韬奋（1895—1944）	马洪武等编写	《抗日战争事件人物录》第500页
忆韬奋在苏北抗日根据地	王庭岳等	《新闻研究资料》1986年1辑

图表三

四是人际交往方面文章,共约20余篇(详见图表四)。代表性的有：穆欣的《韬奋和鲁迅的友谊》、刘景华的《周总理与邹韬奋的亲密友谊》、周幼瑞的《邹韬奋与史量才》、戈宝权的《邹韬奋和戈公振——回忆两位新闻前辈之间的深厚情谊》、沈粹缜的《杜重远和韬奋的友谊》,还有廖沫沙的《记忆中的韬奋先生》、陈挥的《论邹韬奋和胡愈之的革命友谊》等。这类文章中最具代表性的是陈象恭的《忆和韬奋在一起工作的日子》。

我所认识的韬奋先生	晓林	《新华日报》1944年10月1日
我们是兄弟、是战友、是同志——悲悼我的大哥恩润的死	邹恩泂	《解放日报》1944年10月7日
韬奋和鲁迅的友谊	穆欣	《光明日报》1957年10月20日
和韬奋在东江相处的日子	杨奇	《光明日报》1959年11月5日

续　表

周总理与邹韬奋的亲密友谊	刘景华	《光明日报》1979 年 7 月 24 日
爱国出版家张元济和邹韬奋的交往	王　英	《联合时报》1989 年 7 月 14 日
邹韬奋与史量才	周幼瑞	《人民政协报》1990 年 11 月 16 日
邹韬奋和高尔基	戈宝权	《文艺报》1958 年 5 期
邹韬奋和戈公振——回忆两位新闻前辈之间的深厚情谊	戈宝权	《新闻战线》1979 年 4 期
忆和韬奋在一起工作的日子	陈象恭	《新闻研究资料》1980 年 5 辑
邹韬奋与艾寒松、"莫文华"	谭启泰	《人物》1981 年 5 期
邹韬奋与陈布雷	刘景华	《新时期》1981 年 10 期
邹韬奋和沙千里的革命友谊	韩罗以	《图书馆杂志》1982 年 3 期
进步文化出版事业两先驱——胡愈之与邹韬奋	邵公文	《出版史料》1986 年 6 期
邹韬奋与沈钧儒	文　声	《名人传记》1988 年 6 期
两代人物一个愿望——访邹家华部长谈邹韬奋先生	赵浩生	《瞭望》1989 年 22、23 期
论邹韬奋和胡愈之的革命友谊	陈　挥	《上海师范大学学报》1999 年 2 期

续　表

韬奋同志指引我走向革命	钟怀琼	《上海文史资料选辑》第47辑第48页
我的老师邹韬奋	葛怀诚	《宜兴文史资料》第4辑第92页
杜重远和韬奋的友谊	沈粹缜	《上海文史资料专辑（统战工作史料选辑）》第3辑第12页
记忆中的韬奋先生	廖沫沙	《廖沫沙杂文集》第235页

图表四

五是纪念性方面的文章，共约60余篇（详见图表五）。代表性的有：胡愈之的《韬奋之死》、郭沫若和沈钧儒的《向韬奋学习》、吴玉章的《哀悼为新民主主义奋斗的战士邹韬奋同志》、陈绍禹的《韬奋先生之死，是中国人民在鲁迅先生死后的最大损失》、陆诒的《读邹韬奋致张元济信有感——纪念韬奋同志诞辰八十五周年》、史良《向着明天奋勇前进——纪念邹韬奋先生逝世三十五周年》，还有范长江的《一个光辉的榜样——纪念韬奋同志逝世二十周年》等。其中最具代表性的是李铁映的《在邹韬奋九五诞辰纪念会上的讲话》（《人民日报》《光明日报》1990年11月16日同时刊载），再者是《中国人物年鉴》(1996)刊载的《邹韬奋政论家杰出的出版家和新闻记者纪念诞辰一百周年》等。

追悼韬奋先生纪念册	晋绥边区文化界追悼邹先生大会编印1944年版11页
韬奋先生逝世纪念册	邹韬奋先生追悼会筹备会编印1944年版57页
韬奋的死及其他	韬奋追悼会辑印1944年版86页

续　表

怎样向邹韬奋学习		韬奋出版社 1946 年 11 月 3 版 75 页
韬奋之死	胡愈之	上海民主出版社 1946 年版 46 页
永在追念中的韬奋先生		韬奋出版社 1947 年 7 月版 133 页
向韬奋学习	郭沫若 沈钧儒	光华书店 1948 年 6 月版 126 页
向韬奋学习		人民出版社资料组编印 1979 年版 122 页
韬奋先生哀词—— 在追悼会上讲演稿	郭沫若	《新华日报》1944 年 10 月 2 日
哀悼为新民主主义奋斗的战士邹韬奋同志	吴玉章	《解放日报》1944 年 11 月 22 日
纪念邹韬奋先生	陈　毅	《解放日报》1944 年 11 月 22 日
韬奋的事业与精神（附题词）	徐特立	《解放日报》1944 年 11 月 22 日
韬奋先生之死，是中国人民在鲁迅先生死后的最大损失	陈绍禹	《解放日报》1944 年 11 月 22 日
纪念邹韬奋先生	陈伯达	《解放日报》1944 年 11 月 22 日
自我改造道路上的良师益友——纪念韬奋同志	杨东莼	《文汇报》1958 年 7 月 24 日
回忆韬奋——写在韬奋逝去十四周年	沈粹缜	《新闻日报》1958 年 7 月 24 日

个在人民中间的人	胡　绳	《光明日报》1959 年 7 月 24 日
忘我的人	长　江	《文汇报》1959 年 7 月 24 日
韬奋病危的时候——纪念韬奋同志逝世十八周年	张又新	《文汇报》1962 年 7 月 25 日
忆韬奋	沈粹缜	《文汇报》1964 年 7 月 24 日
韬奋精神	张仲实	《光明日报》1964 年 7 月 24 日
一个光辉的榜样——纪念韬奋同志逝世二十周年	范长江	《人民日报》1964 年 7 月 24 日
又一次想起韬奋同志	胡愈之	《解放日报》1964 年 7 月 24 日，《光明日报》1964 年 7 月 28 日
怀念邹韬奋同志	张仲实	《解放日报》1978 年 7 月 24 日，《人民日报》1978 年 7 月 31 日，新华月报 1978 年 7 期
韬奋同志二三事	方学武	《解放日报》1979 年 7 月 24 日
韬奋的事业精神	陈敏之	《解放日报》1979 年 7 月 24 日
向着明天奋勇前进——纪念邹韬奋先生逝世三十五周年	史　良	《人民日报》1979 年 7 月 24 日
战斗到最后一息——纪念邹韬奋同志逝世三十五周年	徐伯昕	《人民日报》1979 年 7 月 26 日，《中国出版年鉴（1980）》第 303 页
读邹韬奋致张元济信有感——纪念韬奋同志诞辰八十五周年	陆　诒	《解放日报》1980 年 11 月 4 日

当过教师的邹韬奋	徐文烈	《羊城晚报》1980 年 11 月 6 日
伟大的爱国者韬奋	胡愈之	《文汇报》1984 年 5 月 6 日,《出版史料》1980 年 3 辑,《上海文史资料选辑》第 47 辑第 6 页
难忘的会见——纪念邹韬奋同志逝世四十周年	夏征农	《解放日报》1984 年 5 月 6 日
纪念邹韬奋同志逝世四十周年	邓颖超	《人民政协报》1984 年 5 月 10 日
韬奋永留人间	钱俊瑞	人民日报 1984 年 7 月 5 日,《出版史料》1984 年 3 辑
回忆邹韬奋二三事	陈日忆	《桂林日报》1984 年 7 月 19 日
忆韬奋——纪念韬奋逝世四十周年	杜若君	《世界经济导报》1984 年 7 月 23 日,《吉林大学学报》1984 年 4 期
忆韬奋同志二三事	邢方群	《中国青年报》1984 年 7 月 24 日
可贵的心胸,高尚的境界——纪念邹韬奋同志逝世四十五周年	杜星垣	《光明日报》1989 年 12 月 1 日
弘扬韬奋精神——纪念邹韬奋先生九十五周年诞辰	本报译论员	《解放日报》1990 年 11 月 5 日
我国知识分子的一面旗帜——纪念邹韬奋诞辰九十五周年	本报译论员	《文汇报》1990 年 11 月 5 日
学习发扬韬奋精神	张友渔	《人民日报》1990 年 11 月 7 日

续　表

在邹韬奋九五诞辰纪念会上的讲话	李铁映	《人民日报》1990 年 11 月 16 日，《光明日报》1990 年 11 月 16 日
悼念民主战士韬奋先生——韬奋先生事略	本社	《群众》1944 年 9 卷 19 期
韬奋先生的道路	默　涵	《群众》1946 年 11 卷 12 期
韬奋的共产主义思想	徐永瑛	《世界知识》1949 年 20 卷 4 期
走韬奋同志的路	沈钧儒	《新华月报》1954 年 8 期
韬奋和他的事业	胡愈之	《新华月报》1954 年 8 期
纪念民主战士邹韬奋	关肇昕	《南京师范学院学报》1979 年 3 期
忆韬奋学韬奋	胡愈之等	《新闻战线》1979 年 3 期
归魂入党托生平——邹韬奋同志二三事	刘景华	《支部生活(北京)》1981 年 12 期
忠心永相随——记韬奋同志和党的联系	张　工	《文学报》1981 年 14 期
琐记邹韬奋	徐文烈	《随笔》1981 年 19 期
韬奋永生	夏　衍	《新闻记者》1984 年 7 期
宣传真理的声音——纪念父亲韬奋逝世四十周年	邹嘉骊	《新闻记者》1984 年 7 期
纪念韬奋先生逝世四十周年	胡　绳	《中国建设》1984 年 10 期
韬奋用人二三事	李　文	《人才天地》1985 年 2 期

略论韬奋的人民报刊思想——为纪念韬奋诞辰九五周年而作	沈世纬	《新闻记者》1990年11期
韬奋同志——文化界的劳动英雄	萧　三	《人物与纪念》第106页,《珍贵的纪念》第106页,《萧三文集》第144页
韬奋精神长青	史　良	《上海文史资料选辑》第47辑第1页
怀念邹韬奋	爱泼斯坦	《上海文史资料选辑》第47辑第8页
为中华民族鞠躬尽瘁——爱国出版家邹韬奋	雷群明	《中国现代爱国者的故事》第343页
中共中央电唁韬奋逝世并追认他入党的电文		《韬奋文集》第1卷卷首
已故著名新闻工作者、政论家邹韬奋第二届韬奋出版奖揭晓韬奋新闻奖设立	李方诗等主编	《中国人物年鉴(1991)》第223页
邹韬奋政论家杰出的出版家和新闻记者纪念诞辰一百周年	李维民主编	《中国人物年鉴(1996)》第191页
纪念韬奋同志逝世四十周年	胡　绳	《先贤和故友》第48页
追念邹韬奋同志	胡　绳	《先贤和故友》第54页

图表五

二、文献资料的特点及其学术价值

上述"传记文献资料"各具特色，为我们进一步开展对韬奋的研究，提供了有价值的文献资料：

第一，不少文献资料都是他同时代的有影响的人物为他撰写的。如胡绳的《韬奋先生的道路》、④徐特立的《韬奋的事业与精神（附题词）》、⑤胡愈之的《韬奋之死》、⑥莫洛编著的《陨落的星辰》⑦这些成果，无不是有很高的文献史料价值和学术参考价值。

第二，传记形式及内容不一，既有韬奋自己的"自传"，如《经历》《韬奋自述》《患难余生记》等；有画传如《韬奋画传》，有年谱年表如《邹韬奋年谱》《韬奋年表》等；有研究者撰写的"小传""事略""传略"等；如钱小柏的《邹韬奋传略》、丁淦林的《韬奋小传》、沈钧儒的《韬奋先生事略》等；有记述他为中国新闻出版事业做出杰出贡献的文章，如《韬奋与生活书店》《韬奋主编的报纸和刊物》《邹韬奋对中国新闻事业的贡献》《邹韬奋战斗在新闻出版战线上——从〈生活周刊〉到〈大众生活〉述要》、《20世纪中国著名新闻出版家邹韬奋》等；有关于邹韬奋与抗战和解放战争方面经历的文章，如《论邹韬奋的抗日救国主张》《抗战时期邹韬奋之思想发展和革命实践》《忆韬奋在苏北抗日根据地》《韬奋在苏中解放区片段》等；有关于他的人际交往方面的，如《邹韬奋与高尔基》《邹韬奋和戈公振》《韬奋与鲁迅的友谊》《爱国出版家张元济

---

④《新华日报》1944年10月1日。

⑤《解放日报》1944年11月22日。

⑥ 上海民主出版社1946年版46页。

⑦ 上海人间书屋1949年版，第186页。

和邹韬奋的交往》《邹韬奋与史量才》《进步文化出版事业的两先驱——胡愈之与邹韬奋》《我的老师邹韬奋》《记忆中的韬奋先生》等;有关于纪念他的回忆录,如《追悼韬奋先生纪念册》《韬奋之死及其他》,有胡愈之的《韬奋之死》、郭沫若的《韬奋先生哀词——在追悼会上讲演稿》、陈毅的《纪念邹韬奋先生》、吴玉章的《哀悼为新民主主义主义奋斗的战士邹韬奋同志》、徐特立的《韬奋的事业与精神》、范长江的《一个光辉的榜样——纪念韬奋同志逝世二十周年》、史良的《向着明天奋勇前进——纪念邹韬奋先生逝世三十五周年》、夏征农的《难忘的会见——纪念邹韬奋逝世四十周年》等等。

第三,关注韬奋研究的学者、出版社、报刊杂志及学术团体撰写的研究文章越来越多。1949 年前出版的专著为 12 部,报纸文章 11 篇,期刊文章 2 种。论文集上的文章仅 1 篇。[⑧] 1949 年后出版的专著 17 部,比以往增长了 41.67%,报纸文章 55 篇,比以往增长了 400%,期刊文章 70 余篇,比以往增长了 35 倍,论文集 60 余篇,比以往增长了 60 倍。随着专著及文章的数量增加,研究者的队伍、出版机构、报刊数量及种类,还有论文集的数量也相应的随之增长。

240 余篇有关韬奋的传记文献资料的学术价值,具体表现在以下几个方面:

第一相关韬奋的传记文献资料为学术界开展对韬奋的研究,提供了不可多得的丰富文献资源。尤其是与他同时代人及他的亲朋好友和学生撰写的文章更是有很高的学术价值,对推动他的研究将起到积极作用。

第二韬奋传记文献资料对研究中国的新闻出版史,尤其是

---

⑧ 莫洛:《陨落的星辰》,上海人间书屋 1949 年版,第 186 页。

中国新民主主义革命时期的新闻出版史的研究,积累有不少有价值的第一手资料。包括研究他的办报办刊的思想和理念等。

三、有待进一步研究的问题

第一,韬奋传记文献资料的搜集还有待进一步地挖掘。比如《申报》中有关韬奋传记文献资料就还没有学者对其进行很好地挖掘与整理。笔者通过复旦图书馆的《申报》全文数据库搜索,从 1931 年 11 月 30 日,迄至 1946 年 5 月 14 日,共显示 170 次与他有关联的名字,这方面资料的开发与利用,相信在一些研究领域定有突破性的研究成果问世。如当时"东海戏院 Eastern The Atre"的报道中,有关该戏院曾将连续三天放映《复仇》巨片的部分收入"于 28 号面交《生活》周刊邹韬奋君汇助马占山将军矣。"⑨除《申报》外,其他报纸如《益世报》《大公报》《世界日报》等规模比较大的报纸,都应该去进行挖掘。包括如此众多的解放前的刊物上的文献资料的挖掘。还有家谱、族谱及地方志中与他有关的资料。

第二,有关对韬奋与家人的研究,包括他自己对母亲的研究,他曾专门写过《我的母亲》一文,其中提到他母亲 29 岁逝世时留下三男三女。母亲过世后,她们的生活状况怎样?韬奋对这个家庭及兄妹产生过何种影响等,亦有待作进一步的研究。

第三,由于《世纪索引》的体例所限,不包含国外学术界关于韬奋传记研究的学术成果,所以我们无法知晓这方面的已有的文献资料。如《字林西报》《泰晤士报》《纽约时报》上是否有关于韬奋传记研究的学术成果,有待作进一步的考订。

---

⑨ 详见《申报》(影印本)1931 年 11 月 30 日,第 7 版。

统而言之,笔者认为对韬奋的研究还有很大的空间,有待研究的问题还很多。期待有更多有学术价值的文献资料被发掘和使用。

韬奋纪念、研究70年

雷群明

2015年是韬奋诞生120周年,逝世71周年。

韬奋作为我国著名的新闻记者、出版家、政论家、杰出的爱国主义者和共产主义战士,1944年7月24日因病去世以后,因其在世时多方面的重大贡献和在国内外的巨大影响,立即成了人们纪念和研究的重要对象。

高规格、多样化的纪念形式

1944年7月24日,邹韬奋在上海病逝。由于当时上海还处在日伪统治之下,他逝世的消息,在上海不能公开,而是由徐伯昕亲自向华中局作了报告。9月2日,在延安的周恩来获悉韬奋逝世的噩耗后,立刻向中共中央建议,在延安举行隆重的追悼纪念活动。周恩来的建议很快得到毛泽东的赞同。9月28日,由周恩来亲自修改的中国共产党中央委员会致邹韬奋家属的唁电发出。唁电表示接受邹韬奋的临终请求,追认其为中国共产党党员,"并引此为吾党的光荣"。唁电充分肯定:"韬奋先生二十余年为救国运动,为民主政治,为文化事业,奋斗不息。虽坐监流亡,决不屈于强暴,决不改变主张,直到最后一息。犹殷殷以祖国人民为念,其精神将长在人间,其著作将永垂不朽。"

中国共产党中央委员会机关报《解放日报》于10月7日,在发布"中国文化界先进战士邹韬奋逝世"消息的同时，还发表了《悼念韬奋先生》的社论。社论中说："由于他的真诚爱国，由于他从广大人民的利益出发的立场，他和中国共产党很早就成为最亲近的战友，他不是共产党员，但在争取民族独立和民主自由的战斗中，他始终和共产党结着亲密的联盟。"

10 月 11 日，周恩来又在延安召集吴玉章、博古、邓颖超、周扬、艾思奇、柳湜、张宗麟、姜君辰、林默涵、李文、程今吾、张仲实等组成"邹韬奋同志追悼筹委会"，主持议定了《纪念和追悼韬奋先生办法》，主要内容有：提议华北书店改名为韬奋书店；向边区政府提议设立韬奋出版奖金，专用以奖励对办杂志、报纸及出版发行事业有特别成绩之人；提议在韬奋骨灰运到延安安葬后，建立纪念碑；电渝商量在全国发起纪念和追悼邹韬奋运动，包括征集纪念文、刊行纪念册，在重庆设韬奋图书馆，登报征集韬奋未发表之信件和著作；向陕甘宁边区文教会议提议电唁韬奋家属，并在大会上介绍韬奋生平；在延安的纪念和追悼办法，包括出版韬奋选集、在举行追悼会时展览韬奋著作、由《解放日报》出专刊、制追悼歌等。

在张仲实记录整理的文稿上，周恩来于 10 月 12 日亲笔加上了"提议以韬奋为出版事业模范"，并写了一段说明，报告给中央其他领导同志，10 月 16 日，毛泽东主席批示"照此办理"。周恩来还致电林伯渠、董必武、王若飞等，让他们在重庆搜集邹韬奋的著作《萍踪寄语》以及邹韬奋主办过的《生活日报》、《大众生活》等刊物，并让他们请宋庆龄、柳亚子、张澜、黄炎培、沈钧儒、陶行知等撰写追悼文章。

11 月 22 日，延安各界 2000 多人在陕甘宁边区政府大礼堂隆重举行追悼韬奋的大会。同日，《解放日报》出版了 4 个版的"韬奋先生逝世纪念特刊"。特刊刊登了毛泽东和朱德的题词。

毛泽东写于 11 月 15 日的题词是："热爱人民,真诚地为人民服务,鞠躬尽瘁,死而后已,这就是邹韬奋先生的精神,这就是他之所以感动人的地方。"朱德的题词是"韬奋同志 爱国志士民主先锋"。特刊还刊登了吴玉章、陈毅、凯丰、续范亭、徐特立、艾思奇、萧三、张仲实等人的追悼纪念文章,他们都给予了韬奋崇高的评价。如陈毅说:"韬奋先生一生的奋斗,其伟大成功便是继孙(中山)、鲁(迅)两公之后,再度指出中国革命的总规律。这种价值是无可比拟的,也是我所最倾慕的地方。"吴玉章的文章说:"近代中国文化界,在新闻事业、出版事业上,最有成绩、最有创造能力的,要算邹韬奋同志。"续范亭的文章中则称赞韬奋是"中国新文化旗手"。如此等等,可以说,党中央的唁电和毛泽东、朱德、陈毅等的题词、文章,无形中已经定下了以后纪念和研究韬奋的基调。

与此同时,在张锡荣将韬奋逝世的消息带到了重庆后,由宋庆龄、林伯渠、郭沫若、沈钧儒等 72 人发起,10 月 1 日,各党派各阶层在重庆举行了隆重的追悼大会。会上,由郭沫若致哀辞,高度评价了韬奋的一生,宋庆龄亲题了"精神爱国"的挽词。

1945 年 9 月,周恩来又写信给邹韬奋的夫人沈粹缜,再一次肯定了韬奋一生对国家、民族和革命生事业的贡献。信中说:

"在抗战胜利的欢呼声中,想起毕生为民族的自由解放而奋斗的韬奋先生已不能和我们同享欢喜,我们不能不感到无限的痛苦。您所感到的痛苦自然是更加深切的了。我们知道,韬奋先生生前尽瘁国事,不治生产,由于您的协助和鼓励,才使他能无所顾虑地为他的事业而努力。现在,他一生的光辉努力已经开始获得报偿了。在他的笔底,培育了中国人民的觉悟和团结,促成了现在中国人民的胜利。中国人民一定要继续努力,为实现韬奋先生全心向往的和平、团结、民主的新中国而奋斗不懈。

韬奋先生的功业在中国人民心中永垂不朽,他的名字将永远是引导中国人民前进的旗帜。"

1949 年 7 月 24 日,上海市召开了纪念韬奋逝世五周年大会。毛泽东第二次题词:"纪念民主战士邹韬奋"。周恩来亦为之题词:"邹韬奋同志经历的道路是中国知识分子走向进步走向革命的道路。"宋庆龄在大会上致词,赞扬"韬奋先生是一位伟大的爱国者,一位英勇的人民战士。他的斗争历史,提供了革命知识分子所走道路的一个最光辉的榜样。"指出"在我和韬奋先生几年工作接触的中间,他所发挥的革命知识分子的特点,一直受到大家的敬仰。他完全舍己为公,凡是人民革命的利益所在,总是竭尽全力以赴;对于任何反人民、反民主的恶势力,他绝不肯作丝毫的片刻的妥协。"强调"韬奋先生的一支笔,曾经鼓动了中国无数万爱国民众走上争取民族解放与人民民主的道路"。范长江、茅盾等也给予很高的评价。此后,其他先后给韬奋题词的领导和著名人士还有曾山、潘汉年、史良、叶剑英、沙千里、陆定一、邓颖超、李鹏和江泽民等等。

1956 年,出版了三卷本的《韬奋文集》,同时开始筹备建立韬奋纪念馆,并于 1958 年建成开馆。

1985 年 10 月,胡愈之等 12 位老同志倡议成立中国韬奋基金会,经过一年多的筹备,于 1987 年 6 月 25 日召开了成立大会,7 月 24 日在上海挂牌。基金会组织设立了全国性的韬奋出版奖和韬奋新闻奖(新闻奖于 2005 年与"范长江新闻奖"合并为"长江韬奋奖"),作为我国新闻出版界的最高奖项,委托和联合中国出版工作者协会和中华全国新闻工作者协会组成评委会,每两年一次各评选获奖者 10 名左右。韬奋出版奖和韬奋新闻奖分别从 1987 年和 1993 年开始评选,一直坚持到现在。

1985 年,为纪念韬奋诞生 90 周年,邮电部出了一套 2 枚纪念邮票(8分,20分)和一套首日封。

1995年,为纪念韬奋诞生100周年,在北京和上海召开了隆重的纪念大会,江泽民、李鹏题词。制作了有韬奋头像的纪念大铜章。上海人民出版社出版了14卷本的《韬奋全集》。

2005年,为纪念韬奋诞生110周年,全国举行了一系列的纪念活动。中国编辑学会、上海编辑学会与韬奋纪念馆等联合在江西召开了"韬奋思想研讨会",新闻出版总署还发来了《韬奋同志是新闻出版界永远的旗帜》的纪念文章。韬奋纪念馆还编辑出版了纪念画册《浩气长存》和110周年纪念大铜章。

2009年9月10日,在中央宣传部、中央组织部、中央统战部、中央文献研究室、中央党史研究室、民政部、人力资源社会保障部、全国总工会、共青团中央、全国妇联、解放军总政治部等11个部门联合组织的"100位为新中国成立作出突出贡献的英雄模范人物和100位新中国成立以来感动中国人物"评选活动中,韬奋被评为"100位为新中国成立作出突出贡献的英雄模范人物之一"。

2014年9月1日,民政部公布了第一批在抗日战争中顽强奋战、为国捐躯的300名著名抗日英烈和英雄群体名录,韬奋是其中之一。

除了这些全国性的纪念活动,在北京和地方还有许多纪念性的举措,如在北京设立了24小时营业的三联韬奋书店,在江苏南通、江西余江等地建立了韬奋学校、韬奋书屋,在江西余江韬奋的故乡成立了民间性质的韬奋研究所,等等。

不断升温和深化的研究

伴随着对韬奋的纪念而来的,是对韬奋的研究。据我2008

年的统计,自韬奋去世至 2008 年的 64 年中,全国共出版有关韬奋的图书和研究著作约 70 种,发表各类回忆、纪念和研究文章约 700 篇。其中,在党的十一届三中全会以前,截止 1978 年,共出版图书 17 种,发表各类回忆、纪念和研究文章 339 篇;1979 年到 2008 年 30 年间,出版有关韬奋的研究著作 50 多种,发表各类回忆、纪念和研究文章约 400 篇。大体可以说,自韬奋去世以来 71 中中,全国共出版有关韬奋的著作、传记和专题研究著作 80 余种,发表各类回忆、纪念和研究的单篇文章近千篇。此外,还有一些新闻、出版史料和研究著作中不同程度地提到了韬奋。

有关韬奋研究的著作和文章,有一个很明显的特点,就是差不多都是围绕着对韬奋的纪念而展开的。其中,又以韬奋逝世后的最初几年,韬奋逝世 40 周年(1984 年)和诞生 90 周年(1985 年),韬奋逝世 50 周年(1994 年)和诞辰 100 周年(1995 年),韬奋逝世 60 周年(2004 年)和诞辰 110 周年(2005 年)前后四个阶段为出版和发表的高峰。

1. 序幕拉开——韬奋逝世后最初几年的研究。

从 1944 年 7 月到 1950 年的几年中,共出版各种纪念图书 14 种,发表各类文章 194 篇,主要是悼念和回忆,绝大多数都是韬奋的同事、朋友、亲人的回忆,也有少数韬奋的读者的回忆和纪念文章。最早的是 1944 年 10 月重庆邹韬奋先生追悼会筹备会编印的《韬奋先生逝世纪念册》,共收入黄炎培、沈钧儒、茅盾等 10 余人的纪念文字和韬奋本人的《自述》等。当年,还出版了晋绥边区文化界追悼邹韬奋先生大会编印的《追悼邹韬奋先生纪念册》、前进出版社出版的《韬奋先生逝世纪念特刊》、生活书店印行的《邹韬奋先生讣告》。这些书中的文章大都感情真挚深厚,有的还提供了不少有关韬奋的第一手的资料,是对韬奋著作的极好补充。

1950 年出版的黄逸之的《邹韬奋》,是最早比较系统介绍并评价韬奋生平的一本书。该书的《前记》中说:

> "韬奋先生一生为民主政治,为进步文化,奋斗不息,以致贡献了他的生命;他的精神永垂不朽,足为后人学习的模范。我们要学习韬奋先生,自有他光辉的战绩和不朽的著作在,但是为一般读者的便利着想,这样一本略述梗概的小册子,也是不无帮助的。"
>
> "本书把先生一生的事迹,作一系统的简单的介绍,写下了他苦学的成功,工作的态度,以及对真理,对事业,对群众的热忱和坚贞等。对于他的思想,在这里虽没有深切的发掘,但也写出了他思想的趋向和转变的过程。"
>
> "读过本书之后,如果要进一步研究韬奋精神的,可以读《怎样向韬奋学习》,这里有亲切的回忆和正确的分析。要多知道些先生的事迹的,可以看他自己的作品……还有写他晚年生活的《韬奋先生的流亡生活》(杨明作)等书。"

这一时期的研究著作和文章,数量少,研究的分量也不足,大都是在深切哀悼之余,表达了学习推广的意愿,但它们毕竟也拉开了研究韬奋的序幕。

2. 从沉寂到萌动——1949 年纪念韬奋逝世 5 周年到 1984 年韬奋逝世 40 周年和 1985 年诞辰 90 周年时的研究。这一段时间,对韬奋的研究经过了相对比较沉寂的岁月,到十一届三中全会以后几年出现了转机。三中全会以前的 30 年中,韬奋研究的著作和文章都比较少,除了有几年的韬奋诞生、逝世纪念日报刊发表过一些零星的纪念文章外,韬奋的传记比较著名的就只有穆欣的《邹韬奋》(1958 年)和它的修订本《韬奋》(1962 年)。有关韬奋的著作和文章不仅数量少,而且内容多偏重于对韬奋的回忆、思念、纪念和表态方面,其中不少具有一定史料价值和纪念意义,但是也有一些内容存在明显的问题。一是不少文章免不了时代的局限,受到"左"的思想影响,如 1957 年的有些文章,硬把韬奋与"反右派"斗争挂起钩来,就是明显的例子。二是重复比较多,不少文章往往被反复收进各种集子,有的文章则是重复或者改头换面地一再发表于不同的报刊。三是汇编性的作品多,研究性的文章少,研究性的著作几乎没有。

　　直到 1984 年前后,上海先后出版了钱小柏、雷群明编著的《韬奋与出版》(1983)、邹嘉骊编著的《韬奋著译系年目录》(1984)和《忆韬奋》(1985),前者开了以专著对韬奋进行专题研究的先河,当时的国家出版委员会主任委员王子野为之作序,给予了高度评价,此书还因此获得了首次国家出版著作评奖的著作奖。邹嘉骊编著的两书汇集了当时知道的韬奋的全部著译和此前回忆、研究韬奋的主要文章和材料,为韬奋研究提供了可贵的资料。此外,北京出版了韬奋纪念馆供稿、曹辛之编的《韬奋画传》(三联书店 1982 年出版,以馆藏文物照片为主,辅以文字说明,介绍韬奋的生平,颇有创意)和穆欣编的《韬奋新闻工作文集》(1985),山西出版了俞月亭的《韬奋论编辑工作》(1986),为这一时期的韬奋研究添了一份亮色。

　　3. 高潮和丰收期——1994 年韬奋逝世 50 周年和 1995 年韬奋诞辰 100 周年以来的研究。

　　1995 年,北京举行了最高规格的纪念韬奋诞生 100 周年大会,中共中央总书记江泽民和国务院总理李鹏题词,李鹏出席大会并作重要讲话,出席大会的还有温家宝、宋平、丁关根、邹家华等中央领导同志。上海则由上海人民出版社出版了 14 卷本的

《韬奋全集》，同时也举行了隆重的纪念活动。在此前后，对韬奋的纪念达到高潮并且持续延至 21 世纪初的韬奋诞生 110 周年。这一时期可以说是对韬奋的研究进入大面积丰收的鼎盛时期。其表现是：

首先，韬奋本人的著作和他主编的报刊的大量出版，为韬奋研究提供了可靠的资料基础。1995 年 14 卷本《韬奋全集》和此前除了《全民抗战》之外，韬奋主编的报刊得以全部影印出版以及 2000 年可称之为《韬奋全集》精选本的 8 册"走近韬奋"丛书的出版，以及韬奋著作的单行本和新的选本的大幅度的增加，从资料提供的角度来说，较之此前仅有《韬奋文集》3 卷（1956 年出版）和少量韬奋的单行本，优势是空前的。2005 年上海文艺出版社出版的邹嘉骊编著的《韬奋年谱》和 2009 年学林出版社出版的雷群明编著的《韬奋论新闻出版》则是一种别开生面的资料书，前者浓缩了《韬奋全集》的精华，后者则分门别类摘编了韬奋有关新闻出版的论述，也可以说是对韬奋新闻出版思想的浓缩。它们对一般读者和研究者提供了方便。

其次是韬奋传记的丰收。各种版本就出了十多种，除穆欣编著的《邹韬奋》1995 年修改新版外，又先后出版了《以笔代剑的英雄》（邹华义著，花山文艺出版社 1990 年），《邹韬奋》（孙山编著，中国青年出版社 1994 年），《邹韬奋》（俞润生著，天津教育出版社 1994 年），《邹韬奋》（姚眉平等编著，中国国际广播出版社 1996 年），《邹韬奋传记》（马仲扬、苏克尘著，重庆出版社 1997 年），《邹韬奋》（张之华著，"中国名记者丛书"之一，人民日报出版社 1998 年），《邹韬奋传》（沈谦芳著，山东人民出版社 1998 年），《邹韬奋：大众文化先驱》（陈挥著，上海教育出版社 1999 年），《韬奋传》（陈挥著，江西人民出版社 2001 年），《中华魂：爱国志士　民主先锋——新闻出版家邹韬奋的故事》（刘思

佳编著 吉林人民出版社 2011 年),《新闻记者的旗帜邹韬奋》(马永春著,云南大学出版社 2012 年),《韬奋评传》(陈挥著,交通大学出版社 2013 年)等。虽说由于采用的材料来源基本上相同,这些书难免有大同小异之处,但是,晚出的传记都多少有一些前人所没有的东西。譬如,陈挥的《韬奋评传》就增加了不少由他亲自调查得来的韬奋大家庭成员的材料,显得难能可贵。另外,面向青少年、着眼于普及的韬奋传记也是这一时期的新产品,如邹华义的《邹韬奋的故事》(21 世纪出版社 1990 年)、《少年邹韬奋》(少年儿童出版社 2005 年),庞晓恩编著的《邹韬奋的故事》(汕头大学出版社 1998 年)等,它们不仅语言通俗流畅,而且其中多少都挖掘了一些新的材料。

再次是韬奋研究的精细化,也成为这一时期的一个显著特点。除了韬奋传记的多产外,一些作者开始了专项的研究,由韬奋的全面介绍研究细化到韬奋某一方面思想的专题乃至韬奋主编的某一报刊或栏目的研究,这不但扩大了韬奋的研究面,而且比泛泛而谈的全面研究有了一定的深度。这一方面的著作有潘大明的《韬奋人格发展的轨迹》(上海文艺出版社 1998 年),武志勇的《韬奋经营管理方略》(中央编译出版社 2000 年),郝丹立的《韬奋新论:邹韬奋思想发展历程研究》(当代中国出版社 2002 年),周芳的《邹韬奋〈生活〉周刊之特色研究》(2007 年),孟宪娟的《邹韬奋教育思想研析》(2007),李云桃的《〈生活〉周刊时期邹韬奋妇女观探析》(2007 年),邓向阳的《邹韬奋出版经济思想略论》(2010 年),龚鹏的《邹韬奋启蒙思想研究》(中国社会科学出版社 2011 年)等,分别从不同的侧面对韬奋进行了专题的研究。

由于口子开得比较小,这些专著较之综合性的传记更能深入,更多新意。如郝丹立的《韬奋新论》,不仅对韬奋的思想作出了自己的新评价,而且对 60 多年来韬奋研究中存在的目的与对象的分离、目的与对象的颠倒等问题提出了自己的看法，尖锐而中肯；潘大明的《韬奋人格发展的轨迹》则提出"以儒学为核心的传统文化，在各个不同的历史阶段，帮助韬奋有选择地吸取了资产阶级和无产阶级的思想"这样的角度，来探讨韬奋思想发展的原因。这些大胆、新颖的观点的提出和得到发表，本身就是思想解放的胜利。

至于论文中对韬奋思想研究的细化就更为明显，如对韬奋的思想，涉及了从编辑、出版、发行到经营管理，到马列主义、儒学、教会学校、孙中山三民主义的影响等，对韬奋主编的报刊，细化到了具体的报刊乃至栏目研究，对韬奋的著作，细化到韬奋的散文、杂文、国外通讯研究等等，各方面都有一批颇有质量的作品问世。如郝丹立的《邹韬奋的〈生活〉周刊精神》、《邹韬奋的知识分子观——从其对陈布雷、胡适的评价说起》(2002)，高亮的《亲民的读者观：邹韬奋报刊理念评析》(2005)，叶同春的《论邹韬奋在新闻实践中的"三贴近"》(2005)，蒋含平的《平民与知识分子双重视角下的海外世界——论邹韬奋海外通讯的特色及历史地位》(2005)，孙振兵的《略论邹韬奋报刊思想的民众观》(2006)，唐森树的《论邹韬奋的广告观》(2006)，田锋、殷艳芳的《论邹韬奋新闻报刊活动的大众性》(2007)，袁新洁的《邹韬奋报刊思想之"容受性"研究》(2009)，周芳的《邹韬奋〈生活〉周刊之编辑特色》(2010)，刘红军的《邹韬奋报刊评论的平民特色》(2012)等，都是从一个小的方面入手加以研究的。韬奋的《我的母亲》被选入苏教版《语文》八上的教材，关于此文的专门分析研究文章也特别多。

第四是新生力量的崛起成为这一时期的可喜现象。全国各高校涌现了一批研究韬奋的硕士、博士研究生，并且拿出了一批令人瞩目的研究成果。除上面提到的一些著作是硕士论文外，还有如复旦大学研究生孟晖的硕士论文《邹韬奋〈经历〉等自传的研究》(2008 年),从当时社会的历史背景入手,分析了韬奋 3 本自传体作品的特点、价值和影响等,颇有些前人所未发的观点;湖南师大中国近现代史专业龚鹏的《试析抗战时期邹韬奋的民主政治观》,山东师大中国近现代史专业李华的《邹韬奋与中国近代新文化》,河南大学新闻学专业孟芳的《邹韬奋期刊编辑思想研究》等,也都有一些发前人所未发的新东西。

第五是随着网络的发达而出现在网上的研究文章,拓宽了韬奋研究的空间。一是韬奋著作单行本以电子书的形式大量出版,在网上可以方便下载。仅我在网上看到的韬奋的电子书就有 47 种之多,这对于普及韬奋的思想,推动对韬奋的研究,无疑是提供了极大的便利。二是许多人在自己的博客中自由地发表对韬奋的评价,表现了更大的开放性。这方面的文章虽然还不是很多,但是,它所展示的空间和前途将是十分广阔的。

第六,对韬奋家庭成员和韬奋家庭生活以及韬奋的活动的介绍也有新的材料发掘出来,既可补充韬奋自述的不足,又可以进一步让我们看到韬奋作为儿子、丈夫、父亲这种普通人角色的一面,还原他人的本色,而不至于被神化。这方面的最重要著作是韬奋女儿邹嘉骊 2005 年出版的《韬奋年谱》,汇集了许多有关韬奋的生平材料和《韬奋全集》中未收的韬奋著作,是迄今为止最完整的韬奋生平资料。另外,如陈挥的《韬奋传》比较详细而系统地介绍韬奋"大家庭"成员的生活、工作情况,也是此前的传记中所没有的。韬奋女儿邹嘉骊的新作《父亲邹韬奋与我们的家庭》(2012 年 7 月《三联生活周刊》),更以生动的语言给我们描绘了一个可亲的父亲形象。百岁老人周有光在《怀念邹韬奋先生》中谈他与韬奋的同学关系,也是以前所不知的宝贵史料。

这一时期韬奋研究的繁荣,固然首先是由于政治环境的宽松、有关领导的重视、作者思想的解放等等,但是也与新的研究阵地的开辟和经费的比较有保证等有一定的关系。中国韬奋基金会成立以来,在经费方面积极支持韬奋研究著作的出版,《韬奋年谱》和"走近韬奋丛书"的出版都曾得力于它的资助。韬奋纪念馆成立以来,一直致力于韬奋资料的搜集、研究和出版,2003年、2005年和2015年,主动联合有关单位召开了三次全国性的韬奋思想研讨会,并且创办了《邹韬奋研究》丛书(邹家华副委员长题写书名),在2004、2005、2008年出版了3辑,发表了数十篇有质量的研究论文。在2005年纪念韬奋诞生110周年前后,新编出版了大型的《韬奋手迹》(包括了以前出版的《韬奋手迹》和《患难余生记》及新发现的手迹,是迄今最全的),重印了韬奋的《事业管理与职业修养》,组织编印了纪念画集,制作了纪念大铜章,还与北京印刷学院合作,出版了《店务通讯排印本》,2015年又资助出版了新的《韬奋全集》等等,为韬奋研究提供了良好的条件和坚实的平台。

问题和前瞻

70年来,尤其是十一届三中全会以来,韬奋研究的巨大成绩是有目共睹的,当然,这并不是说,对韬奋的研究,对韬奋思想和精神的学习与宣传已经做得很好,就没有一点问题了。现实情况是,韬奋研究仍然存在一些问题,无论从全国的范围还是从新闻出版系统的范围来看,我们都还有许多事情要做。

韬奋研究中存在的问题主要有三点:

一是对韬奋的研究,无论是广度还是深度,数量还是质量,都还显得很不够,尤其是对韬奋生平事迹和韬奋思想的研究,更需要花大力气,下苦工夫。由于历史的原因和"左"的思潮的干扰,以往对韬奋的研究,往往局限在某几个时段而没有得到全面的展开。譬如他求学时期和工作初期,就少有研究,韬奋自述中有些事实还有待于弄清楚,如韬奋说他在学校时曾用"谷僧"的笔名在《申报》发表文章,但是我与邹嘉骊查了《申报》影印本却没有查到,又如第一次办《生活日报》未成的过程,第一次流亡的情况等,都有一些有待理清的线索。又譬如,党中央对韬奋的评价中,肯定了他"二十余年为救国运动,为民主政治,为文化事业,奋斗不息"三个方面,但是,到目前为止,对于韬奋在抗战救国方面的杰出贡献,在为民主政治而奋斗的不懈努力等方面,研究的著作和文章数量还是很少,有质量、有深度的著作和文章更少;对韬奋思想的探索往往只停留在与中国共产党的关系等比较狭窄的领域,而没有或很少投向更广大的时空;对韬奋与他同时代人物的相互关系和影响,也往往只注重周恩来、胡愈之等少数几位(而且这几位也仅仅注意他们政治方面的交往与影响)而忽视了更多的与韬奋交往的师友和同志;有少数文章虽然注意了韬奋与同时代人的比较研究,但仍然比较表面,不够深入,如殷艳芳的《梁启超、邵飘萍、邹韬奋的新闻思想》虽然把中国近现代三位大家的新闻思想作了梳理,只是指出了他们各自的特点,却没有进行比较的研究,有点遗憾。另外,一段时期,由于"左"的思潮的干扰或某些人的特殊需要,韬奋有时被误导,甚至被误解、曲解,也需要作出澄清如此等等。

二是低水平的重复比较多,特别是韬奋关于新闻、出版,关于编辑、服务精神,关于《生活》周刊等方面的研究,不少文章甚至著作从题目到内容,都大同小异甚至雷同,只是由于发表的时间不一样,所以,一般读者也不会觉察,一旦集中起来,就会感到问题的严重。

第三，也是最为遗憾的一点是，有一些纪念、研究文章和著作，还存在一些史实上、论述上的明显差错，至于引文的不完整，标点符号的差错就更多了。譬如新华网发表的介绍韬奋生平的文章《杰出的出版家和新闻记者邹韬奋》中主要差错就有："1923年，受聘担任中华职业教育社编辑股主任，负责编辑《教育与职业》月刊"（按：应是1922年）；说"一·二八淞沪抗战结束后，国民党政府在签订屈辱的《淞沪停战协定》的同时，调集大军'围剿'苏区和红军。邹韬奋坚决反对国民党政府的做法，痛斥蒋介石、何应钦等是军阀和民族罪人"，也没有依据；说韬奋被迫流亡海外两年多期间，"他考察了英、美、法、德、意等资本主义国家和社会主义苏联，阅读了大量马克思主义的著作，实现了思想上的升华，形成了马克思主义世界观，最终选择了中国共产党"，明显是不完全符合事实的拔高。说他1935年8月回国后，"他的活动遭到国民党当局的忌恨，他创办的《大众生活》和《永生》杂志先后遭查禁被迫停刊"，事实上，《永生》1936年3月7日在上海出版时，主编是金仲华，当时韬奋已出走香港，正筹备《生活日报》的出版事宜；说"上海沦陷后，转至武汉，继续主编《抗战》，并将其改编为《全民抗战》三日刊。武汉沦陷后，到重庆继续主编《全民抗战》"。事实是：韬奋在1938年7月7日全面抗战一周年时，将自己办的《抗战》三日刊与柳湜办的《全民》周刊合并为《全民抗战》三日刊（后曾改为五日刊、周刊），并非《抗战》三日刊"改编"而来；刊物是由两人主编，而不是韬奋一人主编。

同样是新华社，在1993年发布首届韬奋新闻奖获奖者名单时发表的《邹韬奋和韬奋新闻奖》（新华社北京11月7日电），短短几百字的介绍也是差错甚多：如说"他陆续创办了生活书店和《新生》、《大众生活》、《永生》、《生活星期刊》等报刊"。其实，

《永生》的情况上面已经说过，《新生》周刊是在《生活》周刊被迫于 1933 年 12 月停刊后，于 1934 年 2 月 10 日创办的，由杜重远、艾寒松主编。其时，韬奋正在欧洲流亡，何来"创办"之说？又如说："他多次受到恐吓威胁，两度被迫流亡国外"。我们只知道韬奋六次流亡，只有一次是流亡国外。还有说"1937 年卢沟桥抗日战争爆发后，他先后在上海、汉口、重庆创办、出版《抗战》《抗战画报》《全民周刊》和《全民抗战》等刊物"，较之新华网的说法，错得更加离谱，把合并而成的《全民抗战》说成是韬奋创办已经大错，而居然还把柳湜主编的《全民周刊》算在韬奋的名下，真是匪夷所思。在一篇为韬奋新闻奖而发的短文中，有这么多的差错，简直是对韬奋的一种讽刺，我真为这样的"新闻"工作者害臊。

官办的媒体是这样，而有些"研究者"的文章就更错得令人啼笑皆非了。如一篇谈翻译家张仲实和邹韬奋友谊的文章中说："1934 年 9 月，在中国已颇具影响的生活书店里，邹韬奋又发动办起一个《世界知识》杂志"，而"1935 年初，经上海的著名进步人士胡愈之给邹韬奋介绍，张仲实到生活书店工作。这时候，参加中国民权保障大同盟，积极从事抗日救亡运动的邹韬奋，十分高兴张仲实的到来，说：'看到你翻译的许多苏联政治著作和文章，太好了。我们的《世界知识》，就是论述国际时事和世界形势的刊物，很需要进步的东西。'遂让张仲实担任《世界知识》杂志的主编。"说得活灵活现。可是，这时，韬奋正在国外流亡，怎么会分身来到上海欢迎张仲实当《世界知识》的主编？又如一篇谈宋庆龄与韬奋的文章中，有韬奋"1926 年 2 月接办中华职业教育社和机关刊物《生活》周刊的编务，从 1927 年起主持生活周刊社，开始致力于新闻出版工作"这样莫名其妙的句子。还有一篇《邹韬奋报刊活动及"韬奋精神"略论》的文章谈到韬奋

"一生中先后创办并主编过'六刊一报'"时说:"这六刊一报分别是:1925年10月在上海创刊的《生活周刊》、1935年创刊的《大众生活》周刊,1936年在香港创刊的《生活日报》、1936年6月创办的《生活日报星期增刊》、1937年8月创办于香港的《抗战三日刊》、1938年7月7日抗战三日刊与《全民》月刊合并,改名为全民抗战,在重庆继续出版……"这短短的一段介绍,书名号的运用不一致不算,至少有3处错误:《抗战》三日刊不是创办于香港,而是在上海;《抗战》三日刊是与柳湜主编的《全民》周刊合并,不是《全民》月刊;合并后的《全民抗战》,先是在武汉出版,武汉沦陷后,年底才迁往重庆继续出版的。另外,1925年10月《生活》周刊创刊时,韬奋只是一个撰稿人,1926年10月才接手主编,不说清楚,也容易引起不知情者的误会。

所有这些都说明,对韬奋思想和精神的学习、宣传和研究,需要我们团结更多的有志之士做许多深入而细致的工作,真可以说是任重而道远。

对于今后的韬奋研究,也有人提出了意见和建议,如李频在《韬奋研究随想》中提出:

"对韬奋的深入研究要以韬奋研究的历史回顾与现状反思为切入点。能否在有关出版物上开辟类似'我与韬奋研究'的专栏,请有著述的韬奋研究者自述研究的甘苦得失,作为后人借鉴;能否请学有专长的韬奋研究前辈开设'韬奋研究前沿'的讲座或专题,或撰就相关文章,以为后来学子的指引。""韬奋是一个鲜活的存在。过去的研究更多地探究、描绘了他文化战士的侧面,其实作为出版思想家的侧面更值得关注,但要有宏阔的文化视野和深邃的历史眼光才能有所洞察,突破目前某些表面化、平面化的研究。"

李频还提出,"应该在中国现代出版史、中国现代出版思想史的背景下梳理韬奋研究中的一些难点和重点,组织人员重点攻关。"(如《生活》15.5 万份的发行量问题),"韬奋研究还需要国际化视野。需要在世界期刊史、世界出版史的比照中研究韬奋出版思想的同步性、先进性。"(比如报刊发行量公证问题)等。

这些都是提得很好的建议。我们期望,在总结 70 年经验教训的基础上,今后的韬奋研究能取得更大更好的成绩,可以产生一批更高水平和质量的著作和论文。

"韬奋与抗战时期的新闻出版业"
学术讨论会综述

唐荣堂

今年是中国人民抗日战争暨世界反法西斯战争胜利七十周年，亦是著名的新闻记者、出版家、政论家、100位为新中国成立作出突出贡献的英雄模范之一的邹韬奋同志诞辰120周年。为弘扬韬奋精神，纪念其在抗战时期新闻出版活动中的卓越贡献，复旦大学新闻学院、上海韬奋纪念馆、上海市中共党史学会、中共余江县委宣传部共同在复旦大学举办了以"韬奋与抗战时期的新闻出版业"为主题的学术讨论会。上海市中共党史学会会长张云、复旦大学新闻学院党委书记周桂发、上海韬奋纪念馆常务副馆长上官消波、中共余江县委常委宣传部长桂峰与来自复旦大学、南京大学、大理大学、解放日报、上海社科院、上海韬奋纪念馆等单位的二十余位代表参加了此次会议。与会代表围绕韬奋生平及其著述、韬奋与抗战、抗战时期的中国新闻出版业、生活书店出版物及店史研究等主题进行了学术交流。

上海市中共党史学会副会长陈挥、复旦大学新闻学院教授黄瑚、安徽大学新闻与传播学院教授蒋含平分别以《邹韬奋创办抗日报刊的杰出贡献和当代价值》、《邹韬奋倡导的新闻报道"研究化"述评》、《阅读·表达·互动：〈大众生活〉"一二九运动"报道新探》作了主题演讲。

陈文主要讨论了韬奋的抗战思想和实践的当代价值，指出邹韬奋自1930年代初就参与抗日活动,先后创办了《生活》周刊、《大众生活》、《生活日报》、《抗战》和《全民抗战》等影响力极大的报刊杂志。如《大众生活》每期发行量超过20万,《抗战》和《全民抗战》超过30万,而当时发行量最大的《申报》也不过每天8万份左右。此外邹韬奋还撰写了大量文章和社论,影响深远,也是最全面最真实的抗战资料。邹韬奋后来被周恩来称为国统区威望最高的知识分子。1936年,刘少奇以"莫文华"为化名,给《生活日报》写了两封热情洋溢的长信,指出"贵刊应成为救国人民阵线的指导者和组织者,成为千千万万各种各色群众的权威的刊物。"邹韬奋予以全文发表,大大扩展了民族联合阵线的影响力。韬奋不畏强暴,以笔代剑,怒斥敌寇,反对投降,勇敢战斗在民族解放第一线。他坚决主张抗日,弘扬中华正气;坚信中国不可战胜,极力反对妥协投降;竭诚呼吁团结对外,促进国共合作抗日;努力争取国际援助,坚持国际统一战线,为中国人民抗日战争和世界反法西斯战争作出了突出的贡献。

黄文指出新闻报道"研究化",就是邹韬奋在主办《生活日报》期间倡导的一种全新的新闻报道方法。所谓新闻报道"研究化",就是要求新闻工作者不仅要报告新闻事件的基本事实,而且还要揭示事实的前因后果;"不独是记述各种各色的生活现象,还想做到科学地解释这些现象,求出这复杂现象的底子是什么,和它的发展线索。"总之,新闻报道"研究化"的实质,就是"解释"两个字,其他的一切都是围绕这两个而衍生的。对于新闻报道"研究化"这种新闻报道的新方法,韬奋在主办《生活日报》期间为我们积累了许多宝贵的经验,创造了三种主要表现手法。一是精编,二是解释,三是配合报道。最后探讨了研究化与客观报道的关系、研究化与解释性报道的关系,认为新闻报道"研究化"方法是在社会发展节奏日益加速,从而人们对新闻报道的要求也日益提高的历史条件下产生的。"研究化"与客观报道不同,它不仅要准确的报告新闻事实,还要正确的阐释其意义和前因后果。"研究化"与解释性报道也不同,前者源于后者但高于后者,它不仅要求、而且完全能够通过正确的阐释揭示事物的本质,发现事物的规律。"研究化"与新闻报道的其他一些基本要求互不冲突,它不会削弱新闻报道的读者兴趣,也不会影响其长短、快慢诸问题。

蒋文试图引入的阅读史视角,与新文化史中的阅读史略有不同,并非直接讨论当时的报刊阅读活动,而是通过对《大众生活》"一二·九运动"的报道和"大众信箱"读者来信的文本分析,解读报刊舆论中的阅读和报刊舆论对阅读的呈现,从而将静态的新闻纸研究,看成一个"编者编辑—读者阅读"的动态过程,丰富对邹韬奋及其报刊研究中的观察视野。作者首先讨论了作为阅读文本的"一二·九运动",《大众生活》周刊对这一事件给予了巨大的关注,并对它进行了持续的报道。从图文报道两方面来考察,不难发现虽然其报道立场始终不曾改变,但随着"一二·九运动"的持续发酵,其报道中心、报道方式、言论风格也随之不断演变。而从后来史实的角度分析,《大众生活》的持续报道,也在无形中影响了广大读者的心态,从而影响到了运动的进一步发展。进而分析了做为亲历者、观察者的"大众信箱"读者来信,《大众生活》的读者群通过自身的阅读(或者经历),提出自己的思考,并将自己的观点(或是情感)通过信件的方式表达出来,便与邹韬奋和《大众生活》之间建立起了一种动态的"编读过程"。从而将这些报道与每一期的读者来信看成一个动态的过程。一个显而易见的结论是:新闻报道影响着读者群体的心态变化,而读者群体的心态变化又影响着新闻报道的文本选择和文风取向,二者就是在这样一种互动关系中相互影响,共同演绎出了《大众生活》对于"一二九运动"的持续报道：即从慷慨激昂的宣传到理性冷静的品评，从新闻事件本身的报道上升到民族存亡问题的大讨论。

韬奋与抗战时期的新闻出版

南京大学刘火雄《国民性关怀与批判——邹韬奋新闻出版思想探究》一文认为，邹韬奋更多地把目光投向社会现实，其国民性关怀与批判尤为明显，主要体现为以下议题：首先，关注民生，介入公共事务，为大众代言；梳理邹韬奋的新闻出版实践，不难发现他借助报刊平台撰文、选稿，较多地立足大众，扮演着"百姓代言人"角色。其次，对国民劣根性进行反省，带有鲜明的启蒙色彩；1933年至1935年，邹韬奋在流亡期间游历了欧美多国，耳闻目睹了当时许多国人在海外的形象，这一时期，邹韬奋的流散写作，以中西双重视域互为镜像，更容易以"他者"身份在国外反观中国人。就邹韬奋而言，他对于国人、民众劣根性及其不幸遭遇的关注，蕴藏着较深厚的悲天悯人情怀，不仅解构国人形象，同时更希望藉此拔出"萧艾"而培植"芝兰"，以重建国民生活、人格和国格的新气象。邹韬奋赓续着胡适、陈独秀等人的启蒙传统，他对现代科技进步、发明创造等颇有关注，往往不厌其烦在报刊进行推介。除了器物层面的宣扬外，邹韬奋还注重传播以理性和自由为内核的启蒙精神。再次，揭批吏治腐败，体现媒介监督功能。尽管批判当局、相关人士有潜在危险，邹韬奋还是常常仗义执言，邹韬奋揭批国民政府当局官僚政治，体现出文人论政的传统角色。在国家遭受外敌入侵的时代，面对民族存亡等现实问题，邹韬奋试图以言论报国，对整顿吏治等政治生态进行针砭，承载着知识分子"以天下为己任"的担当。在邹韬奋身上，无论关切时局、剖析国民性还是批判吏治、建言献策，固然是他出任《生活》周刊、《大众生活》主编的本职要求，更体现出他作为一名知识分子的家国情怀。

上海社会科学院新闻研究所孟晖在《论邹韬奋在全面抗战时期的新闻出版思想》一文通过勾勒史实，认为韬奋先生以极大的爱国热忱，推动进步文化工作，创办了《抗战》三日刊，后主编《全民抗战》、复刊《大众生活》，同时以国民参政员的身份与国民党政府压制民主的行为作公开、合法的斗争。他利用各种形式宣传抗日救亡，介绍中国共产党的抗战政策及其领导下的抗日斗争，有力地推动了抗日民主运动的发展，引导大批青年走上了抗日救亡的光辉道路。邹韬奋在抗战时期的新闻出版活动中，探索新闻出版规律同时坚持报国情怀，孟晖在文章中总结出邹韬奋的新闻出版思想主要有：新闻出版等文化工作重在造成正确的舆论，唤起国民团结御侮的意识、坚定国民奋斗的信念；为大众办报的思想进一步发展，并且将服务精神与战斗性相结合；提倡民主政治、新闻出版自由思想，坚决反对国民党的新闻统制制度。孟晖认为，对其新闻出版思想进行系统的梳理和研究，对于研究邹韬奋人格思想的发展轨迹、其文化事业的成功经验，以及当今新闻出版工作如何学习借鉴韬奋精神，具有理论和现实意义。

上海静安区党史研究室杨晔《论"孤岛"时期中共在上海新闻出版领域的抗战宣传工作》一文指出上海作为远东新闻出版中心，自 1937 年 11 月 12 日沦陷后，便受到日军严苛管控，各种报刊、出版物的抗日宣传都遭疯狂摧残和野蛮镇压。面对这一险恶情势，在党中央的直接领导下，刚恢复重建的中共上海党组织，充分利用"孤岛"独特政治格局促生的机遇与可能，团结一切可以团结的力量，在新闻出版宣传重镇，与日伪展开了一场"短兵相接、血肉淋漓"的对决战，不仅将抗日宣传的主动权、领导权和话语权牢牢掌握在党的手中,使"抗日救亡"始终压倒各种杂音,成为唱响"孤岛"的主旋律;而且在国民党苦心经营多年的"远东第一繁华大都市",成功重塑中共正面形象,激发起广大民众热爱共产党、坚决跟党走的积极性与自觉性。受益于这一时期卓有成效的宣传实绩,抗战结束时,党已一跃成为掌控上海局势的主要政治力量,为之后的全国解放奠定了扎实的群众基础和执政基础。坚定的政治信仰、过硬的业务素质、良好的工作作风,犹如一鼎三脚,共同铸就了"孤岛"时期党的新闻出版队伍的出类拔萃。它们的合而为一所凝成的强大合力,在中国共产党的新闻出版工作史上,留下了十分光灿的一页。

上海韬奋纪念馆高明在《"救国无罪"——七君子事件中的新闻报道》把新闻媒体对七君子事件的报道分为被捕至提起诉讼阶段(1936.11.23—1937.4.2)、提起诉讼至开庭(1937.4.3—1937.6.10)、庭辩至出狱(1937.6.11—1939.1.26)三个阶段,详细介绍了各个阶段新闻报道的主要内容和特征,包括国共两党的机关报、民营报刊、外埠报刊、图片报道、西文媒体的关注等等,认为以1937年4月3日国民党江苏省高等法院检察官就"七君子"提出《起诉书》为界,中外媒体对七君子事件的报道出现了大幅的增长,前期由于国民党的管控,民营报刊对七君子事件着墨不多,只有共产党的《救国时报》对七君子进行了大量的声援报道;此后民营报刊对七君子事件的报道形式较为丰富,且更为大胆,甚至出现了整版中英文对照的七君子在苏州监狱的彩色照片;而西文媒体对七君子事件的报道也是相对客观,从侧面证明了在20世纪30年代中期,日本帝国主义对中国的狼子野心也是西方社会所不能容忍的,西文媒体也是坚定地站在中国人民的立场上来对七君子事件进行报道,"爱国无罪"是所有媒体的共识。

韬奋生平与著述研究：

解放日报高级记者李文祺则在《鞠躬尽瘁，奋斗不屈——记著名记者、爱国民主知识分子邹韬奋先生》文章中，记叙了邹韬奋之女邹嘉骊回忆中的邹韬奋，以及南通县立中学生曾聆听的一次邹先生演讲。邹嘉骊向记者娓娓道来，在那个战火纷飞的年代，韬奋先生怎样顶着巨大的压力，实践新闻理想、宣扬抗日理念。邹韬奋 1895 年出生于福建永安，1926 年 10 月接办《生活》周刊，任主编，1932 年 7 月创办生活书店。在他和团队的努力下，《生活》周刊销量一度超过 15 万份，开创中国"杂志界新纪元"，生活书店则发展出 55 处分支店，包括香港、新加坡等，陆续出版杂志十余种、书籍千余种，成为抗战中一个坚强的"文化堡垒"。1933 年 1 月，参加了由宋庆龄等发起组织的"中国民权保障同盟"，被推举为执行委员。1936 年 11 月，因提倡抗日、参与领导救国会，与李公朴等六人一同被捕，史称"七君子事件"。1944 年 7 月 24 日在沪病逝，他在遗嘱中提出加入中国共产党的愿望，1944 年 9 月 28 日被中共中央追认为中国共产党党员。中共中央发出唁电，称"其精神将长在人间，其著作将永垂不朽"。在回忆缅怀中，文章作者表达了一位老新闻人对韬奋精神的理解与继承。

张国功在《殊途同归　百虑一致——张元济、邹韬奋的出版理想与家国情怀》中，饶有趣味地探究了张元济、邹韬奋两人投身出版事业的不同路径与相同的文化自觉。作为中国现代出版史上新旧两代知识分子的代表，他们倡导现代新式教育，以出版作为安身立命之基，均注重教育事业与出版事业的结合，以放眼世界的胸怀践行教育和出版理想，无疑为中国现代基础教育、职业教育改革作了有益探索。20 世纪 30 年代，面对日本日益蚕食中国的局势，许多有识之士纷纷呼吁国共合作、全民共同抵御外侮。在外敌入侵、国家危亡之际,张元济和邹韬奋着力通过图书、报刊媒介,宣扬抗日救亡主张,体现出中国仁人志士的家国情怀和责任担当。文中对于两位文人志士的交往轶事的回顾,生动形象地表现了他们的风骨与性情。

以往韬奋研究的关注点往往集中在他的著述、他的新闻观和出版管理理念上,中西书局毕晓燕《翻译、评介、引导等多重角色——浅析邹韬奋进步思想在翻译出版中之体现》一文则对他的翻译作品进行了研究,认为邹韬奋不仅是一名革命文豪、大政论家、卓越的出版家、一流的记者和编辑,还是一位优秀的翻译家。他的进步思想,不但通过散文、专著、时评、工作通讯等表达,而且通过翻译作品传达给读者。本文对邹韬奋一生的译作做了梳理,并以时间为序、内容为别做了大致的分类,认为其翻译作品可以分为科学小品、小说传记作品、读书笔记、政治法律作品、马克思主义理论作品。同时,对邹韬奋的翻译手法也做了较为深入的分析。另一方面,作为生活书店理事会主席和总经理,邹韬奋在生活书店的图书出版领域一直扮演着精神引领的重要角色。作为一名出版家,他对翻译作品的策划和选择,从另一个侧面体现了他的进步思想。认为邹韬奋的翻译作品在其发表的作品中所占比例并不高,但仍是不容忽视的重要组成部分。对于如火如荼的抗战热潮而言,翻译作品起到的是打开国人视野、介绍他国情况、给予理论指导的重要作用。通过梳理邹韬奋的译作和翻译手法、策划思路,使他"以读者为中心"的精神从另一个角度得到展现;他在翻译上的付出和成就,也使我们对他的崇高有了更丰厚而全面的理解。

上海艺术研究所周锡山独辟蹊径,认为邹韬奋《我的母亲》一文回忆的当年景象,具有丰富的社会文化意蕴。于是在《邹韬奋〈我的母亲〉中的社会文化意蕴略论》中结合胡适、钱锺书等其他文化大家的有关回忆和论述、文艺名著中的有关描写,梳理此文的丰富社会文化意蕴,分析了妇女的社会地位、妇女的婚姻状况、妇女在家中的地位和作用、妇女的教育和文化、儿童教育的成败真相、古近代官员的经济生活的一种真相:贫穷、女主人和女仆的关系七个社会文化问题。同时,作者认为邹韬奋《我的母亲》一文,亲切回忆其生母,感情深厚,描写细腻,是研究其生平和人生观、社会思想的极为重要的资料。

兰州大学李晓灵的《延安〈解放日报〉中的邹韬奋传播逻辑:褒扬与纪念、改写与保留》一文以延安《解放日报》做为一个典型的文本,统计出从1944年10月7日到1946年8月5日将近两年的时间里,延安《解放日报》一共发表有关邹韬奋的稿件80篇(其中纪念性稿件34篇,邹韬奋遗作及连载31篇,其他新闻稿件15篇),题词4幅(1944年11月22日毛泽东、朱德、陈绣禹和高岗各题词1幅),涉及48个版面(其中头版共9个版面,尤其是1944年10月7日,除了一篇简讯以外都是关于邹韬奋的稿件,几乎是头版整版。此外,还有1944年11月22日共3版的"邹韬奋先生逝世纪念特刊",1945年7月24日第四版整版的"邹韬奋先生逝世一周年纪念"专刊,以及1946年4月27日到5月31日第四版共30版的邹韬奋遗作《患难余生计》)。84篇稿件、48个版面的规模可谓盛况空前,而新闻稿、纪念稿和遗作的混杂,加之头版、头版整版、纪念特刊和纪念专刊的并用,则表达了延安《解放日报》作为中共中央机关报对邹韬奋的极度彰显。延安《解放日报》用空前的规模对其进行了热情褒扬和深情追念,显示了特殊的传播策略。延安《解放日报》将表层的褒扬和纪念与深层的改化和保留结合起来,表达了政治至上、组织为本的政党传播思维。

生活书店同人研究：

徐伯昕是邹韬奋先生编纂《生活》周刊的重要助手，同时也是生活书店的创办者和主要管理者，更是著名的民主人士。然而提及徐伯昕先生的早年身世，有许多不甚清晰之处。上海社科院历史研究所叶舟在《徐伯昕早年生平考》一文中利用近日搜寻到徐伯昕先生所在的《小留徐氏宗谱》，并对徐伯昕先生的故地进行了走访，从而对徐伯昕先生的早年生平作出一些补充和纠正。认为徐伯昕先生虽然生于乡间普通家庭，然而其成功也非偶然。近代特殊的社会背景加速了新兴家族的发展。晚清政府开始推行"新政"的背景下，一些有从商经验，处事相对较理性务实的中下市民群体适应时代的要求迅速崛起，进入政治文化的核心层。在江南，便出现了大量的这种新兴绅商家族，他们的共同点是之前家族有经商史，只是中下层小本经营的小商贩，甚至是小学徒，虽然"诗礼传家"，却从未进入文化精英阶层。到了晚清以降，他们抓住机遇，迅速崛起，家族在一二代之内出现多名精英，形成了全国性的影响。徐伯昕先生便是类似的典型个案，其之后在生活书店所表现出的经营和管理才华，究其原因，均可追溯至此。

徐伯昕先生外孙女徐虹在《浅谈生活书店的核心价值观兼及践行者徐伯昕》一文中详细论述了生活书店核心价值观——"竭诚为读者服务"的精神的形成过程和具体内容，着重讨论了徐伯昕在经营管理中的创新内容，从而始终贯穿竭诚为读者服务的核心价值观。生活书店在中国现代出版史上具有重要地位，她是民国时期出版业界进步出版力量的领跑者，是文化抗战中的坚强堡垒，她传播的新思想、新文化对我国的社会和文化进步产生过巨大的影响。生活书店的创始人邹韬奋和徐伯昕先生共同培育、践行的"竭诚为读者服务"的精神，是生活书店的核心价值观和办店宗旨,也是生活书店得以生存和发展的基石,在生活书店核心价值观的思想指导下,生活书店的两位创始人,自其前身的《生活》周刊始,到生活书店创办发展的实践,不以谋求个人私利、不以盈利为目的,并由此产生了生活书店特有的企业股份制组织模式,其所有制是合作社性质,这是生活书店在核心价值观指导下的创举,同样在这个核心价值观指导下的企业机制——民主集中制的管理,从组织形式和企业制度上使书店在根本上有了良性发展的保证。

韬奋研究的回顾与展望:

复旦大学历史系傅德华在《〈世纪人物〉数据库韬奋传记文献资料的整理与研究——以〈20 世纪中国人物传记资料索引〉为中心》一文中,作者从正在进行的由复旦大学历史系资深教授姜义华先生为首席专家承担的国家社会基金重大项目(代码 10&ZD097)《20 世纪中国人物传记资源整理与数据建设研究》数据库中搜索到的 1937 年出版的由韬奋自己撰写,重庆生活书店出版的《经历》开始,迄至 2000 年由中国韬奋基金会等编的《韬奋自述》,中国的学术界、出版界共发表、出版报刊文章及研究专著 240 余篇(本)。其中专著 29 部,报纸上的文章 70 余篇。作者按照传记(含自传、画传、年谱、遗嘱等)方面的文章、新闻出版的文章、抗战与解放战争方面的文章、人际交往方面文章、纪念性方面的文章进行了分类,分析了这些传记文献的学术价值,进而提出了韬奋研究有待进一步深入的问题。

韬奋纪念馆原馆长雷群明作为韬奋研究的专家,在《韬奋纪念、研究 70 年》中对韬奋去世后的纪念形式、韬奋研究进行了全面述评,作者形容邹韬奋纪念、研究的特点是:高规格、多样化的纪念形式,不断升温和深化的研究。作者认为有关韬奋研究的著作和文章都是围绕着对韬奋的纪念而展开的。其中，又以韬奋逝世后的最初几年，韬奋逝世40周年（1984年）和诞生90周年（1985年），韬奋逝世50周年（1994年）和诞辰100周年（1995年），韬奋逝世60周年（2004年）和诞辰110周年（2005年）前后四个阶段为出版和发表的高峰。作者发现在十一届三中全会以后几年，邹韬奋研究从沉寂走向萌动，并伴随1994年韬奋逝世50周年和1995年韬奋诞辰100周年，逐渐走向高潮和丰收期。作者认为，这一时期韬奋研究的繁荣，固然首先是由于政治环境的宽松、有关领导的重视、作者思想的解放等等，但是也与新的研究阵地的开辟和经费的比较有保证等有一定的关系。作者在文章最后，对今后韬奋研究的问题和前瞻提出了自己的看法，认为目前韬奋研究还存在三个不足，希望与会学者能够在这些方面加以加强。

三

序跋选读

《韬奋全集》(增补本)

韬奋基金会上海韬奋纪念馆编,
上海人民出版社2015年9月版

编辑说明

韬奋(1895—1944),原名邹恩润,祖籍江西余江,出生福建永安,是我国著名的新闻记者、政论家、出版家,也是一位杰出的爱国主义者和共产主义者。韬奋先生的一生,写下了大量的著作和译作,对中国的政治、经济、社会、生活发表了精辟的见解和议论,对世界的状况作了翔实的考察。这些著译,不仅对于研究韬奋战斗的一生具有重要价值,对于研究现代中国历史和文化思潮,提供了丰富的史料,而且对于20世纪以来人们反复讨论的关于中国的政治经济、社会生活等问题,有着切实而且深刻的思考,它所闪现出的思想光华,至今仍具有一定的现实意义。所以,编辑出版《韬奋全集》,是一项文化积累的大工程。1995年,上海人民出版社出版了《韬奋全集》十四卷,纪念韬奋逝世五十周年和诞辰一百周年。

2015年,经过数年的努力,我们在《韬奋全集》的基础上,继续搜集材料,正式推出《韬奋全集》(增补本),纪念韬奋先生诞辰一百二十周年。

《韬奋全集》共十四卷,近八百万字。前十卷为著作卷,后四卷为译述卷,收入韬奋自1914年起至1944年止约三十年间写的全部著作和译述。

全集收入的文章,均按写作和发表时间为序编排;1946年以前已收入专著、文集、选集的单行本,以原有形式编入全集,按出版时间为序,不再另列单篇。信箱、编者按语等文体的文章,有些还同时附录与内容相关的原信原文,有些在附录原文时删节了与韬奋的按语、附言关系不大的文字。

从1923年到1946年,韬奋著译单行本已出版过近四十种,大多为韬奋本人所编。这次编入全集,除删去其中他人所著的部分文字外,保留了原书面貌,并加辑封和注释说明。

韬奋的译作有种种不同形式,有直译的,有意译的,有按原著内容译述的,有以原著为素材编写的,并夹有大量的编译后记、译者按语、译余闲谈等,其中以编写、译述居多。全集把这类文章都编入译述卷。编排次序和著作卷相同。一般的文字问题,除确认为笔误或排校差错者予以纠正外,都不作改动;当时被国民党政府审查删节的文字,刊登时多用"□"或"╳"表示,均依原样;对原著(如图表等)作删节或技术处理的,大多在文中注明;个别文字模糊不清,经多方努力仍不能辨认的,也暂以"□"代替;除早期著作圈点省略外,标点符号仍保持原貌;少数无标点的文言文,已请有关专家断句。

全集中的注释除写明原书、原文所注外,均为全集编者所加。

各卷所收韬奋著作起讫年份如下:

第一卷,1914—1927;

第二卷,1928—1929;

第三卷,1930—1931;

第四卷,1932;

第五卷,1933—1934;

第六卷,1935—1936;

第七卷,1937;

第八卷,1938;

第九卷,1939—1940;

第十卷,1941—1944;

第十一卷到十四卷,收历年译作。

本次增补本推出除了保持《韬奋全集》的原貌外,增加了新发现的韬奋先生的著述多篇,分别按时间插入各卷中,以更全面地反映韬奋先生的思想历程和文采。

韬奋基金会

韬奋著作编辑部

2015 年 7 月

第一卷说明

本卷的起讫时间,是从 1914 年至 1927 年。即从现在能搜集到的作者最早的文章起,到 1927 年底为止。共收入文章 378 篇,另有专著《职业指导实验》(第二辑)、《书记之知能与任务》两种。

本卷卷首,有作者在南洋公学附属小学和中院就学时的两组作文,分别发表于 1914 年、1917 年。另有 1915—1918 年在《学生杂志》(商务版和交通部上海工业专门学校版)发表的文章,论及勤勉好学和养成健全体魄等问题。

从 1919 年到 1921 年作者在圣约翰大学文科读书的前后,为《约翰声》、《约翰年刊》写了不少文章。这期间,他还有一些文章投稿并发表于《申报·自由谈》和《时事新报·学灯》。文章内容广泛,相对比较集中的是有关妇女解放和改造家庭的论述。

1921 年末作者在《时事新报·学灯》发表《杜威的〈民治与教育〉》,1922 年为《申报》撰写《济南教育大会纪事》,为《新教育》杂志写《美国的职业指导运动》,把注意力转向教育问题和职业指导问题。1922 年,作者在中华职业教育社工作,任编辑股主任。从这时起,他倾注心血于开拓职业教育、职业指导的事业,在《教育与职业》、《中华教育界》等刊物上,撰写了大量的有关文章,这构成了后半卷的大部分内容。

1926 年 10 月,作者接办《生活》周刊。本卷中,从这时起至 1927 年末,大都是他为《生活》周刊撰写的文章和按语等,内容涉及社会生活的各个方面。

《生活》周刊原为八开单张,1929 年改为十六开,并将 1929 年以前已出版的《生活》周刊也选编印成十六开合订本。编入全集时，出处脚注以十六开合订本为准；但八开《生活》周刊上作者的文章，未收入十六开合订本的，按八开本注日期和几卷几期；收入十六开合订本时署名或几卷几期有变动的，则分别注明。

作者为《生活》周刊写的编者按语、附言等，大都附有读者的来信或作者的文章。在能够理解作者的"按语"、"附言"的前提下，对别人的来信或文章，我们作了适当的删节。

《书记之知能与任务》一书附有不少公文格式等，其他文章也间或附有图表、照片，凡内容非必要的，编入全集时均已略去。

第二卷说明

本卷收 1928 年、1929 年作者的著作，共 558 篇；附录 16 篇。这期间，作者继续主持《生活》周刊的工作。本卷所收，绝大部分是为该刊撰写的文章、编者按语和附言等。

作者为《生活》周刊写的文字，内容十分广泛，突出的是倡导民主、反对封建。围绕着婚姻自由，妇女解放，打破旧礼教、旧传统、旧观念的束缚以及养成健全体魄等问题，他写了许多文章和按语。作者为大量读者来信写的按语、附言和答复，处处体现出他无限热诚为群众服务的精神。

与此同时，他积极介绍西方的一些情况，以促使中国的社会改革以及风气习俗的日趋进步。

1928 年 5 月 3 日，日本帝国主义出兵侵占济南，屠杀我军民五千余人。是为济南惨案。作者在给《济南惨剧后我们应该怎样？》写的"编者附言"中说："我在这几天无日不想如何牺牲一切，为国效死而不惜。"他沉痛地指出："此次的奇耻大辱，是国命生死存亡的关键。我们国人要获得正当的生存与向上的发展，非对此事有正确的了解与态度，努力雪耻，否则国且无有，何有于生存，更何有于进展？"随后他又多次在《生活》周刊上发表《对付国仇靠什么？》《不平等条约到底说些什么？》等文章。从这时起，他渐渐更多地关注反对帝国主义，挽救国家于危亡。

收入本卷的，还有作者继续在《教育与职业》等刊物上发表的有关职业教育的文章。

这两年《生活》周刊上有署名"晨曦"、"碧岸"的文字，从内容和文风看，可以确定为作者所撰写，但未能得到最后的证实。现作为"附录"收入本卷，共得 16 篇。

第三卷说明

本卷收入作者 1930 年、1931 年的文章,和汇集在 1931 年出版的《小言论》第一集中的文章,共 387 篇。

本卷的大半,即 1930 年的全部和 1931 年的部分,是作者为《生活》周刊写的评论、随笔、编者按语和附言等,内容涉及社会生活的各个方面。

1931 年 9 月 18 日,日寇侵占东北三省,民族危机空前深重。作者于 9 月 26 日在《生活》周刊发表《应彻底明瞭困难的真相》一文,指出:"日本之侵略东北,其野心决不仅在东北,所谓大陆政策,实以全中国为其征服对象","全国同胞对此困难,人人应视为与己身有切肤之痛,以决死的精神,团结起来作积极的挣扎与苦斗"。10 月 3 日又发表《无可掩饰的极端无耻》,指出国民党当局的不抵抗主义就是极端无耻主义,予以强有力的抨击。随后又发表《宁死不屈的保护国权》、《宁死不屈的抗日运动》、《宁死不屈的准备应战》等一系列文章(其中有的编入 1933 年出版的《小言论》第二集,见全集第五卷),反映人民抗日救亡的要求,提出抗日的各种具体主张。10 月 22 日,作者为《生活》周刊起草"紧急号外",以传单形式发行,揭露日本侵略者提出的五条所谓"基本要点",号外用二号黑体字赫然印上醒目的标题:"亡国条件的惨酷内容"!

《小言论》第一集出版于 1931 年 10 月,汇集作者于 1928 年 11 月至 1931 年 6 月为《生活》周刊"小言论"一栏撰写的文章。

作者早期对国共两党及其斗争,特别是对共产党领导的革命武装斗争的认识,尚未摆脱国民党反动宣传的影响,这在本卷的一些文章中有较明显的反映。这些文章,有助于了解作者思想变化的历史过程。

第四卷说明

　　本卷收入作者1932年发表或出版的文章，共295篇。其中包括汇编成单行本出版的《最难解决的一个问题信箱汇集之一》、《人物评述》、《事业与修养》三种。1932年，是九一八事变的翌年，一·二八淞沪抗战的当年，这一年作者撰写的文章，有丰富的政治思想内涵。

　　在淞沪抗战的炮火声中，作者连续发表《上海血战抗日记》等大量文章，2月5日这一天甚至连发了三期《生活》周刊的《紧急临时增刊》，号召全国军民奋起抗战，拯救危亡。他还通过《生活》周刊，组织慰劳前方战士，举办伤兵医院。

　　作者因宣传抗日，不断揭露国民党政府的妥协政策，引起当局的惊恐和仇视。生活周刊社经常受到检查、威胁和恫吓，处于"艰苦危难"之中。他千辛万苦筹备就绪的《生活日报》，因受国民党当局迫害而胎死腹中。

　　在《我们最近的思想和态度》、《我们最近的趋向》等文章中，作者郑重申明了他当时的立场和信仰，宣称："为大多数民众谋福利的社会主义的社会制度终必成立"，"本刊愿对此鹄的作继续的研究，根据所信以贡献于世"。

　　《最难解决的一个问题》系通信专集，1932年4月由生活书店出版，汇集作者为《生活》周刊1926年第2卷至1931年第6卷"信箱"栏撰写的复信；《人物评述》系人物传记集，1932年11月由生活书店出版，汇集作者在《生活》周刊1927年第3卷至1932年第7卷里登载过的人物评述而成；《事业与修养》1932年11月由生活书店出版，收有作者选自《生活》周刊1925年第1卷至1931年第6卷登载过的文章。

第五卷说明

本卷收入作者在 1933 年至 1934 年发表的文章,共 418 篇。

1933 年的 344 篇文章,绝大部分发表于《生活》周刊、《新生》周刊,也有少数发表于《东方杂志》等刊物。这些文章后来大都由生活书店结集出版,包括 1933 年 1 月出版的《小言论》第二集,1933 年 6 月出版的《悬想信箱汇集之二》,1933 年 11 月出版的《韬奋漫笔》,1933 年 12 月出版的《小言论》第三集。

1933 年 6 月 18 日,民权保障同盟的总干事杨杏佛遭到反动派暗杀,作者也被列入黑名单,不得已而被迫出国。他在国外考察了两年多,写了大量通讯,大部分刊登在《生活》周刊和《新生》周刊上,这些文章后来由生活书店结集出版,包括 1934 年 6 月出版的《萍踪寄语》初集,和 1934 年 9 月出版的《萍踪寄语》二集。

第六卷说明

本卷收入作者在 1935 年至 1936 年发表的文章,共 293 篇;附录 6 篇。其中包括此时汇编成集出版的《萍踪寄语》第三集、《大众集》、《坦白集》三种。

这两年正是日本猖狂侵略我国而国民党政府奉行妥协政策的时候。作者的文章成为黑暗中照耀人们前进的火炬,千千万万知识青年受作者影响走上了革命道路。

本卷文章还反映了作者当时在上海办《大众生活》,在香港办《生活日报》,以及在上海因爱国有罪被国民党政府逮捕的情况。文章还反映了作者办刊办报的思想。

《萍踪寄语》第三集于 1935 年 6 月由生活书店出版,其中有十一篇成集前在《新生》周刊上发表;政论集《大众集》和《坦白集》均于 1936 年 9 月由生活书店出版,前者选自 1935 年 11 月 16 日至 1936 年 2 月 26 日的《大众生活》周刊创刊号至第 16 期;后者选自 1936 年 6 月 7 日至 1936 年 7 月 31 日《生活日报》、《生活日报星期增刊》。

第七卷说明

本卷收入作者在 1937 年发表的文章,共 331 篇。其中包括由生活书店结集出版的《展望》、《经历》和《萍踪忆语》三本书,以及一些题词和单篇文章。

1937 年,正当抗日战争爆发前后。这个时期作者完全接受了中国共产党的抗日民族统一战线的主张,并为实现这一主张而进行声势浩大的宣传鼓动。1936 年 11 月 22 日至 1937 年 7 月 31 日,他和其他六位救国会领导人,因抗日救国被国民党反动派逮捕入狱,成为震惊中外的"七君子事件"。上述三本书就是在狱中编选或写成。

《展望》,1934 年 4 月由生活书店出版,是作者编选被捕前三个月公开发表于《生活星期刊》上的文章而成的政论集,内容的中心是主张对内实现和平统一,对外团结御侮。《经历》,与《展望》同时出版,是作者在狱中缺乏参考资料的情况下,凭记忆所写下的关于自己二十年的生活经历的片断。《萍踪忆语》则是作者继《萍踪寄语》初集、二、三集之后,整理、追忆在美国所得的材料,最后八篇还是在狱中补写的。书中论述了美国政治、经济、社会、文化各方面情况。

第八卷说明

本卷收入作者1938年发表的文章,共377篇。其中包括在这一年汇集成书的政论集《激变》和《再厉集》两种。

抗战爆发后,作者出了牢狱,在上海,上海沦陷后在武汉,主编《抗战》三日刊、《全民抗战》等刊物,发表大量文章宣传中国共产党的主张,坚持抗战,坚持团结,揭露国民党妥协投降和制造分裂反民主的阴谋活动,推进了抗日救亡运动,扩大了党在群众中的影响。

《激变》于1938年7月由生活书店在汉口出版,书中汇集了作者于1937年8月至11月发表在《抗战》三日刊、《救亡报》、《申报》上的文章;《再厉集》于1938年12月由生活书店出版,书中汇集了作者于1937年12月至1938年6月发表在《抗战》三日刊、《全民抗战》上的文章。

第九卷说明

本卷收入作者 1939 年的文章 142 篇，1940 年的文章 127 篇，共 269 篇，以及专著《事业管理与职业修养》一种。

这两年的文章，绝大多数发于在重庆出版的《全民抗战》，一部分则刊载于生活书店的内部刊物油印本《店务通讯》；《事业管理与职业修养》一书，于 1940 年 11 月由重庆生活书店出版，单行本出版前，各篇文章均曾在《店务通讯》上刊载。

作者的文章，当年曾多次被重庆国民党中央图书杂志审查委员会无理扣留。这次为了编纂全集，我们在南京中国第二历史档案馆的敌伪档案中，发现作者被扣文章一组，收入本卷的《〈在战场上感到的情形〉按语》、《五月的最大教训》、《简复》四则、《关于苏联访问团》及《〈越看越苦闷〉编者附言》等文，即在其中，是为首次发表。

本卷收入文章，均依照各篇最初发表时的报纸杂志或手迹，专著则参照作者亲自编校的版本作了校勘。有些文章，我们略作注释，附于题下。

第十卷说明

本卷收入作者1941年至1944年的文章、书信及题词等,计266篇,另有专著《抗战以来》(80篇)、《对反民主的抗争》(27篇)及《患难余生记》(三章)三种。

1941年2月前的文章,多发表于重庆《全民抗战》;2月25日作者辞去国民参政员职务,出走香港,《大众生活》复刊,则所写文章多刊于此。1941年底,香港沦陷,作者转入抗日民主根据地,此后即在辗转流亡中。

《抗战以来》作于1941年4月至6月,共77篇,逐日连载于范长江主持的香港《华商报》;同年8月由华商报社出版部出版。

《对反民主的抗争》收作者1941年7月至12月发表于《华商报》上的论文27篇;1946年7月作者逝世二周年时,由生活书店编辑部选编,以韬奋出版社的名义出版。

《患难余生记》系1944年春写于病榻,未及完稿,作者即不幸于7月24日病逝上海,为最后遗著。1946年4月7日、11日、14日、18日、21日、25日,5月2日上海《消息》半周刊第1—8期连载第一章,署名韬奋;1946年5月由韬奋出版社出版。

收入本卷的《〈怎样使侨胞满意?〉编者附言》、《舆论的力量》及《对国事的呼吁》三篇,也系被国民党图书杂志审查委员会无理扣留,这次编纂全集,在南京中国第二历史档案馆的国民党档案中发现。

本卷所收文章,均依照初版本,同时参照各篇最初发表时的报刊作了校勘;作者的某些书简系据手迹抄录,标点是我们试加的。

第十一卷说明

本卷收入译者 1916 年至 1927 年编译的作品。

1916 年发表的《述李佳白先生演说辞》一文,是译者学生时代的译作。

1919 年、1920 年两年间的译述,有英国哲学家罗素(Bertrand Russell)的名著《社会改造原理》("Principles of Social Reconstruction")第一至三章(原书共有八章);《卫生刍言》一、二、三三篇;《科学底基础》第一至四章以及《穆勒底实验方法》。

1922 年至 1927 年间的译述,除了《伦理进化的三时期》和《外国人嘴里的中国新式婚姻》两文外,都是有关职业教育的内容。其中,出版过单行本的有以下四种:一、《职业教育研究》(1923 年 3 月上海商务印书馆出版,编入职业教育丛刊第一种);二、《职业智能测验法》(1923 年 7 月上海商务印书馆出版,编入职业教育丛刊第二种);三、《职业指导》(1923 年 12 月上海商务印书馆出版,编入职业教育丛刊第三种);四、《职业心理学》(1926 年 7 月上海商务印书馆出版,编入职业教育丛刊第八种)。其他有关职业教育的单篇译述有十三篇。

第十二卷说明

本卷收译者 1928 年出版的译述作品两部。

译作之一:《民本主义与教育》("Democracy and Education")。1928 年 3 月上海商务印书馆出版,编入大学丛书。原作者杜威(John Dewey,1859 - 1952),美国哲学家、教育家,1919 年至 1921 年间曾来中国访问。在杜威访华期间的1920 年,译者于《新中国》杂志上发表了本书的前四章译文,之后又重新译出了全文。译者在"译者序言"中指出:"现代教育家的思想,最有影响于中国的,当推杜威博士。……本书最能有系统的概述他的教育学说的全部;足供我们彻底研究的参考资料。这是我发愿译述本书的动机。"

译作之二:《一位美国人嫁与一位中国人的自述》。1928 年6 月生活周刊社出版。这是一部纪实性作品,一位美国女子自述与一位中国男子邂逅相识,萌发爱情,结为夫妇的经过。本书每节后附有译者所写的"译余闲谈",对各节内容联系当时中国的社会情况等加以评述。

第十三卷说明

本卷收译者 1929 年、1931 年、1933 年间出版的翻译、译述作品。

1929 年收入有关美国二十年代职业教育的两篇译文,即《用于职业指导之"预先测验"及其价值》和《职业知识对于大学生选业之关系》。另有译述的纪实文学作品:《一位英国女士与孙先生的婚姻》。本书于 1929 年 12 月由生活周刊社出版,结集前曾于 1928 年 1 月至 1929 年 4 月在《生活》周刊上连载,和收入第十二卷的《一位美国人嫁与一位中国人的自述》题材相似。书中每节后附有译者撰写的"译余闲谈"。

1931 年出版的译作有美国女作家葛露妩斯所著《一个女子恋爱的时候》。本书于 1931 年 12 月由生活书店出版,结集出版前曾于 1929 年 5 月至 1931 年 6 月在《生活》周刊上连载,书中每节后亦附有"译余闲谈"。

1933 年 7 月编译出版的有《革命文豪高尔基》一书。原作者康恩(Alexander Kaun)为美国加利福尼亚大学的斯拉夫文学教授。译者在编译本书时,还搜集补充了原著出版后约两年间高尔基的活动情况,作为中译本的最后一章。本书附录有高尔基的著作一览,自 1892 年至 1929 年,按年份次序排列。

第十四卷说明

本卷收有译者 1936 年至 1941 年六年间出版的译作。

这六年间的译作,大致可归纳为以下五个方面:

一、1937 年 7 月由生活书店在上海出版的《读书偶译》。本书是译者集合他在英国伦敦博物馆图书馆内所写的英文读书笔记编译而成。除"导言"部分外,首叙马克思的生平和理论,并介绍黑格尔哲学和辩证法;继而叙述恩格斯的生平和工作;最后是列宁的生平和思想。本书是在狱中翻译整理成书出版的。

二、1939 年 3 月由生活书店在重庆出版的《从美国看到世界》。本书原名《希望在美国》("Hope in America"),因全书着眼于"从美国的状况看到世界的状况,从美国的问题看到世界的问题,从美国的前途看到世界的前途",故译者改用现名。

三、1939 年 3 月由生活书店在重庆出版的《苏联的民主》。本书以民主精神为中心,全面介绍了苏联的各个方面,并与英国的有关制度作了比较。书后附录 1936 年通过的《苏联新宪法》。

介绍苏联方面还收有 1936 年《苏联儿童戏院的十八周年》一文。

四、1941 年 11 月由激流社出版的《社会科学与实际社会》。译者在序言中称,本书"把社会科学的基本内容,用明晰畅达的说法,完全表现出来。……可以作为研究现代社会的'开路先锋'"。他还指出,本书"用现实来说明理论,……充满着理论与实践的密切的联系"。

五、另有《备战中的日本》(1936 年)、《澳洲拥护中国人民抗战》(1938 年)、《反对世界运动会在东京开!》(1938 年)、《英美禁运下的日本末路》(1940 年)、《美苏在远东合作的基础》(1940年)、《美国在国际的特殊地位》(1941 年)等六篇,主要是对日本侵华的国际形势分析。

《忆韬奋》

邹嘉骊编

生活・读书・新知三联书店 2015 年 10 月版

新版前言

今年，二〇一五年十一月五日是父亲邹韬奋诞辰一百二十周年纪念日。

我，作为他的女儿，义不容辞，应该有所表示。

三十年前，一九八五年，为纪念父亲诞辰九十周年，我编了一本纪念集《忆韬奋》，有一百多篇文章，四十多万字，学林出版社出版。邓颖超邓妈妈还为内封题了字。之前，正巧编了一本《韬奋著译系年目录》，积存了不少资料，为我编这本书，争取了时间，提供了方便。我编选内容的着眼点是多一点有史料保存价值的文字，少量纪念文章。

重读书里的文章，感慨多多。三十年过去了，文章的作者大多已作古，可珍贵的是他们留下的文字，很多是亲身感受，第一手资料，真情，真实，对后继者研究韬奋是活的珍贵的史料。

今年春节，生活・读书・新知三联书店的王秦伟同志来访，真是无巧不成书，谈起纪念活动，我建议他接受再版这本书。他二话没说，拿起那本样书，说："好的，我拿回去看看。"不久，有了回音。他带着一位助手来了。当然是好消息：同意出版，后面最好再加点内容。

加什么内容？这本书的不足是大背景交待不够。那时是国共第二次合作时期，大后方，国民党政府处于统治地位。韬奋这支宣传抗战文化的队伍，逐渐壮大，生活书店从小到大，至一九三八年，已发展到五十五家分支店，国民党政府不能容忍这样的发展和正能量的宣传，对其进行了残酷的迫害。

生活团队是如何对付国民党的横蛮压迫和摧残坚持战斗的，我搜索自己的大脑记忆，选了四篇文章。

一、《重见天日》

这是一组韬奋当年送审文章，被国民党图书杂志审查老爷不止一次批上"免登""应予免登""扣留""扣"等字样的文章。七十多年过去了，这些被扣的文章还能找得到吗？《韬奋全集》已经从几个出版社邀请了几位资深编审在动工了。公开发表过的作品比较容易找，容易搜集；被扣留埋没的稿子到哪里找？冥思苦想，想到了"档案"。一九九一年五月，韬奋纪念馆的几位青年同志和我找准目标，直奔南京中国第二历史档案馆的国民党档案。凭翻到的卡片找到了原件。认真鉴别，竟是韬奋的真迹。共十一篇。我们按档案馆要求，动用上海市委宣传部、妈妈的工作单位，开了证明，办了正式手续，拿到了复印手稿。十一篇，数量显得少了点。再少，这也是国民党迫害进步文化罪行的证明。这些文章，都已编入《韬奋全集》，重见了天日。想用压制的手段来进行政治迫害，消灭真理的声音，十一篇真迹失而复得是一个极有力的明证。办不到的。

二、徐伯昕《生活书店横被摧残的经过》

韬奋文："书店一个个又被封闭是事实，忠诚于文化事业的有年干部一个个又锒铛入狱也是事实，我又怎能昧着良心，装作痴聋呢？""暴风雨似的摧残来势越来越凶！""被迫到这样的田地，我伤心惨目想到为抗战文化而艰苦奋斗的青年干部遭受到这样冤抑惨遇而无法援救，任何有心肝的人，没有还能抑制其愤怒的。我愤怒得目瞪口呆，眠食俱废！"沈钧儒文："记得是这一月廿日后哪一日子了，那是一个最不详的夜晚，忽然见你匆匆推门进屋，行色像有点仓皇，手里拿着几份电报，眼眶里含着带怒的泪，告诉我昆明、成都、桂林、曲江、贵阳五处分店先后都被当地政府无理由的封禁。你说：'这是什么景象！一点不要理由，就是这样干完了我的书店！我无法保障它，还能保障什么！我决意走了！'我听了好久，想不出一句可以劝慰和挽留你的话来，只说了一个字：'好。'"

"面对国民党的横蛮压迫和摧残，他（韬奋）决定辞去国民参政员职务，拒绝参加三月一日即将召开的第二届国民参政会。"他胸有成竹，想好应对迫害的方案，秘密出走，另辟战场。

一九四二年十一月，在苏中根据地，韬奋曾解答一位书店同仁沈一展的提问，说："从武汉到重庆，直到我离开重庆到香港，其后，回到上海，转到解放区，我的一切工作和行动都是在党和恩来同志指示下进行的。"

徐伯昕主持，汇总了各地寄来的种种受迫害的罪证，写出这篇"经过"。这是一份对国民党顽固派反动罪行的声讨书，分送给各位参政员。

三、徐伯昕《生活书店是怎样接受党的南方局领导的》

徐伯昕实干、忠诚、坚定，与韬奋精诚合作近二十年，是生活书店事业发展的开创者之一，直至一九四八年生活·读书·新知三店联合为三联书店。

这篇文章徐自称写得不完全，即使这样，也能说明一些问题，澄清一些问题。地下党是秘密工作，单线联系，不完全是正常的。这是一篇重要的史料。希望了解情况的同志能补充材料，写出续篇。

四、邹嘉骊《徐伯昕记〈遗言记要〉是韬奋遗嘱的原始版》

重读这篇文章,勾起了我的回忆和联想。

二〇〇四年三月三十日上午,徐伯昕叔叔的次子徐敏代表徐家,来我办公的地方,送来了一本泛黄的簿子。据称是从徐叔叔的遗物中清理出来的。其中有一篇《遗言记要》,鉴别内容字迹,是一九四四年六月二日韬奋口述,徐伯昕记录的。与一九四四年十月延安开追悼会公开发表的"韬奋遗嘱"不一样,是两个版本。为了解答这个疑问,我写了这篇文章。

增补的四篇文章勾勒出一幅艰难而复杂交错的战斗场面,怎么应对,需要极高的智慧和能力。三人行必有我师,向优秀的前辈学习也是追求前进之路。

值得一提的是,张仲实伯伯的公子张复在本书付梓前寄来了其父在不同历史时期怀念韬奋的三篇文章,以一个老战友饱含深情的笔墨追忆了韬奋的精神和品格,特此表示感谢。

最后,我想借这次再版的机会,摘录韬奋的一本译作《读书偶译》。

一九三三年七月十四日韬奋乘意轮离沪,第一次流亡出国。在英国,他经常去伦敦博物院图书馆,认真阅读马列著作,写了大量英文笔记。一九三五年八月回国,立即投入抗日救国运动。这批英文笔记,一直延迟到一九三六年十一月"七君子事件"发生,在狱中有了时间翻译整理编成这本书。书的内容是宣传"思想家"马克思、恩格斯、列宁他们的生平,以及理论学说。那个年代,出版这类书是要担风险的。韬奋不用习惯称呼,把人名加了保护色,马克思称卡尔,列宁称伊里奇。编这本书的过程,他又温习了一次革命理论的学习教育。这是指导他一生行动的基础。

简介摘录如下:

一九三七年十月,《读书偶译》由上海生活书店初版(收录

《韬奋全集》第十四卷)。

《读书偶译》目次:《伦敦的博物院图书馆》《开头的话》《政治组织的理论和形式》《卡尔研究发凡》《黑格尔和辩证法》《黑格尔对于卡尔的影响》《卡尔所受的其他影响》《卡尔的理论体系》《卡尔的历史解释》《唯物史观的解释》《唯物辩证法》《辩证法和将来的社会》《卡尔的经济学》《驱赶的工作和被驱赶的工作》《关于价值论》《恩格斯的生平和工作》《恩格斯的自白》《伊里奇的时代》《伊里奇的生平》《伊里奇的理论》《后记》。

《〈读书偶译〉开头的话》(被羁押六个月后的六月二日下午记于江苏高院看守分所),收入单行本。

摘要:"这本《读书偶译》是撮译我在伦敦博物馆图书馆里所写下的英文笔记的一部分。在看书的时候,遇着自己认为可供参考的地方,几句或几段,随手把它写下来,渐渐地不自觉地积了不少。近来略加翻阅,撮出其中的一部分,随手把它译出来,在一些基本的观点方面,也许可供有意研究社会科学者的参考。""这只是一本漫笔式的译述,不是有系统的社会科学的书,但是也略微有一点贯串的线索。第一节可以算为简单的'导言'或'绪论';后面接着的是卡尔的生平和理论,附带谈到他的思想所由来的黑格尔;再后的是恩格斯的生平和工作;再后的是伊里奇的生平和思想。当然,这本书对于这些思想家的任何一个,都不能完全包括他们的一切,乃某一部分的一切,只是撮述尤其值得我们注意的几个要点而已。""此外还有一点,这本书所撮译的,多为其他作家对于这几个思想家的解释;要作进一步的研究,还要细读他们自己的著作,本书不过是扼要的'发凡'罢了。先看了'发凡'的解释,对于进一步的研究也许不无小补。这是译者所希望能够贡献的一点微意。""每篇来源的原著书名,都附记在每篇的末了,以供参考。""理论和实践是应该统一的,所以我们研究一个思想家，不能不顾到他的时代和生平。尤其像卡尔和伊里奇一流的思想家。我们要了解卡尔怎样运用他的辩证法，必须在他对于革命运动的参加中，在他对实际问题的应付中，在他的经济理论、唯物史观、以及关于国家和社会的哲学里面，才能得到；关于伊里奇也一样，他的一生奋斗的生活，便是唯物辩证法的'化身'，我们也必须在他的实践中去了解他的思想。""革命的思想家的奋斗生活，常常能给我们以很深的'灵感'。我每想到卡尔和伊里奇的艰苦卓越的精神，无时不'心向往之'。""关于伊里奇，我最感到奇异的，是以他那样的奔走革命的忙碌，还有工夫写了许多精明锐利正确的著作，后来仔细研究他的生活，才知道他有许多著作是在流离颠沛惊涛骇浪中写的；是在牢狱里，是在充军中，是在东躲西匿干着秘密工作中写的。""伊里奇在将被暗刺以前，最后说了一句话值得我们永远的纪念。""他在被刺的那一天下午（一九一八年八月三十日），还到莫斯科的米克尔逊工厂（Michelson Factory）去参加会议，他在这会议里演说词的最后一句是：'胜利或死亡！'（Victory or death）即不向前求胜利，就只有死路一条。这是伊里奇当时为革命而奋斗的精神，也是我们今日为民族解放和人群福利而应有的奋斗精神！""我只是一个平凡的新闻记者，我所以要研究一些思想，是为着做新闻记者用的，更不怕'牺牲'什么'尊严和高贵'。或许有些朋友也和我一样地忙于自己的职业，要在百忙中浏览一些关于思想问题的材料，那末这本书也许可以看看，此外倘若所着什么奢望，那是要不免失望的。"

《〈读书偶译〉后记》（七月十五日炎暑中挥汗写，记于江苏高院看守分所），收入单行本。

摘要："我向来有所写作，都偏重于事实的评述；关于理论的介绍，这本译述还是破题儿第一遭，虽则理论和事实本来就不能截然分离的。依我个人看来——也许是由于我向来工作的性质和方向——评述事实似乎比介绍理论来得容易些，尤其是比用翻译来介绍理论来得容易些。因此，我在译这本书的时候，时刻注意的是要尽量使读者看得懂；倘若更能进而使读者感觉到不但看得懂，而且觉得容易看，看得有趣味，那更是我的莫大的愉快！同时被羁押的老友李公朴先生听到了我的这愿望，在我看完第一次校样的时候，他自告奋勇，说他愿'代表'未来的读者，仔细替我再看一遍；每遇有他认为不很容易懂的地方，无论是一字一句一段，都很热心地提出'质问'，我也很虚心地领教，认为有修改必要的时候，就尽量修改。我在这里应该很诚恳地谢谢李先生。""张仲实先生的学识湛深，尤其是对于政治经济学的造诣，是我所非常敬佩的，我的这本书的第二次校样还请他很仔细地看过一遍。承他给我不少切实的指教，有好几处的名著译文，还承他对俄文原本仔细对了一下。本书里用的画像，有许多都是承张先生替我从各处搜集拢来的。他为了我的这本书，费了不少时间和功夫，这都使我非常感谢的。""在羁押中写作，不能多带参考书，遇有需要查阅参考的时候，往往写条子麻烦外面的几位朋友，托他们代为一查。受到我麻烦的除张先生外，还有金仲华和胡愈之两先生，我应该在这里一并志谢。"

这篇"新版前言"就以简介韬奋的《读书偶译》为结束语吧，增加一点"胜利"的红色。

二〇一五年七月六日　邹嘉骊

本书发稿后，张仲实的儿子张复又快件寄来其父生前写的三篇怀念韬奋的文章。只顾把三篇正文补进集子，来不及在前言中补进说明了。借这次机会补充以上短讯：一共增加了七篇文章。2016 年 5 月 30 日　邹嘉骊

新版后记

编书是一件很开心的事。有了题目有了目标,按习惯的规程就可以动手操作起来了。一九八七年中国韬奋基金会成立,第一次理事会就决定要编《韬奋全集》。这是一个大工程,有组织、有分工,邀请一批资深编审,大家目标一致,辛勤劳作达十年之久,在一九九五年十一月韬奋诞辰一百周年纪念日出版了。八百万字十四卷,工程大,容量大,适合积累的资料也大,阅读却并不方便。讨论结果,以全集作基础,编一本《韬奋年谱》,可以容纳更多全集之外的历史事实。全集的工作人员已经各回自己的单位。谁来接受这个任务?听取各方意见,最后决定由我"一肩挑"。从来没有编过年谱这类书,我满心忐忑,不知这条河的水有多深。没有理由退缩,在探索中一步一步向完成书稿的目标靠近。这一步一步也走了十年。二〇〇五年十月出版,上、中、下三卷,一百三十九万七千字。这就是最后测出来的这条河的深度。

以上都是韬奋原著,少一本纪念集,我想起三十年前编的《忆韬奋》,初版收有一百多篇,多数是个人回忆,内容有点"细小",新版共增加了七篇文章,在前言中都有所交代。值得高兴和感谢的是,邹家华长兄为本书封面题写了毛笔手迹。如此等等,弥补了初版的不足,明显提升了书稿的史料价值。书稿质量的提升,是和三联书店合作的成果。三联书店是生活、读书、新知三家书店的联合,邹韬奋是生活书店创始人之一,我们是第一次合作,却有着历史的渊源,有着自然的亲近感。

十分珍惜这本纪念集。人生若短,已经没有可能再有这样的精力、功夫,去搜集、编选这样数量的资料,集成书留存人间了。

为纪念父亲邹韬奋诞辰一百二十周年，我义不容辞作了这番努力。

邹嘉骊

二〇一五年七月二十九日

《邹韬奋年谱长编》

邹嘉骊编

上海交通大学出版社 2015 年 10 月版

新版前言

日子过得飞快,屈指算算,我离开工作单位已经二十多年。那时我还不到六十岁。按现在的说法,属于中年,还有点活力,可以找点事做。

我思索,自己最需要的是想多知道一点父亲韬奋的事。于是自己定位,先要调查研究,辑录一本《韬奋著译系年目录》。沿着父亲的足迹,跑旧书店、图书馆,讨教一位位老同志,等等,做成一张张卡片整理成册。1984 年 7 月,交由学林出版社出版了。辑录的副产品是编了一本纪念集《忆韬奋》,有 40 多万字。1985 年 11 月,也是学林出版社出版。

两本书出版,我的思想有了努力的目标。一步步走,先把手头的资料一张张剪贴起来。一个人操作,剪贴功夫倒是整齐到位,只是进展太慢。

贵人来了。1985 年 10 月,韬奋诞辰 90 周年前夕,我国新闻出版界、文化教育界的老前辈十二人倡议成立中国韬奋基金会。得到邓颖超邓妈妈的首肯。第一次理事会就决定要编辑出版《韬奋全集》。

从此,我不再是一个人操作,而是有组织作后盾。一个团体,有集体,有分工。剪贴资料除了我,韬奋纪念馆的青年同志都参加了。还分别从几个出版社邀请了多位资深编审,负责书稿编辑。努力了十年,1995年10月,上海人民出版社赶在韬奋诞辰100周年前夕出版了。

团队活动结束了,几位辛苦了十年的老编审,以高尚的精神,不计名利报酬,发挥专业优质工作水平,完成了这项文化积累的任务。

书出版了,在我心中却留下一丝遗憾。问题出在我思想有障碍。事先统一在"全集"上,结果"全集"不全,真对不起不明真相的读者。原因是对有些文章有不同看法。没有人出面担当,是收还是不收。我争取了,没有成功。最后是权力起了作用,不收。

为了未收进的原作不至散失,我想在《年谱》里留下伏笔,便于有大家有兴趣去查找。

顺势而上,以全集作基础,有条件编一本《韬奋年谱》。这任务最后落在我肩上。

怎么办? 从来没有编过年谱类的书,更没有独立接受过这样的重任。一位善良的知交找我谈话。娓娓道来,给我鼓劲:行的,一个人,挑得起的,相信自己。好吧,上吧。这一上,1995—2005,又是一个十年。十年中有喜有悲。喜的是不断从阅读中得到《全集》外的信息。为了便于辨别,我在每条新条目前标一个〇。悲的是1997年相依70多年的妈妈走了,剩我一个人,上海的家没有了。那段近乎崩溃的年月是编年谱、读韬奋的文章度过的。文章使我振作,给我希望。时隔不长,1999年,我的二哥又意外的走了。手足之情怎么不悲痛?! 同样,是未完工的年谱编写,是韬奋文章的精神帮助我平复心中的悲痛。

1942年11月,韬奋在地下党的部署下进入苏中根据地。

那是一个全新的天地。韬奋无时无刻都处在激动兴奋的心态下。他抱病考察、演说,宣传抗日形势,揭露国民党政府对进步文化的摧残迫害等罪行。他此行的目的地是革命圣地延安,终因病情转重,不得不派员护送他回到上海。那时是 1943 年 3 月。这段生活资料很少,只有追踪寻觅,在南通等地区,点点滴滴,积少成多,经过编排整理,填补了这段过去很少记载的历史。自然,有关条目的前面必定标有一个〇。

2005 年 10 月,书稿终于完工出版了,是上海文艺出版社出版的。上中下三本一套,一百三十多万字。我把它抱在怀里,沉甸甸的。我把它当宝贝,社会反响却有点冷清。我理解这终究不是一本畅销书,我有思想准备。突然有一天,我接到一个电话,对方的声音有点苍老,语速也慢:"我找邹嘉骊同志。我是解放日报陈虞孙啊!"陈虞孙,还是基金会第一届的理事呢!我很快接口:"我是邹嘉骊。"陈直言:"书收到了。我生病,眼睛不好,不能看书。这套书不容易,祝贺你。"在冷清的氛围中听到前辈唯一的肯定,禁不住心动。

2012 年,三联后人吉晓蓉领头组织编写三联后人回忆录,这套书因此受到关注,受到几位三联后人热情的反映,说他们编家史和父辈经历时,少不了要参阅《韬奋年谱》。这些话对我十年的努力是肯定和鼓励。

五年过去,听说上海交通大学出版社策划编一套系列年谱文库,我这套书也有同志提名推荐纳入。打听推荐人,原来是曾经的同事,只是研究的对象不一样。文艺出版社也支持,提前中断版权,给我有了自主权。书稿交给出版社后,加紧工作,赶在韬奋诞辰 120 周年纪念前出版。比起初版,新版增加了新内容。

岁月流逝,我也在编书过程中,从中年进入老年,甚至高龄。

这篇前言是出版社提议的,勾起我的回忆,谢谢他们。不提议,不思考,不写成文字,会淡忘的。

邹嘉骊

2015 年 9 月 30 日

《爱书的前辈们——老三联后人回忆录》

仲红、吉晓蓉主编，生活·读书·新知三联书店
2015 年 10 月版

序：三联的文化烙印

三联书店是在抗战胜利后，由生活书店、读书出版社和新知书店三家联合而成。它的麾下，集合了当时中国众多优秀的知识分子，在思想界和文化界，是一支相当有分量的队伍。我有幸成为重庆三联书店的首任经理，距今已有 70 年了。

从生活书店到三联书店，韬奋先生始终是我们的精神领袖，"竭诚为读者服务"也始终是三联书店的店风。战争烽火时期，三联书店是革命文化堡垒；和平建设时期，三联书店就是广大的读者之家。

三联书店的店风几十年延续下来，就成为了三联文化。"我们要极力使我们的文化工作能影响大多数人……使一切识字和半通文字的妇女们、孩子们、工友们、农夫们都看懂。"依据韬奋先生的指导思想，引领社会文化思潮、树立文化风向标，不仅是三联人的社会责任感使然，也是他们为之奋斗的目标。

三联书店不仅仅在图书出版业成为行业翘楚，更重要的一

点是，它为中国的革命出版事业培养了大批的干部和人才。今天的三联书店根深叶茂，声名赫赫，这些都离不开老一辈三联人的无私奋斗和默默奉献。

为父辈们的精神所感动，"老三联"的后人们编此文集是为纪念。字里行间，看到的是三联精神、三联品格、三联文化、三联情谊……这些打着三联烙印的点点滴滴，感动你我。

一日入三联，终身三联人。

仲秋元

2015年5月，时年95岁

《韬奋箴言》

聂震宁编

生活·读书·新知三联书店 2015 年 10 月版

编选说明

2015 年 11 月 5 日是伟大的爱国者,杰出的新闻记者、出版家、政论家邹韬奋先生 120 周年诞辰。邹韬奋先生是生活·读书·新知三联书店的创始人之一。为了纪念韬奋先生诞辰,三联书店安排了不少出版项目,其中之一便是编选出版《韬奋箴言》,希望既可供新闻出版业各层次、各岗位从业人员使用,也可以供当代读者特别是青年读者阅读。

由于本人自 2011 年 12 月起忝任韬奋基金会第四届理事会理事长,比较集中地阅读理解韬奋著作,学习宣传韬奋精神,三联书店便向我发出编选《韬奋箴言》的邀约。尽管这是一件比较费工费力,质量要求很高而又不易讨好的事情,我还是欣然应承下来了。一方面这是自己的职责所在,另一方面也是夙愿使然。多年来阅读邹韬奋的著作,许多箴言警句给我留下了深刻印象,曾经有过应当有一册邹韬奋语录的想法,只是不曾想这件事现在落到我身上来。

经过近三个月工作,《韬奋箴言》编选任务基本告成。编选资料主要使用上海人民出版社 1995 年出版的《韬奋全集》(共14 卷)。全书按内容编成七辑,每一辑的辑名均采用邹韬奋本人有代表性的箴言。现对七辑内容分别说明如下:

第一辑"爱我们的祖国"：主要收入邹韬奋爱国、抗战方面的言论。邹韬奋之所以成为 2014 年国家首个烈士纪念日公祭的 300 名著名抗日英烈中唯一一位新闻记者、出版家，正是因为在 20 世纪国家危难存亡之际，在抗日救亡的漫天烽火中，他是最早的抗战呐喊者之一，是一面永远不倒的抗战旗帜。他没有一天不拿着笔为祖国战斗，直至生命最后一息。"题破稿纸百万张，写秃毛锥十万管。"正是对他以身以文报国最真实的写照。

第二辑"永远立于大众立场"：主要收入邹韬奋坚持人民大众的立场，力主民主政治，勇于与黑暗势力抗争等方面的言论。韬奋精神，一言以蔽之，就是"服务精神"。毛泽东为韬奋先生题写挽词："热爱人民，真诚地为人民服务，鞠躬尽瘁、死而后已。这就是邹韬奋先生的精神，这就是他之所以感动人的地方。"这是对邹韬奋的服务精神的最好概括。他之所以能够以短短 49 年的人生，产生了流传后世的巨大影响，是与他一生竭诚为最大多数群众服务的努力分不开的。

第三辑"竭诚为读者服务"：主要收入邹韬奋有关新闻出版工作要为读者做好服务的言论。邹韬奋热爱人民，不仅鲜明地表现在他编刊出书坚持大众的立场，撰写政论文章努力做人民的喉舌，还具体地表现在他对待读者的态度上。他明确地表示过：《生活周刊》是以读者的利益为中心，以社会的改进为鹄的的。他创办的生活书店最引人注目的广告语就是"竭诚为读者服务"。这些为读者服务的言论让我们认识到他所从事的事业之所以成功的根本原因。

第四辑"最重要的是要有创造的精神"：主要收入邹韬奋在办刊、办报、办出版社过程中坚持宗旨、创新发展、科学管理、理性经营等方面的言论。《生活周刊》由一份发行量不足 3000 册的小刊物发展成发行量超过 150000 册的当时全国第一畅销刊物,生活书店创办不到 10 年就发展成为在全国拥有 56 家分店,年度出书量一度居全国各社之首的规模化经营的名店,足以看出邹韬奋卓越的编辑出版艺术和高超的经营管理智慧。

第五辑"用人当注重真才实学":主要收入邹韬奋关于尊重和爱惜人才、培养和使用人才方面的言论。邹韬奋在其主持的各项事业过程中,十分强调"人才主义",热情爱护人才,认真培养人才,把一大批新闻出版业青年才俊团结在事业上,这正是他所主持的各项事业总是人才济济、团结奋进、业绩不俗的主要原因。

第六辑"做文章和做人实在有着密切的关系":主要收入邹韬奋关于写作、读书、学习等方面的言论。邹韬奋不仅在新闻出版事业上功勋卓著,在写作上也著述颇丰,14 卷共 800 万字的《韬奋全集》就是他勤奋写作的结晶。他在写作上有许多经验,在读书上有不少心得,在对待青年学习上也有独到见解,这些文字发表时就产生过较大影响。

第七辑"自觉心是进步之母":本辑内容相当丰富,邹韬奋在二十多年的新闻出版及写作生涯中,一直关注青年,举凡青年的思想修养、学习成长、意志志向、名利价值观、爱情婚姻观以及对待社会环境的态度,都有过锦言妙语,堪称当时的青年人生导师。本辑即为邹韬奋关于青年修养的言论。他的一句"自觉心是进步之母"的论断,不同凡响,直入青年精神成长的内在动力之根本,相信至今对当代青年仍会有所启迪。

以上各辑中言论按照 1995 年版《韬奋全集》各篇文章的顺序排列。每条言论均注明文章出处。有志于研究韬奋精神的人士,可以用他的言论作为线索,再研读其相关原作,想必受益会更大。

谨以此纪念韬奋先生 120 周年诞辰!

2015 年 6 月于北京沙滩后街

后记

编选《韬奋箴言》，较之于编选他同时代的著名作家、学者的箴言警句要难许多，因为近二十多年来，那些作家、学者的语录类出版物已经有了不少，而邹韬奋的语录只有过零星的一些选录，尚未见过编辑成书，一切得从头来过。

然而这项工作值得去做。本人承接任务后，首先得到北京印刷学院新闻出版学院的支持。在该院编辑出版系主任朱宇教授的带领下，于祝新、孔凡红、李东、焦亚楠、徐洁、赵文文、苏格兰、胡航、赵文青、何凡、刘梦迪、王天乐、刘琼、汤文蓉、王梦瑶、付晓露、陈应雯、黎竹、游赛赛、王忱、马悠、王丰、林莉、毕自立、吴展翼、刘紫云等同学参与了初稿的辑录和校对工作，其中，研究生于祝新、孔凡红、李东、焦亚楠、徐洁等出力最多。在此特向北印新闻出版学院，向朱宇教授和同学们表示诚挚的感谢！

按照我拟就的辑录方案和各项要求，同学们从韬奋先生八百多万字的著述中进行先期选录。按照"有言论必录"和"提炼箴言警句"的原则形成共约十六万字的言论初稿。我在全面审阅初稿之后，对辑录内容做了较大幅度的调整和再次精选，并做了全面的核对，努力做到好中选好、优中选精，最后形成现在大约十万字的定稿。

此书编选工作从一开始即得到生活·读书·新知三联书店总经理路英勇先生的重视和关心，在编选过程中一直得到责任编辑叶彤的配合，在此一并致谢。

欢迎广大读者提出批评意见。

2015 年 6 月 22 日

《韬奋精神六讲》

聂震宁编

生活·读书·新知三联书店 2015 年 11 月版

写在前面的话

2014 年 10 月 15 日,习近平同志在文艺工作座谈会上发表了讲话。一年来,全国新闻出版界和文艺界一道,一直在认真学习和贯彻讲话精神。随着学习贯彻的深入,生活·读书·新知三联书店和人民出版社两家出版机构都产生了编写出版邹韬奋精神读本的构想。他们认为,新闻出版界可以结合学习韬奋精神,加深对习近平同志重要讲话精神的学习理解和贯彻落实。

这两家出版机构与韬奋先生都有着特殊的联系。韬奋先生是生活·读书·新知三联书店的主要创始人之一,而在 1985 年以前,三联书店一直是人民出版社的副牌出版社。两家重要出版机构几乎是不约而同地与韬奋基金会联系,提出了编写出版韬奋精神读本的构想。

邹韬奋先生是我国现代进步新闻出版业的杰出代表,是唯一一位列入首批国家公祭日公祭烈士名录的新闻出版界人士。新中国成立以来,韬奋精神已经成为我国新闻出版事业的一面旗帜。

那么,什么是韬奋精神? 韬奋精神主要包含哪些内容? 我们知道，对于韬奋精神，毛泽东同志曾做过精辟的总结，即"热爱人民，真诚地为人民服务，鞠躬尽瘁，死而后已，这就是邹韬奋先生的精神"。这是韬奋精神的核心。韬奋精神又是丰富的。韬奋在国家民族生死存亡之际表现出来的强烈的爱国主义精神，真诚地为人民服务的精神，坚持真理、永不屈服的斗争精神，以及正确处理新闻出版的事业性与商业性关系，善于经营，精于管理，爱岗敬业，等等，都是韬奋精神的重要内容。

这就是直到韬奋先生诞辰一百二十周年后的今天，国家公祭的三百位抗日烈士中有他的英名在列，许多围绕着他辉煌事迹的纪念活动相继举行的主要原因。这也是直到他不幸逝世七十多年后的今天，以他的名字命名的"韬奋新闻奖"、"韬奋出版奖"一直是新闻出版界个人成就最高奖的重要理由。

说来十分幸运，2009 年我荣获了第十届"韬奋出版奖"。获奖的时候，我感到的主要不是自豪和骄傲，而是对伟大的爱国者、杰出的新闻出版家韬奋先生加倍的敬仰。

也是十分幸运的事，几年前我在中国出版集团公司任总裁，生活·读书·新知三联书店即在集团公司旗下，在三联书店改革发展的一些关键时刻，我不同程度地发挥过应有的作用。总裁任期届满交班后，我又荣幸地担任了韬奋基金会第四届理事会理事长。这是 1987 年为纪念韬奋先生而成立的我国新闻出版界唯一的公益性基金会。任职以来，我和基金会的同仁们，尽职尽责，为继承研究韬奋的思想文化遗产，弘扬韬奋精神，培养和表彰新闻出版业高端人才努力发挥作用。基金会创立了韬奋出版人才高端论坛，每一年度都会对韬奋精神和出版业人才问题进行高层次的研讨。

编写韬奋精神读本的任务似乎是顺理成章地交给了我。

我知道这是一项非常艰巨的任务，应承下来需要足够的勇气和毅力,同时也明白,这是一件十分神圣的事情,我国新闻出版界早就应当有这样一个读本,而当前形势下尤其需要这个读本。无论是发自内心的敬仰之情还是出于目前的职责之所在,这项任务对于我几乎都是无法推卸的。在学习领会习近平同志在文艺工作座谈会上的讲话精神的同时,在阅读了关于韬奋先生的大量资料之后,在韬奋先生诞辰一百二十周年的 2015 年的盛夏,我开始了《韬奋精神六讲》的写作。

后记

在习近平同志在文艺工作座谈会上的讲话全文发表、全国文艺界和新闻出版界认真学习贯彻这一重要讲话精神的热潮中，同时亦是在《中共中央关于繁荣发展社会主义文艺的意见》正式出台之际，《韬奋精神六讲》终于编写完成。习近平同志在讲话中提得最多的两个概念就是：人民和爱国，而这两个概念，正是韬奋精神最为核心的内容。可见，习近平同志的讲话既是对文艺工作的精辟论述，为文艺工作指明方向、提出要求，也是对革命的、进步的文艺工作的历史做出的深刻总结。讲话中提出的一系列重要观点，在韬奋的新闻出版和写作实践中我们也能找到许多生动的范例。显然，新闻出版工作者可以通过学习韬奋精神，加深对习近平同志讲话精神以及中央关于在新时期特别是"十三五时期推动文化大发展大繁荣的主要精神"的学习理解和贯彻落实。

在写下这部书稿的最后一句"这就是他之所以感动人的地方"之后，我不仅没有大功告成的喜悦和放松，相反，却陷入了长久的沉思默想。回顾整个写作过程，我清晰地感到，这既是从韬奋先生奋斗的实绩中提炼描述一个个感人故事的过程，更是全面学习理解韬奋精神丰富内涵的过程。更为重要的是，这是自己作为一名当代出版人，接受韬奋精神全面而深刻洗礼的过程。因此，这一番沉思默想，是经受醍醐灌顶洗礼的震撼之后的沉思，也是受了洗礼后到达新境界时的默想，同时，还伴随着对自己曾经有过的浅薄的反思。

直到现在，我才意识到，在写作这部书稿之前，自己对韬奋精神的认知实在是相当浅薄。尽管在从业三十多年的日子里，我曾经在较长的时间里肩负过领导多家重要出版机构的使命，尽管自己已经获得了以这位伟大先贤命名的出版业个人成就最高奖的"韬奋出版奖"，尽管已出任韬奋基金会理事长经年，然而，我并不曾全面深入地了解过韬奋先生的事迹，对于韬奋精神的诸多内涵更所知甚少，至多是一鳞半爪。所以，写作这本书，首先要做的是学习和理解韬奋精神。学然后知不足，学然后知浅薄，学然后知汗颜，学然后知反思。

现在，完成本书的写作之后，我可以说，此前，我和新闻出版业的许多同道一样，虽然熟知韬奋先生"竭诚为读者服务"的理念，却并不了解他为实践这个理念付出过多少努力，更没有认识到他所做的一切乃是因为选择了"永远立于大众立场"的道路和方向。我们虽然也对可歌可泣的"七君子事件"有所知晓，然而却并不了解韬奋先生为了抗日救国究竟做出过多少牺牲，更没有体会到他的爱国情怀已经融人其生命，他"推母爱以爱我民族和人群"的名言乃是出于他生命的呼喊。我们赞颂韬奋先生敢于斗争的气概，然而我们却并不了解他为此遭受过多少凶险和打击，尤其较少理解到，他的抗争乃是为国为民，为了他所憧憬的美好社会的理想，他临终留下的最后遗言"不要怕"乃是他一生奋斗的最强音。我们津津乐道于当年《生活》周刊神话般的崛起和生活书店拥有五十六家分支店的辉煌，却对韬奋先生在经营管理过程中的无私奉献、卓越理念和敬业精神不甚了了。韬奋先生之所以称得上是现代进步新闻出版业的一面旗帜、一位楷模，既因为他二十多年的业绩彪炳史册，还因为他具有新闻出版家的高超才能和职业美德，更因为他有竭诚为大众服务、一心为祖国献身的满腔热血和光明心地。

有哲人说过：一个人如果不知道他出生以前的事情，将永远只是一个孩童。那么，在不曾了解上述种种应当了解的韬奋先生的精神及其事迹以前,我实实在在还只是新闻出版业的一个小学生。这次写作的经历,庶几能使自己对新闻出版事业的认识有一番飞跃提升。我把此番心迹告诉了责任编辑叶彤先生,叶先生说他读罢书稿也有同样的感觉。

由此想到,偌大的一个新闻出版业,与我们有类似感觉的同仁当不在少数。我们大都较少知道以韬奋先生为旗帜的现代进步新闻出版业筚路蓝缕、艰难创业的历程,较少感触到以韬奋先生为代表的现代新闻出版业先贤们曾经有过的以天下为己任的博大胸怀和忠贞气概。是的,我们曾经为现代进步新闻出版业先贤们的辉煌业绩所激动,认为他们是学富五车的一代名士、风流才俊,可是,殊不知,"大学之道,在明明德"(《大学》)。读一读韬奋们的故事吧,其实他们首先是有抱负、有坚守、有胆识的仁人志士,然后才谈得到才学的深浅高下。他们以德为先,故而心中有北辰——爱国爱民;他们有胆识,故而心中有主裁——公平正义;他们甘于奉献,故而心中有目标——开启民智;他们务实奋斗,故而心中有事业——力保事业性和商业性两全其美。这是以韬奋先生为代表的现代进步出版业先贤们的进步意义之所在,是先贤们之所以受到后人永远敬重的主要原因,也是现代进步新闻出版事业能够继往开来、生生不息的重要保证。我们以为,这些认识,对于今天的新闻出版事业,无疑具有重要的启示意义。

感谢生活·读书·新知三联书店和人民出版社的领导,他们很早就提出了编写《韬奋精神六讲》的构想。今年适逢韬奋先生一百二十周年诞辰,三联书店路英勇总经理又一次鼓动我着手并完成这项工作。感谢邹家华(嘉骅)同志、邹嘉骊老师,他们总能清晰而满怀深情地向我讲述他们亲爱的父亲韬奋先生生前点点滴滴的感人故事。感谢他们,帮助我完成了学习研究并讲述韬奋精神的光荣任务。最重要的是,我们都要感谢敬爱的韬奋先生,他的精神、他的伟绩,传承至今,泽被后世,为我国新闻出版事业留下了宝贵的精神财富,成就了我们新闻出版工作者常学常新的一部精神读本。

《书韵流长——老三联后人忆前辈》

上海韬奋纪念馆编,上海三联书店 2015 年 11 月版

序
三联是光荣的

救亡和启蒙是中国近代史的两大主题。

为了使中国走上独立、自由、民主和富强的道路,中华民族多少代英烈前赴后继地战斗、抗争、工作着……民族矛盾激化时,他们奋力救亡;社会相对平静时,他们就孜孜不倦地从事启蒙工作。

上海是中国近代救亡运动的思想中心,也是中国文化启蒙的发源地。洋务运动中的商务印书馆、民国初期的中华书局和抗日战争前期的生活、读书、新知三个书店,都成立于上海,绝非偶然现象。

生活、读书、新知三个进步出版社陆续成立时,上海已经成为中国抗日救亡和民主启蒙运动大潮的中心,民主进步人士在新闻出版和音乐、电影业界都起到了关键作用。只要熟知或研究那个时代的文化、教育、新闻和出版事件,就不难发现,中国近代的思想和文化巨擘中的很多人,当时都在上海发挥着各自的影响。其中邹韬奋、胡愈之、徐伯昕;李公朴、艾思奇、黄洛峰;钱俊瑞、徐雪寒、华应申等就是三联书店的主要创始人。一批思

想、文化、艺术、科学界人士，相继汇合于他们旗下。其中有一批从欧美、日本和苏联留学回国的"海归"，为国家发挥了他们独有的专业特长。他们追随韬奋先生，握笔奋战，影响巨大。到了抗日战争后期和解放战争中，三家书店以及联合后的三联书店，已成为中国进步文化的堡垒。

在那个战火纷飞的时代，环境决定了三联书店发展的道路必定是艰难和崎岖的。如果读者们知道，三联书店在那段发展历程中有近三十名，包括其创始人在内的工作人员牺牲和因公殉职，一定会感到非常意外。其中，有邹韬奋、李公朴、杜重远、朱枫，是国家确认的爱国民主烈士。

枪林弹雨中活下来的人，在后来各次政治风浪中，有一批未能幸免于难，被迫害致死。老三联这支在 1949 年前曾有过近1200 人的进步文化群体，"文革"后能联系上的健在者大约只有700 余人。在战火和浩劫中坚守过来的他们，仍旧为民族文化的传承义无反顾地贡献自己的余热。

这也已经是历史了。

现在，老三联人的生命，活在他们著述、编译、出版的书中，活在他们子孙后代的心里。一些故事，在后人记述的这本书中能够看到。这只是三联后人眼中和记忆里的老三联人，视角也许与以往的文字记载不大相同，或很不相同。它们是三联光荣历史中，关于个人经历、学养与个性记忆的凤毛麟角。仅此而已。

这些记忆或许能说明，中国的思想和文化启蒙远未结束。

因此，三联的未来任重道远。

周巍峙

二零一三年三月　时 97 岁

编后

被称作"老三联人"的我们的父辈们,大都在上世纪 30 年代就与书、与刊、与报结缘,有的还要更早些。他们都曾在生活、读书、新知和三联书店工作过。那时,他们很年轻,抱着一腔爱国热血,投身于民族独立解放和争取人民民主的大业。在战争烽火中,在白色恐怖下,他们出生入死,以笔当枪,追求真理,启迪民智,为民族文化的保护和传承,为进步新闻出版业的创建和发展,付出了自己的青春乃至生命。

新中国成立后,"老三联人"又分别在新的文化工作岗位上敬业奉献。改革开放后,他们有的重返"三联"坚守到生命最后一息,有的依然在原岗位发挥余热。无论在"三联"工作时间长短,他们都十分珍惜人生的这段难忘经历。在我们后辈的印象中,"老三联人"是团结、进步、自律、坚韧、具有强烈爱国心、民族情和牺牲精神的一个文化群体,应历史条件和命运而生。也许,今后再也不会有像他们那样特殊的文化群体了,所以更值得我们和我们的后代了解他们、铭记在心。

"老三联"前辈们为世人留下了四本厚厚的店史,它们是:《生活书店史稿》(1995 年 10 月版)、《战斗在白区——读书出版社 1934—1948》(2001 年 10 月版)、《新知书店的战斗历程》(1994 年 5 月版)和《生活·读书·新知三联书店文献史料集》(上、下册,2004 年 5 月版),均由北京生活·读书·新知三联书店出版发行。所记史实大部分终止于上世纪 50 年代初。但是,作为这个群体中的每个个体,他们各自的人生经历、不同的命运和喜怒哀乐,他们的性格和学养,那些活生生的历史细节,未及或很少被记录下来。作为最亲近父辈的我们,觉得有责任为此尽一些绵薄之力——哪怕只是一个侧面，或点点滴滴呢。

还原生活，回归本真，抢救记忆，丰富店史，便是编辑本书的初衷。这一动议，得到了中国近现代新闻出版博物馆（筹）的前期支持，拟列入"出版博物馆文库"的史料系列。此后，又由韬奋纪念馆为本书的出版给予编者各种形式的帮助和资金支持，书中多幅图片均为韬奋纪念馆和新闻出版博物馆（筹）馆藏，在此，向韬奋纪念馆原馆长林丽成及编研部张霞、王草倩、毛真好、章立言五位女士致谢！

2012 年 3 月 25 日发出征稿信。依照父辈们上世纪 90 年代初编印的《三联同人通讯录》，已找不到几家人了。最后是靠口头接力方式，陆续寻到近 100 家、120 余人，其中近 90 人应允撰稿。能有此结果，要特别感谢王仿子、曹健飞、俞筱尧、肖滋、蓝真、濮光达等前辈为本书提供寻人线索，创造约稿方便；还要感谢邹嘉骊、张国男、徐淮、沈建林、张复、曹蕾、曹计华、范又、杨进、仲江、王小平、李昭淳、唐小军、徐虹、李小林等后人积极协助编者共同寻找。

在组稿过程中，有 18 位老三联前辈为本书亲自签名鼓励，他们是（以签名先后为序）王仿子、周巍峙、仲秋元、何理立、蓝真、李志国、曹健飞、殷国秀、刘大明、王健、杨光仪、李燕辉、王润华、濮光达、欧阳文彬、刘川、岳中俊、俞筱尧。周巍峙伯伯与仲秋元伯伯以九十多岁的高龄，分别写了序，鼓励晚辈发扬韬奋精神，传承优良家风，认真做事，正直做人。没有他们的鼓励，编者不可能克服编书的困难，坚持到底。在此，向前辈们表示衷心的感谢和崇高的敬意！

本书征稿编撰中，得到北京三联原总经理樊希安、原总编辑李昕及副总编辑潘振平的鼓励和关照。香港三联和三联联谊会为编者创造了组稿方便。因来稿内容日渐丰富、文字较多，将所组稿件分京、沪两本，由北京三联和上海三联分别出版，京本书名为《爱书的前辈们》。此方案获得现任韬奋纪念馆领导上官消波的赞同，上海三联黄韬总编辑和北京三联路英勇总经理、翟德芳总编辑以及三联大众出版社社长叶彤共同予以了大力支持。京沪两地的编辑一直守望相助，资源共享，紧密合作，使我们好像亲自体验了一回三联前辈当年相知相契、协同作战的感人场景，也印证了三联后人中邹嘉骊大姐说的"天下三联一家亲嘛！"

需要说明的是：

1. 为更全面反映一些代表性人物和事件，京沪两本中少量文章有重复。

2. 本书文章以父辈们出生的先后排序，文前附一则从业小传，并非人生简历。

3. 为了表达我们对为民族解放和进步文化事业奉献生命的前辈的敬仰，特收集整理了部分烈士及牺牲、殉职名单作为《附录》。

4. 一些后人没有联系上，或未能撰稿。对此遗珠之憾，编者只能表示歉意。

今年是抗日战争胜利 70 周年，也是韬奋先生诞辰 120 周年。七十多年前，中国无数文化人以自己的方式参与抗战，韬奋先生是站在文化抗战最前列的一位著名爱国志士。我们的父辈，在中国共产党的领导下，跟随韬奋先生，作出了许多不为今人熟知的无私贡献。韬奋先生的长子邹家华特为本书题名并题词。谨以此书向尊敬的父辈们表示我们的崇敬，我们的缅怀，和我们对他们永久的纪念。

此书交付出版之际，曾给予我们热诚关怀的袁伯康、周巍峙、李志国、石泉安、董顺华、蓝真、曹健飞、岳中俊、汪静波等伯伯、叔叔和阿姨相继去世。他们没有亲眼见到两本新书的出版，使我们深感遗憾和悲痛。

编者

2015 年 9 月

《韬奋语录书法集》

韬奋纪念馆编

上海三联书店 2015 年 11 月版

出版说明

韬奋先生是我国杰出的新闻记者、出版家、政论家,他为新中国的建立作出过突出贡献。"韬奋先生的一支笔,曾经鼓动了中国无数万爱国民众走上争取民族解放与人民民主的道路。"他的思想和精神影响了一代又一代新闻出版人。

今年是韬奋先生诞辰 120 周年暨抗日战争胜利 70 周年,为了传承和发扬"热爱人民,真诚地为人民服务"的韬奋精神和他倡导的生活精神,即坚定、虚心、公正、负责、刻苦、耐劳、服务精神、同志爱,弘扬中华优秀传统文化,上海市新闻出版局等机构联合举办"纪念韬奋诞辰 120 周年书法展",邀请一百余位新闻出版界人士及特邀书法家书写 120 条韬奋语录(包括名人的题词),表达各界对韬奋先生的景仰之情,以启迪同道,嘉惠后学。语录涵盖了韬奋先生自中学起至成名后在报刊、书籍发表的见解,包括人生修养、新闻出版、抗日救国、民族解放、民主政治、事业管理与职业修养等方面的精辟见解和议论,这些闪烁着思想火花的睿智箴言,已成为中华民族的文化瑰宝,至今仍具有重要的现实意义和启示作用。

作为纪念韬奋诞辰 120 周年的重要活动,今年 11 月将在上海举办展览,展出上述书法作品和韬奋遗物、著作。本书收录此次书法展的作品,以所选语录、题词的发表时间为序,与业界同道分享。

值此出版之际,谨向各位参展作者表示衷心感谢! 筹展过程中,得到了韬奋家属的支持,在此一并表示谢忱!

2015 年 11 月

四

弘扬韬奋精神

以更高的视野放飞理想

——记"韬奋杯"全国中小学生
创意作文大赛

张　霞

　　"对邹韬奋先生的敬仰,是每个媒体工作者的共同执念。这执念如同一枚坚硬的石子,在流年的消磨中反而渐趋成长,一个偶然的机遇,点化为一树繁花。"——这是"韬奋杯"全国中小学生创意作文大赛的缘起。

　　2011年,时任韬奋纪念馆馆长的林丽成和时任《少年文艺》主编的周晴,因她们共同崇敬的韬奋精神,为先后钟情的《少年文艺》,决定为今天的孩子们做点什么。激情与憧憬碰撞,回忆与现实重合,促成了"韬奋杯"全国中小学生创意作文大赛的诞生。

　　由韬奋纪念馆和上海世纪出版股份有限公司少年儿童出版社主办,《少年文艺》编辑部和上海市科技艺术教育中心承办的"韬奋杯"全国中小学生创意作文大赛,自2011年启动以来,已连续举办了五届。以韬奋先生名字命名的大赛,不仅弘扬了"韬奋精神",结合大赛开展的赠书活动,也是对"韬奋精神"的传承和实践。借助韬奋纪念馆和最老牌的少年文学期刊《少年文艺》的社会影响力,大赛为孩子们营造了一个充满书香的文学世界,使孩子们学会阅读,学会写作,以更高的视野放飞理想,以崭新的自我面对未来。

大赛主题彰显韬奋精神

如何让今天的孩子了解邹韬奋先生？大赛组委会在走访了韬奋先生女儿邹嘉骊女士后，决定以韬奋先生临终前留给女儿的遗言"不要怕"为首届大赛征文主题。"不要怕"，既是对亲人的鼓励，也是对所有继往开来者的殷切期盼。

首届大赛希望学生借"韬奋精神"抒发真情，感悟人生。大赛获得特等奖的作文《窗户打开以后》，小作者汤家蕴同学借助一株平凡无奇的无名花表达了面对挫折时的感悟："滂沱大雨倾盆而下，双脚深陷在泥土中的我感到了深深的恐惧与无奈，但我也十分兴奋，因为我知道，当我真正面对挫折而努力地克服它时，也就意味着我离开花这个梦想更近一步了。"获得一等奖的征文《不要怕》，小作者李静同学写了自己从家乡小寨子迁徙到城市学校生活过程中的一段独特的心路历程：从对英语的生疏、听不懂方言的窘迫到终于能融洽地与同学老师相处、自信的表达自我……写出了小作者从害怕、躲避到积极、乐观面对新环境的一个转变过程。小作者对"不要怕"三个字有属于自己的独特体验，读来特别真实感人。

第二届大赛命题延续了首届大赛提倡的以"韬奋精神"为主题——"不抱怨"，倡导面对困难不抱怨、不回避，以积极、阳光的心态面对困难和挫折。大赛一等奖获得者杨旻佳同学在《不抱怨》中写道："一生之中哪会永远一帆风顺？不抱怨是一种心态，是一种生活态度，正因不抱怨，所以人生才美丽。""我不畏惧生活的暴风雨，就像海燕一样——让生活的暴风雨来得更猛烈些吧！再猛烈的暴风雨，它又能将我怎样！是的，只要你不去抱怨，它再猛烈，也打不倒你的意志、信念！"

韬奋先生一直提倡要有创造精神,为了进一步释放孩子们的创造力和想象力,有别于前两届大赛只有一个参赛主题,第三届大赛确定了两个参赛主题。其一是主题作文"我的家园我的梦",这一主题的确定,既来源于韬奋先生的爱国精神,更来源于当下的现实。"我的家园"可以大到国家、全球,也可以小到家庭、以及自我内心。其二是根据刊发于《少年文艺》上的一篇童话,要求孩子们创作一篇同人童话。"同人写作"是当下青少年中非常流行的一种写作样式,在有一定框架的前提下,充分发挥自己的想象力和创造力,创作出别具一格的作品。这一参赛主题吸引了不少低年级学生参赛。

　　第四届大赛的"学会等待"以及第五届大赛的"另一个课堂",也都给参赛学生思考的空间和励志的方向。"学会等待"是一个很大的人生课题,它决不仅仅包含着等待一种自然结果的意思,更包含着坚持理想、忍受孤独、自我奋斗等多个层面的含义。"另一个课堂"则意在鼓励参赛学生在写作中多向有思想有知识的家人、师长和亲朋请教,注重与长者们的交流,从而使对"课堂"的讴歌切合实际,鼓励孩子们在学校之外的"课堂"学习领悟更多的人生真谛。

　　无论参赛主题如何变化,鼓励孩子们"以更高的视野放飞理想,以崭新的自我面对未来"的宗旨始终贯传其中。

多方参与推动大赛

　　为了让参赛学生深入了解大赛主题。新一届大赛启动后,《少年文艺》的主编都会到学校为老师们宣讲大赛主题的含义,再由老师们结合各校情况开展动员,有的跟学校开展的读书周活动结合,有的把大赛主题的解读做成课件给学生们上课……

　　为了让孩子们走近韬奋先生,大赛组委会还组织部分参赛学生参观上海韬奋纪念馆，了解韬奋先生的生平事迹及其为抗战胜利、民族解放作出的杰出贡献。《少年文艺》的编辑们还结合大赛，进校园宣扬韬奋精神，播放《韬奋人生》纪录片和做主题为"发扬'韬奋精神'，伴《少年文艺》一同成长"的讲座，鼓励孩子们学习韬奋先生为真理而战斗不屈的精神，积极进取、求真务实的精神，做一个有服务精神，有创造力的人。并希望参加大赛的学生们抒发真情，感悟人生，同时展示自己的写作才华。

为了扩大大赛的参与面，除了上海赛区外，江苏、河南、福建、湖南等一些分赛点也有组织地开展征文，《少年文艺》的小读者们也积极参与。每届大赛都收到参赛作品 1.2 万余件。为适应互联网时代的要求，第五届大赛与全通教育网合作，借助互联网平台的优势，在全国青少年中进一步提升"韬奋杯"大赛的影响力，让更多的青少年能通过参与大赛，感受韬奋精神，绿色阅读，快乐成长！

为了让大赛的评选更具权威性，大赛组委会聘请了由儿童文学作家、教育报刊专家、少儿读物出版专家等几方人员组成的评审团队，他们中有张秋生、秦文君、刘保法、林丽成、周晴、徐建华、杜晓峰、谢倩霓等。通过严谨认真的评审，至今已有五百余位参赛学生获得奖项，二百余位老师获得优秀指导老师奖。获奖作文还在《少年文艺》上陆续刊登。

为了让大赛跟推广阅读紧密相连，从第二届大赛开始，"韬奋杯"大赛颁奖典礼的会场特意放在上海书展的中央大厅，让孩子们更多地感受到阅读带来的欢乐。

爱心捐赠践行服务精神

在第一届"韬奋杯"大赛结束后，大赛组委会举办了由各参赛赛区学校老师参与的研讨会。研讨会上老师们交流了组织发动"韬奋杯"大赛的成功经验,以及遇到的困难和问题。闵行区文馨学校的何老师就提出,学校多数都是在沪打工的民工的孩子,父母很少给他们买课外阅读书,孩子想读书,却没有优秀的儿童读物看。于是,"韬奋杯"组委会就决定,从少儿社出版的优秀图书中选择一些适合小学生阅读的书籍赠送给孩子们。2014年1月9日下午,韬奋纪念馆、少年儿童出版社《少年文艺》编辑部、闵行区青少年活动中心"红读"教研组等多家单位在文馨学校举行了"韬奋杯"爱心传递赠书活动。闵行区文馨学校、航华二小、浦江二小、黄浦一中心世博小学的孩子们收到了"韬奋杯"组委会捐赠的崭新的《少年文艺》刊物和精美的《十万个为什么》等图书,孩子们脸上洋溢着灿烂的笑容。这不仅仅是新年的第一份礼物,更是孩子们童年梦想的导航。

自此,爱心赠书活动成为"韬奋杯"大赛的一个连带项目,继向闵行区赠书后,又向嘉定区和青浦区的民办随迁子女学校赠阅了经典少儿读物,2015年还将赠阅范围扩展到外省市,向国家特级贫困县、革命老区江西省修水县的七所乡村小学捐赠图书及《少年文艺》杂志,让贫困地区的孩子们也能读到经典的少儿读物,以实际行动践行了韬奋先生倡导的"服务精神",竭诚为孩子们服务。

江西省修水县渣津镇长潭小学在收到捐赠的书后,特意写来了感谢信:"渣津镇长潭小学地处国家级贫困县——修水县西边区,因山高路陡,交通不便,学生很少了解外面的世界。阅读和电视成为学生了解外面的唯一途径,贵单位捐赠的这批图书无异于雪中送炭,不仅丰富了学生的课外活动,还增长他们的知识,让他们健康成长。感谢你们的慷慨解囊,捐书助学,为学生增添了新的阅读空间、开拓了他们的视野、让同学们感受到了书本中学习知识的乐趣,充分显示出你们对山区教育事业的无尽的关怀和支持,对学生无比的厚爱和热望。值此机会,我校全体师生向你们表示由衷的敬意和真诚的感谢!"

大桥镇山口小学也写来了感谢信:"今天我很高兴,在开学之初就收到你们寄来的书籍,这对于我们这所边远山区的小学生来说是一份非常宝贵的礼物。一直以来,山口小学生都很勤奋好学,总是希望能够补充更多的课外知识,了解更多外面的世界。但是受条件所限,学校现有适合学生阅读的书籍几乎没有,今天你们寄来的书籍能够很好的弥补学生课外阅读的缺乏,同时为我们书香校园的建设起到关键作用。"

上海韬奋纪念馆携手优秀少年文学期刊《少年文艺》,通过"韬奋杯"大赛活动,在青少年中倡导绿色阅读、创意写作,在宣扬韬奋精神的同时,积极践行韬奋先生倡导的服务精神,充分发挥了"爱国主义教育基地"和"青少年教育基地"的社会职能。

上海向余江捐建韬奋书屋

高 明

2014年是我国著名的新闻记者、出版家,100位为新中国成立作出突出贡献的英雄模范人物之一的邹韬奋先生逝世70周年。11月27日,在上海市新闻出版局副局长祝君波的带领下,上海韬奋纪念馆一行来到江西余江,将十多万元精品沪版图书捐赠给余江第四小学,并会同韬奋先生的黄金搭档、出版事业楷模徐伯昕先生的后人徐虹女士,向韬奋故里潢溪沙塘村的渡口小学捐赠两万多元的图书,建设第十六、第十七家韬奋书屋,以此来践行韬奋先生真诚为人民服务的精神,支持韬奋精神进校园,让学生在徜徉知识的海洋中接受韬奋精神的洗礼,让韬奋精神深植余江大地。

为充分发挥韬奋书屋对阅读的引领作用,此次捐赠的沪版图书不仅有弘扬韬奋精神的《韬奋全集》《韬奋手迹》《韬奋评传》《韬奋谈人生》《韬奋新闻出版文选》《韬奋政论选》等,还有中宣部、教育部、团中央向青少年推荐的100种优秀图书中的《男生贾里全传》《十万个为什么》《新版上下五千年》等;还有适合老师们阅读的一批脍炙人口的文学作品,如诺贝尔文学奖获得者莫言的《莫言文集》、著名学者易中天的《易中天文集》等等;此外,还带来了《朱镕基上海讲话实录》《中国共产党历史图志》等党建读物。

挂牌仪式结束后,上海市中共党史学会副会长、上海交通大学陈挥教授在第四小学作了题为《大众文化先驱——邹韬奋》的专题讲座。从五个方面讲述了韬奋先生追求真理、追求光明,为人民大众的进步和民族的解放事业鞠躬尽瘁、死而后已的无私奉献的一生,阐述了新形势下弘扬韬奋精神的现实意义。余江韬奋研究所、县直机关的干部、韬奋书屋负责人、余江第四小学师生共 200 余人聆听了讲座。捐赠仪式结束后,上海市新闻出版局、上海韬奋纪念馆嘉宾一行还深入到余江县雕刻创业示范街、鹰潭(余江)眼镜产业园区、潢溪镇沙塘村韬奋祖居参观。2016 年 3 月 11 日,"韬奋书屋"建设荣获 2014—2015 年度上海市爱国主义教育基地优秀宣教项目。

"韬奋指引我走上革命道路"

——韬奋纪念馆党支部走访南通韬奋小学

王草倩

2015年是韬奋诞辰120周年，4月27日上午，韬奋纪念馆党支部书记上官消波带领支部党员、上海市新闻出版局机关党委党员及纪检监察处党员来到南通韬奋小学，同行的还有南通新闻出版文物局的领导。

南通韬奋小学有新旧两处地址，首先来到位于通州区四安镇温桥路的韬奋小学旧址，这里在解放前是古庙南三官殿，殿内一棵五百年的银杏古树正是寺僧所种。抗战爆发后，日军占领了金沙镇，金沙镇上的县立中学师生于是撤离到了位置较隐蔽的温家桥，借南三官殿古庙授课。县中师生创作的《温家桥县中校歌》有这样的描述："绿树丛中，红墙古庙，是我们的学校。课堂呀新创造，宿舍呀在西郊，栉风沐雨同奔波，县中复课温家桥。四安水乡，环境真好，未遭敌寇骚扰。金沙呀虽沦陷，师生呀志气豪，抗日救国火炬校，复兴中华立功劳！"

抗战后期，韬奋先生受陈毅等领导邀请，来到通州进行抗日演讲，所到之地有十几处，听众中就有温家桥这些意气风发的学生。在韬奋小学原校长野建先生的联络下，邀请到了当年聆听过韬奋先生演讲的学生，有原南通市委书记朱剑、市政协副主席徐希权、市文联副主席季茂之。三位老人在韬奋先生演讲过的大树下，向我们介绍了当年的场景。

重温当年演讲场景

在韬奋先生到来前几日，学校就通知了学生，著名的爱国民主人士邹韬奋先生要来。这个消息让学生们很激动，天天盼，因为邹韬奋是"七君子"之一，大家都听说过他为了宣传抗日而坐牢的事迹。

1942年12月26日上午，学生们正在上课，有眼睛尖的同学突然发现东北方向过来了一群人，前面3、4个士兵小跑带路，中间俩人骑着马，留胡子的是当时的苏中行署文教处处长刘季平，戴眼镜的就是韬奋先生，他戴着礼帽，穿着长衫，耳朵上裹了块纱布。学生全都自发涌出教室，当时县中没有校门，大家就站在操场上，排成两列迎接韬奋先生。

当天下午，韬奋先生就在学校操场的银杏树下，朝北而站，面前摆了张桌子，开始演讲，题目是《团结抗日的形势》。当时来听演讲的人很多，除了学校师生，还有根据地的干部民兵、各界代表，不少人是赶了几十里路来的，有的还是专门从敌占区突破敌人的封锁线偷偷跑来的。大家全都围着银杏树，或站着或蹲着，有人甚至站到了附近的麦田里。

因为没有麦克风，韬奋先生就靠自己的嗓子大声演讲。首先介绍了大后方的情况。日本军队的飞机对重庆轰炸得很厉害，但重庆的老百姓并不害怕，反而激起了民愤，使得大后方的抗日意志很坚决。不过，大后方也存在严重的黑暗、腐败，不少政府和军队将领搞消极抗日。还有一小撮投降派，他们早有悲观论调，虽然不敢公开大讲，但四处散布抗战难以取胜的思想。好在，有八路军重庆办事处，还有一批爱国华侨，对这种言论予以了严厉驳斥，告诉民众抗战一定会胜利！

然后先生介绍了根据地的见闻，他特别提到了根据地军民抗日的决心，还有群众的生活和民主的建设。他谦虚地说，"我到根据地来不久，对一切都很生疏，就像一个刚进学校的小学生一样，懂的东西是很肤浅的，然而使我感到兴奋的是，我从事民族解放、民主政治和进步的文化事业，虽然有了 20 多年，可是看到真正的民主政治和进步文化，还在今天开始。"他动情地说了这么一句，"我看到，希望就在这里。"

演讲中，先生讲到三句口号：坚持抗日，反对投降；坚持团结，反对分裂；坚持民主，反对独裁。演讲结束时，他打着生动的比方说，"抗战已到了恭贺新禧的阶段。我目睹中国人民的伟大斗争，使我看到新中国的光明已经在望了。努力吧！我向大家恭贺新禧！"

对韬奋先生的恒久纪念

韬奋先生在通州地区进行了十几次演讲，将大后方的消息和抗战必胜的决心带到了解放区，产生了巨大影响。为了纪念韬奋先生，1990 年 11 月，南通县人民政府决定将位于温家桥县中旧址处的"温桥小学"更名为"南通县韬奋小学"，后又更名为"南通市韬奋小学"。

据野建校长介绍，选择温桥小学命名的一大原因是，韬奋先生在温家桥的演讲，产生的影响最大。许多聆听演讲的学生都因此走上革命道路，有的在新中国成立前夕牺牲了，还有许多成了党的干部，其中有十几位南通市级领导，以及数位外省市领导，而韬奋先生的演讲是他们人生的转折点。

1989 年 7 月，在韬奋先生演讲的旧址，五百年的银杏树下，竖起了一块纪念碑。纪念碑的外围底座为正八边形，意为韬奋先生在八年抗战期间来到通州地区;基座护栏高 49 公分,因韬奋先生享年 49 岁;纪念碑底座为一本摊开的大书,为当年 1989 年出版的《韬奋全集》;碑身高 1942 毫米,宽 12 分米,厚 26 厘米,纪念了韬奋先生 1942 年 12 月 26 日来到这里进行演讲。

纪念碑的上半部分有一块白色的不锈钢,上有韬奋头像的蚀刻画,左右分置周总理和毛主席题词;纪念碑下半部分为一块黑色大理石,上记:"一九四二年底民主战士韬奋在此演讲,疾呼团结、抗战、进步;抨击分裂、投降、倒退。"由上海韬奋纪念馆为韬奋逝世 45 周年而立。经过日晒雨淋,纪念碑与银杏树已浑然一体。

2009 年,韬奋小学与四安小学合并,随后离开温家桥搬入了通州区四安镇文卫路的新校舍。在如今的韬奋小学里,除了有韬奋先生的铜像外,还设有一间"韬奋之路"纪念堂,介绍韬奋生平事迹。

支部党员参观了位于韬奋小学里的"韬奋之路"纪念堂,并承诺为小学提供更多图文资料。此外,纪念馆党员还与南通市文化广电新闻出版局、韬奋小学领导座谈,探讨如何进一步弘扬韬奋精神。

(本文撰写期间得到韬奋小学原校长野建、《文汇报》记者叶松亭的帮助)

传承韬奋精神,弘扬爱国情怀
——记韬奋·复旦余江行暑期社会实践及 "手拉手"暑期夏令营活动

沈一鸣

　　2015 年是邹韬奋先生诞辰 120 周年,社会各界纷纷开展各类纪念活动来深切缅怀这位我国杰出的新闻出版家。凡是知晓韬奋生平的人都了解,韬奋先生的个人生命历程虽然非常短暂,但他却书写下了一段荡气回肠的韬奋人生,展现给世人一位坚持真理、无惧无畏、执笔为枪、奋斗到生命最后一刻的新闻战士。

　　韬奋纪念馆作为韬奋文物的守护者、韬奋事迹的传播者、韬奋精神的继承者,当仁不让地肩负起纪念韬奋、弘扬韬奋精神的重要使命。纪念馆长期以来一直将青少年学生作为韬奋精神的重要宣教对象,韬奋主编的《生活》周刊之所以能大获成功也正是因为重视这一群体,这本刊物是那个时代青少年了解中国、了解世界的良师益友,也正是这本刊物曾激励召唤了一批又一批的城市、农村青年投身到火热的爱国救国运动中去,邹韬奋先生也因此被广大青年学生们誉为精神导师。所以将青少年纳入到 120 周年纪念活动中来也理所当然成为了纪念馆重要的任务。

　　在韬奋精神的感召下,韬奋纪念馆青年员工牵手复旦大学新闻学院青年师生们一起走出大上海,走进江西,走进韬奋的故乡余江,走进学校、走进"田野",去服务,去体验,去实践。

余江行：践行韬奋精神之服务精神

余江，一个坐落于江西中部，一个在中国版图并不起眼的小县城。当我们这群来自上海的年轻人看到她的时候，却深深地被她的"情感"所打动。这里的人民深爱韬奋，他们早已将韬奋精神化为城市精神，将韬奋精神注入自己流淌的血液中，所以当得知我们是来韬奋先生学习过、生活过、奋斗过的上海，余江人民给予了我们如同亲人般的热情迎接，使我们真正地体会到宾至如归的感觉。

7月27日，我们全体人员抵达了此次余江活动的根据地——余江一中，开启了我们整个活动的序幕。这次夏令营活动由韬奋宣讲会(纪念馆)、学科支教和社会调研(复旦大学新闻学院)以及"手拉手"上海夏令营(纪念馆)三块组成。当天，余江县委常委宣传部长桂峰、副部长祝巧玲、复旦大学新闻学院团委书记唐荣堂、纪念馆宣教部负责人、余江一中师生们共同发起此次活动。

仪式上，纪念馆向余江一中新建的图书馆转赠了由上海新闻出版工会、上海三联书店特为此次活动捐赠的精品图书，复旦新闻学院向优秀学生代表赠送了复旦文化礼物，最后此次活动的纪念馆宣教人员和复旦支教学生代表也都一一亮相，从而正式吹响了夏令营的开营号。

这是一次充满朝气活力的夏令营，由青年工作者、大学生、中学生组成的大家庭，这群出生于不同年代、不同城市的年轻人汇聚在了一起，分享彼此生活，畅想未来梦想。

《青年奋斗之精神，国家前途之希望》

这是邹韬奋先生在青年学生时代，在圣约翰大学求学期间发表过的一篇讨论青年个人奋斗与国家兴亡关系的文章，在这篇时文中可以充分体会到青年韬奋将个人奋斗和理想与国家命运紧紧地联系在了一起，现在读来依旧会让人心潮澎湃。

而这次宣讲与以往的情况不同，这次要面对的是韬奋家乡的中学生（00 后），复旦大学新闻专业的大学生（90 后），他们都对韬奋的生平事迹有很深的了解，所以平铺直叙式常规讲解很难激发学生们的共鸣和思考。所以为了做好此次宣教课，我们纪念馆青年宣讲员（80 后）做了充分的准备，特地为此次宣讲课制作和编写了课件。课程以人生与时代的关系为核心主题，以韬奋那代人的经历和时代背景为引线，引导在场的青年学生思考我们现在的个人奋斗与理想如何与中国时代发展紧密联系在一起。整堂课通过丰富的历史图片和个人解读相结合，向在场的所有学生展现了大时代下，人生奋斗的意义，这也潜移默化地将韬奋先生的《青年奋斗之精神，国家前途之希望》中的价值理念传递给青年学生。

作为一所创办于 1929 年中国历史最悠久、名扬海内外的新闻传播教育机构，复旦大学新闻学院给予了夏令营活动非常大的支持，据了解，新闻学院每年会招募多支支教队赴各地进行支教实践活动。余江一中的师生将复旦的到来看作是一场节日，一次千载难逢的学习机会。特别是来此服务的 90 后的复旦新生，个个能文能武，不仅具备突出的演讲口才还能展示才艺。其中就有一位来自江西籍的高考语文状元，在现场为在场的师生展示一段激情澎湃的恰恰舞赢得学生的喝彩。几位复旦学子分别从高考经历、学习体会及意义、大学社团生活等方面进行演讲和互动互答。整个过程，气氛十分活跃，这也为他们后面在驻地支教和社会调研打下了基础。

纵观当天整场活动，最让人感动的是，这批在常人眼里一向娇生惯养的 90 后、00 后学生居然在摄氏 35 度的教室内忘情地投入近 4 个小时,特别是余江一中的年轻学子们在结束了一天的学业,放弃傍晚休息,顶着酷热来聆听我们的课,从他们的身上我们感受到一股充满奋斗激情的韬奋精神,这也让我们有理由对国家的前途充满希望。

韬奋精神伴我行:少年强则国强

《少年中国说》是梁启超先生的一篇具有强烈的鼓励性、进取精神的文章,表达了作者对少年的的期望。同时,梁启超先生又是少年韬奋的精神导师,正是当年受到任公先生创办的《新民丛刊》思想的影响,促使韬奋弃工从文,立志成为一名新闻记者。所以在青少年时期是培养一个孩子的人生观和价值观重要时期,为此,纪念馆特地邀请了余江的孩子们来上海,来韬奋生活过、奋斗过的城市体验和学习。

8 月 17 日至 21 日,"纪念韬奋先生诞辰 120 周年——余江师生看上海"暑期夏令营活动在上海开营。参加此次夏令营的孩子都是小学三、四学龄段品学兼优,并在"韬奋杯"全国作文大赛获奖的学生。纪念馆安排了馆内具备丰富经验的优秀青年团员时刻陪伴在小营员们身边,陪伴他们度过在沪的生活和学习的日子。

夏令营的活动项目紧凑而又丰富,寓教于乐。考虑到夏令营中的大多数孩子是第一次来上海,从原本宁静的小城镇忽然间被带入一个熙熙攘攘的国际大都市,孩子们难免会有些不适应,起初非常地拘束和惶恐。但好在,有我们年青工作人员的朝夕相伴,加之强烈的好奇心和活泼的天性很快地让孩子们进入了状态。作为来自韬奋家乡的孩子,当他们踏入韬奋在上海的家(纪念馆故居),尤其当熟悉不过的面孔(韬奋像)出现在他们面前时,孩子们一下子都笑了,一会儿看看这,一会儿摸摸那,一切都显得那么陌生但又似乎很熟悉，也许他们明白了这里是韬奋的家，也是他们自己的家园。

夏令营还组织小营员们陆续参观了外滩、东方明珠、中华艺术宫、复旦大学、上海自然博物馆。纪念馆还特地为这些小营员准备了小地图和地铁票，希望通过搭乘日常交通工具让孩子们能了解到上海市民的日常的城市生活，多观察多体验新事物。

为了给予江西的孩子们近距离和上海同龄小伙伴交流沟通的机会，纪念馆还特地把夏令营的孩子与上海同龄孩子进行组团，组成了"绿色悦读 书香伴我成长"——江西上海手拉手暑期学生团，走进2015年上海书展现场。值得一提的是，该届书展的主宾省恰恰就是江西省，所以这个夏令营无疑也为书展平添了亮色。沪赣两地的少年手拉手观摩了各种精彩讲座，还近距离接触了一批优秀的儿童文学作家，并领到了最新版《十万个为什么》系列图书作为纪念。

整个上海夏令营历程5天，虽然时间很短，但每天都能从孩子们的眼神中和语言中可看到和听到惊喜，所以我们相信这次上海之行会对于他们未来的学习和成长带来新的动力，或许在他们幼小的心底已经将这里变成长大后要去奋斗的地方。

发展与创新：韬奋与韬奋精神

穿越回19世纪，正值中华民族自信心最低谷的时刻，以邹韬奋为代表那时的"90后"们，他们继承了先辈先驱们的精神力量，"韬光养晦"在有生之年里为求民族振兴而"奋斗不息"，同时，他们也时刻牢记要将这份民族精神和爱国情怀以身体力行和出版传播的方式传递给后人。

时至今日，中华民族又自豪地重新站在世界民族之林，但中国富强之路还需要走很长的时间，这需要一代代中国人不断去探索,去奋斗。国家和民族的未来在于青少年,培育他们的民族精神和爱国情怀是关乎国家和民族前途的大事。韬奋精神,它是一种从实践提炼出来的一种民族精神和爱国情怀,它具备激发年轻人奋斗的内在驱动力。

这次暑期社会实践及夏令营无疑是对韬奋精神在新时代针对青少年群体民族精神和爱国情怀培养的一次很好的尝试:以韬奋纪念馆为发起者,争取社会团体和资源用以组织起青少年学生,让他们用社会实践的方式来影响同龄和低龄群体,则能更有效地诠释和弘扬韬奋精神,让韬奋精神的火种在一代代人的心中传承下去。

同时它也需要适应时代发展和社会生活的需要,不断地吸收新鲜的养分来培育出新的内涵,扩大其外延,赋予韬奋精神新的历史使命,提升"韬奋"二字的文化价值。

纪念韬奋诞辰 120 周年书法展

上官消波

　　为传承和发扬"热爱人民,真诚地为人民服务"的韬奋精神和韬奋先生倡导的生活精神,即坚定、虚心、公正、负责、刻苦、耐劳、服务精神、同志爱,弘扬中华优秀传统文化,由上海市新闻出版局、上海市政协文史委联合主办的"纪念韬奋诞辰 120 周年书法作品展"于 2015 年 11 月 6 日上午在上海图书馆隆重开幕。开幕式上,参展书法家高式熊、林曦明、颜梅华、章汝奭、郑重、施宣圆、刘小晴、江显辉、周志高、邓明、王云武、杨陌、温存将参展作品捐赠我馆。

　　此次书法展邀请全国各地(包括香港地区)新闻出版界人士及特邀书法家书写 120 条韬奋语录(包括名人为韬奋的题词),以表达各界对韬奋先生的景仰之情。语录涵盖了韬奋先生自中学起至成名后在报刊、书籍发表的见解,包括人生修养、新闻出版、抗日救国、民族解放、民主政治、事业管理与职业修养等方面的精辟见解和议论,这些闪烁着思想火花的睿智箴言,已成为中华民族的文化瑰宝,"使今天的我们仍能鲜明地感觉到他对祖国对人民的伟大的爱",至今仍具有重要的现实意义和启示作用。

　　此次参展的 120 位书写者除特邀部分书法家外,均来自全国新闻出版界,有参加过抗战的战地记者、韬奋出版奖和新闻奖的获得者,也有新时期的领军人物和普通记者编辑,年龄跨度从

20 后到 80 后。真草隶篆行诸体俱备，各具特色。参展作品集《韬奋语录书法集》也同时由上海三联书店出版。

12 月 21 日，由上海市新闻出版局、江苏省新闻出版广电局和凤凰出版传媒集团主办，上海韬奋纪念馆、江苏凤凰国际文化中心承办的"纪念韬奋诞辰 120 周年书法作品展"在江苏南京开展。在书法展开幕式上，上海市新闻出版局副局长苏敏，江苏省新闻出版广电局党组副书记、副局长沈建国，凤凰出版传媒集团副总经理叶建成分别致辞。中国书法家协会原副主席言恭达、江苏美术出版社原副总编张杰向上海韬奋纪念馆捐赠参展作品，上海市政协文史委副主任委员、上海市新闻出版局原副局长祝君波向两位捐赠者颁发捐赠证书，所捐作品将由上海韬奋纪念馆永久收藏。与会领导还向南京图书馆、金陵图书馆、南京大学等单位以及长江韬奋新闻奖获得者赠送最新修订的《韬奋全集》。在观看了短片《韬奋人生》后，与会人员共同参观了展览。

12 月 26 日，由上海市新闻出版局、南通市委宣传部、南通市文化广电新闻出版局联合主办，上海韬奋纪念馆、南通市图书馆承办的"纪念韬奋诞辰 120 周年书法作品展"在南通开展。73 年前，韬奋先生正是在这片土地上以演讲为武器，用自己的满腔热血，去唤醒群众的爱国心，鼓舞他们的抗日斗志。此次展览展出了苏士澍、邵华泽和言恭达等全国各地新闻出版界人士书写的韬奋语录 80 幅。在开幕式上，上海市新闻出版局副局长苏敏，南通市委常委、市委宣传部部长章树山分别致辞。上海市政协文史委副主委、上海市新闻出版局原副局长祝君波，上海市新闻出版局副局长苏敏，南通市委常委、市委宣传部长章树山，上海韬奋纪念馆常务副馆长上官消波，南通市书法家协会主席邱石出席了开幕仪式。与此同时，展览主办方还向范长江新闻奖提名奖获得者王广祥，以及全民阅读办、南通韬奋印刷有限公司、南通韬奋小学、南通市图书馆、南通大学图书馆赠送了最新修订的《韬奋全集》。

图书在版编目(CIP)数据

邹韬奋研究.第四辑/韬奋纪念馆编.—上海:上海三联书店,
2016.10
ISBN 978-7-5426-5688-9

Ⅰ.①邹…　Ⅱ.①韬…　Ⅲ.①邹韬奋(1895—1944)-人物
研究-文集　Ⅳ.①K825.42-53

中国版本图书馆 CIP 数据核字(2016)第 217355 号

邹韬奋研究(第四辑)

编　　者 / 韬奋纪念馆

责任编辑 / 杜　鹃
装帧设计 / 鲁继德
监　　制 / 李　敏
责任校对 / 张大伟

出版发行 / 上海三联书店
　　　　　(201199)中国上海市都市路 4855 号 2 座 10 楼
网　　址 / www.sjpc1932.com
邮购电话 / 021-22895557
印　　刷 / 上海叶大印务发展有限公司

版　　次 / 2016 年 10 月第 1 版
印　　次 / 2016 年 10 月第 1 次印刷
开　　本 / 850×1168　1/32
字　　数 / 330 千字
插　　页 / 4 页
印　　张 / 12.5
书　　号 / ISBN 978-7-5426-5688-9/K・399
定　　价 / 40.00 元

敬启读者,如发现本书有印装质量问题,请与印刷厂联系 021-66019858